AI 코리아의 미래 전략
The Future Strategy of AI Korea

지은이 박정일(朴正一)

産
삼성SDS(주) Tokyo 사무소장 (이하 모두 前))

學
한양대학교 공대 Computer·Software학과 겸임교수

硏
경기도교육연구원장
경제위기관리연구소 부소장

法
법무법인(유한) 클라스 고문

政
민주당 IT 특별위원장 (2004)
민주당 Ubiquitous 위원장 (2005)
경기도지사 민주당 후보 (2006)
21대 대통령선거 예비후보 (2025)

委
4차 산업혁명전략위원회 민간위원
대한민국 AI Cluster Forum 위원
광주광역시 인공지능(AI) 대표 도시 만들기 추진위원
대통령 직속 일자리위원회 중소벤처분과위원장(T/F장)

著
김치·스시·햄버거의 신 삼국지 (2004)
미·중 패권 다툼과 일자리 전쟁 (2018)
AI 한국경영 지도자 편 (2020)
AI 한국경영 정책제언 편 (2021)
AI 한국경영 국정운영 편 (2021)
AI 한국경영 미래비전 편 (2021)
AI 한국경영 뉴거버넌스 편 (2022)
ChatGPT 시대에 묻는 교육의 미래 (2023)
AX 교육혁명 반값사교육 편 (2024)
양극화와 초저출생, AI에게 길을 묻다 (2025)

The Future Strategy of AI Korea

AI 코리아의 미래 전략

박정일
AI Creator

휴먼필드
Human Field

머리말

AI가 만들어갈
새로운 대한민국의 미래

창의적 혁신과 글로벌 리더십의 길

21세기, 대한민국은 AI 기술을 통해 새로운 미래를 창조하는 거대한 기회를 맞이하고 있다. AI는 이제 단순히 기술적 발전을 넘어서, 사회적 변화와 경제적 혁신을 이끄는 중요한 동력으로 자리잡고 있다. AI 기술은 국가의 경쟁력뿐만 아니라, 사회적 평등, 환경적 지속 가능성, 글로벌 리더십을 향한 핵심 요소로 진화하고 있다. 이 책은 대한민국이 AI G3 강국으로 나아가기 위한 비전과 그 구체적인 전략을 제시하며, 우리가 AI 기술을 활용해 새로운 시대의 주도권을 잡을 수 있는 가능성에 대해 심도 깊게 탐구한다.

AI를 통한 글로벌 리더십의 구축

AI는 단순히 산업의 효율성을 높이는 것을 넘어, 글로벌 리더십을 확립할 수 있는 강력한 무기가 될 수 있다. 대한민국은 AI 기술을 글로벌 시장에서의 경쟁력을 강화하고, 국제적인 리더로서의 위상을 확립하는 창의적이고 전략적인 접근을 통해 AI G3 강국의 길을 걸어갈 수 있다.

그렇다면, AI G3 강국으로 나아가는 첫걸음은 무엇일까? AI 기술은 기술적인 혁신을 넘어서 사회적 가치 창출과 지속 가능한 발전을 이루는 중요한 요소가 되어야 한다. 대한민국은 AI 기술을 글로벌 리더십을 발휘하고, 사회적 책임을 다하는 방식으로 활용해야 한다. AI 기술을 통해 국내 경제는 물론, 세계 경제에 긍정적인 영향을 미칠 수 있는 혁신적인 산업 모델을 창출하는 것이 목표가 되어야 한다. AI를 통해 국제적 협력을 이끌어내며, 다양한 산업 분야에서 기술 혁신과 글로벌 경쟁력을 한꺼번에 이룰 수 있는 지속 가능한 미래를 만들어가야 한다.

AI 기술로 해결할 수 있는 사회적 문제들

AI는 그 자체로 산업 혁신을 이끌 수 있는 도구일 뿐만 아니라, 사회적 문제를 해결할 수 있는 강력한 기회도 제공한다. 예를 들어, AI 기반의 교육 시스템은 교육 격차를 줄이고, 경제적 여건에 상관없이 모든 학생에게 평등한 기회를 제공할 수 있다. AI를 통한 맞춤형 학습은 학생 개개인의 학습 스타일에 맞춰 최적의 교육을 제공하며, AI 튜터링 시스템은 학습 효율성을 극대화할 수 있다. 이런 방식으로 AI 기반 교육은 공정한 기회 제공과 평등한 교육을 실현하는 데 중요한 역할을 할 것이다.

  뿐만 아니라, AI 기술은 의료, 보건, 복지와 같은 사회적 시스템을 혁신적으로 변화시킬 수 있다. AI 의료 시스템을 통해 맞춤형 치료와 예방적 건강 관리가 가능해지고, AI 헬스케어 시스템은 의료 서비스의 질을 향상시키며, 사회적 약자들에게 보다 효율적이고 공정한 의료 기회를 제공할 수 있다. AI 기반 복지 시스템은 저소득층과 사회적 취약 계층에게 더 나은 복지 서비스를 제공할 수 있는 기회를 만들 것이다.

AI를 통한 환경 문제 해결

AI는 환경 문제 해결에서도 중요한 역할을 할 수 있다. 기후 변화와 자원 고갈과 같은 지구적 문제는 기술 혁신을 통해 해결할 수 있는 문제이며, AI 기술은 이를 해결하는 강력한 도전의 도구가 될 수 있다. AI 기반 기후 예측 시스템은 탄소 배출 예측, 에너지 소비 분석, 재생 가능 에너지 관리 등에서 중요한 역할을 할 수 있다. 예를 들어, AI를 활용한 스마트 에너지 시스템은 에너지 효율을 극대화하고, 지속 가능한 발전을 이끄는 데 중요한 역할을 할 것이다. 또한, AI 기반의 스마트 농업은 자원 낭비를 줄이고, 효율적인 농업 생산성을 창출하여 환경 보호와 식량 문제 해결에 기여할 수 있다.

창의적이고 혁신적인 접근:
AI 스타트업과 글로벌 시장 진출

AI 기술을 산업 혁신에만 국한시키지 말고, AI 스타트업의 혁신적인 아이디어와 창의적 접근이 세계 시장에서 경쟁력을 가질 수 있도록 지속 가능한 스타트업 생태계를 구축해야 한다. 대한민국은 AI 기술을 활용해 글로벌 시장에서 차별화된 AI 스타트업을 육성하는 전략을 통해 글로벌 경제 리더로 자리잡을 수 있다. 이는 AI 기술을 통해 기업의 혁신적인 비즈니스 모델을 창출하는 것뿐만 아니라, 사회적 가치를 창출하는 비즈니스를 발굴하고, AI 기술의 글로벌 표준을 만들 수 있는 기회이기도 하다.

글로벌 리더십을 위한 정책적 방향

AI 기술을 통해 대한민국이 글로벌 리더십을 확보하려면 창의적이고 실용적인 정책이 뒷받침되어야 한다. AI G3 강국으로 나아가기 위한 정책은 산업 혁신, 교육 혁신, 사회적 책임을 아우르는 종합적인 정책이 되어야 한다. AI 정책은 기술 혁신뿐만 아니라 사회적 책임과 글로벌 협력을 중심으로 이루어져야 하며, 대한민국은 AI 기술을 사회적 문제 해결의 도전으로 삼고, 글로벌 협력을 통해 AI 혁신의 글로벌 리더로 자리잡아야 한다.

AI를 통한 대한민국의 미래

AI 기술을 통한 미래 대한민국은 단순히 산업적 성장을 넘어서, 사회적 평등과 지속 가능한 발전을 이루는 글로벌 리더로 나아가는 것이다. 대한민국은 AI 기술을 활용하여 사회적 가치 창출을 이끌어내고, 글로벌 경쟁력을 강화하는 동시에 지속 가능한 발전을 실현할 수 있는 독창적인 기회를 제공하는 국가로 자리잡을 것이다. AI는 이제 단순한 기술 혁신의 도전이 아니라, 사회적 책임을 다하며, 글로벌 리더십을 발휘하는 대한민국의 미래를 창조하는 중요한 도전이 될 것이다. AI 기술을 산업 혁신, 사회적 가치 창출, 글로벌 리더십을 위한 도전으로 활용할 때, 대한민국은 AI G3 강국으로서 새로운 글로벌 리더십을 이끌어갈 수 있다.

【 이 책의 구성 】

제1부 AI 코리아 강국의 길에서는 다음과 같은 내용을 다룬다.

제1장 AI 기술의 급격한 발전

이 장에서는 AI 기술의 시작과 발전을 다루며, 산업과 사회 전반에 걸쳐 AI가 어떻게 변화를 이끌고 있는지를 설명한다. AI가 미래 산업의 핵심 동력이 될 수 있는 이유를 논의하며, AI 기술이 기존 산업에 어떤 영향을 미치는지, 그리고 앞으로의 발전 가능성에 대해서도 깊이 탐구한다. AI 기술의 혁신이 어떻게 산업을 변화시키고, 사회의 여러 문제를 해결하는 데 기여할 수 있는지를 제시한다.

제2장 대한민국의 AI 경쟁력 현재와 미래

이 장에서는 대한민국의 AI 경쟁력에 대해 현재의 상황을 분석하고, 미래에 AI G3 강국으로 나아가기 위한 전략을 다룬다. 현재 대한민국의 AI 기술이 국제적인 경쟁 속에서 어떤 위치에 있는지 살펴보며, AI 분야에서의 경쟁력을 강화하기 위한 방안을 제시한다. 또한, 향후 대한민국이 글로벌 AI 시장에서 우위를 점하기 위한 비전과 전략을 구체적으로 다룬다.

제3장 AI G3 강국을 향한 필요성과 방향

이 장에서는 AI G3 강국으로서 대한민국의 필요성과 그 방향을 논의한다. AI 기술의 글로벌 경쟁에서의 중요성을 강조하며, 대한민국이 AI G3 강국으로 자리 잡기 위한 필수적인 요소들을 설명한다. 또한, AI를 활용해 어떻게 국가의 경쟁력을 극대화할 수 있는지, 그리고 국제적인 리더십을 어떻게 확보할 수 있을지에 대한 전략적인 접근을 제시한다.

제4장 AI 강국을 만들기 위한 국가적 비전과 전략

이 장에서는 AI G3 강국으로 나아가기 위한 대한민국의 국가적 비전과 그 전략을 세부적으로 다룬다. 정부의 역할과 정책 리더십을 강조하며, AI 기술을 국가 발전의 핵심 동력으로 삼기 위한 국가적 노력과 비전이 어떻게 조화를 이루어야 하는지를 설명한다. AI 기술이 사회적 가치 창출과 지속 가능한 발전에 어떻게 기여할 수 있는지에 대한 구체적인 방안을 제시한다.

제5장 AI 산업 육성을 위한 국가적 협력

이 장에서는 공공과 민간의 협력 체계를 구축하여 AI 산업을 육성하는 방안을 다룬다. 정부와 민간 부문이 어떻게 협력하여 AI 산업을 발전시킬 수 있는지, 그리고 글로벌 사례를 비교하면서 대한민국에 적합한 협력 모델을 제시한다. 또한, 해외 사례를 통해 우리가 나아가야 할 방향을 제시하고, 글로벌 경쟁에서 우위를 점할 수 있는 전략을 제시한다.

제6장 AI 기술 개발을 위한 투자

이 장에서는 AI 기술 개발을 위한 창의적 R&D 예산 확보 방안을 제시한다. 정부와 민간이 협력하여 AI 기술의 연구개발을 적극적으로 지원하고, 산업 간 협업을 통해 혁신적인 기술을 이끌어낼 수 있는 방법을 다룬다. AI 기술 개발에 대한 투자가 어떻게 경제적

이익을 창출할 수 있는지, 그리고 이를 위한 실질적인 정책과 전략을 논의한다.

제7장 AI 인재 양성 및 교육 혁신

이 장에서는 AI 인재 양성을 위한 교육 혁신 방안을 설명한다. AI 기술을 다룰 수 있는 인재를 양성하기 위해서는 교육 시스템의 혁신이 필요하며, 초중고 및 대학에서 AI 교육을 어떻게 강화할 수 있을지를 논의한다. AI 교육 시스템을 어떻게 개선할 수 있을지, 그리고 미래의 AI 기술을 이끌어갈 인재를 어떻게 준비시킬 수 있을지를 제시한다.

제8장 AI 생태계 구축을 위한 인프라 확장

이 장에서는 AI 연구소와 스타트업 지원을 위한 정책을 다룬다. AI 생태계 구축을 위한 인프라 확장을 통해 어떻게 AI 산업을 활성화할 수 있을지에 대해 구체적으로 설명한다. 또한, 글로벌 AI 기업을 유치하고, AI 기술 기반의 창의적인 스타트업을 지원하는 방안을 제시한다. AI 산업의 성장을 위해 필수적인 요소들을 다루고, 이를 위한 국가적 전략을 설명한다.

제9장 AI 기반 산업 혁신

이 장에서는 AI를 기반으로 한 산업 혁신을 다룬다. 제조업, 금융, 의료 등 주요 산업에 AI 기술을 어떻게 적용할 수 있는지, 그리고 이를 통해 산업 경쟁력을 어떻게 강화할 수 있는지를 설명한다. AI 기술을 활용하여 기존 산업 구조를 혁신하고, 새로운 산업 모델을 창출하는 방법을 제시한다. AI가 각 산업에서 어떻게 실질적인 변화를 일으킬 수 있는지에 대해 구체적으로 다룬다.

제2부는 대한민국의 미래를 여는 AI 혁명을 다음과 같이 다룬다.

제1장 민생경제 및 지역화폐 정책

AI 시대에 가장 먼저 체감되어야 할 영역은 민생경제다. 이 장은 지역화폐 3회전, 디지털 화폐 기반 재정정책, 추경 구조 개혁 등 AI 기술을 활용한 민생순환형 경제 시스템의 설계 방식을 제시한다.

제2장 국정기획·정부개혁 및 AI 행정

기존 '위원회 공화국'에서 탈피해 데이터 기반의 국정 설계로 이동해야 한다. AI를 국정계획, 예산 분석, 행정 집행에 적용하여 하나로 연결된 '하나의 정부' 시스템을 구현하는 청사진을 이 장에서 다룬다.

제3장 교육혁명 및 창의인재 양성

사교육비 절감, 맞춤형 학습, 창의력 중심 교육 등 AI가 교육 패러다임을 어떻게 근본적으로 바꿀 수 있는지를 제시한다. 특히 '상상나무 스쿨' 등 창의 교육 혁신 모델을 소개한다.

제4장 사회·경제·미래전략 및 생존정책

고령화, 일자리 재편, 경제 저성장 문제를 돌파하기 위한 생존 전략으로서 AI 기반 예산, 호텔경제론, 생업정책 등을 설계한다. 미래 산업 구조 재편의 실용적 비전을 제시한다.

제5장 청년·외교·안보·물가·주거 전략

청년 정책, AI 기반 실용외교, 안보·물가·부동산 대응까지 국민 삶과 직결된 분야에 대해 AI 분석과 예측력을 활용한 통합 솔루션을 제시한다.

제6장 대선전략·정치개혁 및 메시지 총론

'설계의 정치' 시대를 여는 이재명 정부의 정무 전략과 AI 시대 유권자와의 소통 방식, 공정과 공감의 리더십 메시지를 담는다. 정치의 기술화를 넘어 정치의 설계화를 선언한다.

제7장 AI 시대의 대변혁

AI 주권, AI 독립전쟁, 미래세대 정치 혁신 등 '기술과 통치의 충돌' 시대에 한국이 주체적으로 대응하기 위한 전략과 철학을 제시한다. 이 장은 정치철학적 AI 비전을 다룬다.

제8장 AI 경제가 대한민국의 미래를 열다

AI 패권 경쟁 속에서 한국 경제가 살아남기 위한 전략을 소개한다. 딥시크, 헥토콘, AI 리더십 등 혁신 경제의 새로운 중심축이 될 키워드들이 담겨 있다.

제9장. 한양검결(漢陽劍決)

대선의 정치적 승부, 전략, 신념의 충돌을 비유적 서사로 구성한 이 장은 시대정신과 정치적 역학이 맞부딪치는 '검의 승부'를 통해 권력의 본질을 탐구한다. 이재명 정부의 결단력이 시험대에 오른다.

AI 코리아 미래전략은 21대 대통령선거 예비후보로서 준비한 정책과 아이디어들을 바탕으로 집필하면서 ChatGPT 도움을 받았다. 그에 따라, 이 책에 담긴 일부 내용의 출처는 ChatGPT다. 이 제안들이 새로운 정부에서 채택되어 대한민국이 지속 가능한 번영을 이루는 데 기여할 수 있기를 진심으로 기대한다.

2025. 6. 4.

지은이 朴正一

The Future Strategy of AI Korea

AI
코리아의
미래 전략

박정일
AI Creator

AI 코리아의 미래 전략
The Future Strategy of AI Korea

목차

머리말

제1부 AI 코리아 강국의 길

서문/ AI 시대의 도전과 기회 22
    1. AI 기술의 급격한 발전
    2. 대한민국의 AI 경쟁력 현재와 미래
    3. AI G3 강국을 향한 필요성과 방향

제1장 AI 강국을 만들기 위한 국가적 비전과 전략 36
    1. AI G3 강국의 정의와 목표
    2. 국가 차원의 전략 수립 : 정부의 역할과 정책 리더십
    3. AI 산업 육성을 위한 국가적 협력

제2장 AI 산업 인프라 구축과 기술 혁신 58
    1. AI 기술 개발을 위한 투자
    2. AI 전문 인재 양성 및 교육 혁명
    3. AI 생태계 구축을 위한 인프라 확장

제3장 AI가 각 산업에 미치는 전략적 영향　80

　　1. AI 기반 산업 혁신
　　2. AI 기술과 글로벌 경쟁력
　　3. 산업별 AI 혁신 사례

제4장 AI가 교육 혁명에 미치는 영향　106

　　1. AI 기반 맞춤형 학습 시스템
　　2. 공교육 혁신 : AI와 EBS 플랫폼
　　3. AI 교육과 평등한 기회 제공

제5장 AI가 양극화와 초저출생 문제에 미치는 영향　128

　　1. AI와 경제적 양극화 해결
　　2. AI와 초저출생 문제 대응
　　3. AI를 통한 고용 창출과 사회적 안정

제6장 AI 산업의 윤리적 문제와 사회적 책임　146

　　1. AI 윤리와 기술의 책임
　　2. AI의 사회적 영향
　　3. AI 규제와 정책

제7장 AI 기반 경제 혁신과 지속 가능한 성장　166

　　1. AI 경제 구조 혁신
　　2. AI로 해결하는 사회적 문제
　　3. 지속 가능한 AI 개발과 정책

제8장 AI를 통한 글로벌 리더십 확립 188

1. AI G3 강국의 위상 확립
2. 글로벌 협력과 AI 기술의 국제적 리더십
3. AI를 통한 외교 전략

제9장 AI G3 강국을 향한 대한민국의 미래 208

1. 목표 달성을 위한 국가적 노력
2. 향후 비전과 발전 방향
3. AI가 만들어 갈 새로운 대한민국의 미래

제2부 대한민국의 미래를 여는 AI 혁명

제1장 민생경제 및 지역화폐 정책 220

1. 디지털 화폐로 푸는 재원 조달의 열쇠
2. 30조 추경, 돌게 하라. AI 추경의 시대
3. 진통제가 아닌 생명줄, AI 지역화폐 3회전
4. 세 번 도는 돈, 퍼주기를 넘는 재정 혁신 K-EIP
5. 비상경제 TF, AI 혁신을 통한 대한민국 경제 대전환

제2장 국정기획·정부개혁 및 AI 행정 233

1. 국정기획위원회, 이번엔 진짜 다르게
2. 이재명 대통령의 첫 선택, K-Gov 프라이빗 AI
3. AI 시대의 국정 설계도 – 하나로 정부 실현 전략
4. AI로 판을 바꾸자; 저성장을 깨우는 경제 대전환
5. 실용주의를 넘어 체감주의, 이재명 정부 90일 전략

제3장 교육혁명 및 창의인재 양성   248

1. 사교육비는 반으로, 민생경제는 두 배로
2. AI 공정평가국가, 교육이 바뀌면 미래가 달라진다
3. '상상나무 스쿨', AI 시대 상상력이 국가의 미래다
4. AI 시대 창의력 중심 교육 개혁이 곧 저출생 해법
5. AI 시대 지방을 살리는 교육이 곧 대한민국을 살리는 길이다

제4장 사회·경제·미래전략 및 생존 정책   261

1. 호텔경제론 여는 새로운 경제혁명
2. 세금은 그대로, 경제는 세 배, AI 예산혁명
3. 지금은 일거리입니다. AI 시대의 창의적 생업 정책
4. 잠재경제성장률 0%에서 5%로, AI가 바꾸는 한국경제
5. AI 시대 경제혁명, 민생 살리는 새로운 길

제5장. 청년·외교·안보·물가·주거 전략   276

1. 지금은 청년입니다. 내일을 여는 도전국가
2. 지금은 외교입니다. 실용외교 ON, AI 시대 외교혁신
3. 지금은 안보입니다. AI 안보혁신, 국민을 지키는 힘
4. 지금은 물가입니다. 물가뚝 AI가 지키는 장바구니
5. 지금은 집값입니다. 집값 터치로 아파트 값을 잡는다

제6장. 대선전략·정치개혁 및 메시지 총론   289

1. 코인이 아니라 설계다
2. AI 시대, 정치 개혁의 길
3. 2030의 손에 달린 대한민국의 미래
4. 당선은 출발선, 성공은 정책에서 완성
5. 정치가 아니라 AI 시대가 요구한 취임사

제7장 AI 시대의 대변혁 307

1. AI 시대 새 인물 출마 선언문
2. AI 독립전쟁, 미래를 지키는 AI 주권
3. 트럼프 2.0 시대, 대한민국의 생존전략

제8장 AI 경제가 대한민국의 미래를 열다 321

1. 딥시크의 성공, AI 시대의 새로운 딜레마
2. AI 스푸투니크 쇼크, 대한민국의 선택적 대응
3. AI 시대 '헥토콘' 육성, 한국경제의 새 도전
4. 패권 경쟁 속 한국의 지속적 도약

제9장 한양검결(漢陽劍決) 332

1. 조선 제일검 대결 1
2. 조선 제일검 대결 2
3. 조선 제일검 대결 3
4. 조선 제일검 대결 4
5. 조선 제일검 대결 5
6. 조선 제일검 대결 6
7. 조선 제일검 대결 7
8. 조선 제일검 대결 8

에필로그 353

제1부 AI 코리아 강국의 길

서문

AI 시대의 도전과 기회

1. AI 기술의 급격한 발전

AI(인공지능)는 이제 단순한 기술적 진보를 넘어, 우리의 삶, 경제, 사회의 모든 측면을 혁신하고 있다. 20세기 후반, 컴퓨터 기술이 세상을 바꿨다면, 21세기에는 AI 기술이 우리의 일상과 산업 구조를 근본적으로 재편하고 있다. AI는 단순히 기계가 사람처럼 생각하고, 배우고, 문제를 해결할 수 있게 만드는 것에 그치지 않는다. AI는 우리가 살아가는 방식, 일하는 방식, 그리고 세상을 바라보는 방식을 완전히 변화시키고 있다. AI가 일으킨 기술 혁명은 단순한 편리함을 넘어서, 산업의 패러다임을 변화시키고 있으며, 인류의 미래를 새롭게 그려가는 중요한 요소로 자리 잡고 있다.

  AI 기술의 발전은 컴퓨터 과학, 수학, 신경망 이론, 빅 데이터의 결합으로 이루어졌으며, 이제는 인간의 인지 능력을 초과하는 수준으로 발전하고 있다. 데이터 분석, 음성 인식, 자율 주행, 자연어 처리 등 여러 분야에서 눈부신 성과를 거두고 있는 AI는 자신만의 학습 능력을 통해 인간의 사고를 넘어서고 있다. AI는 이제 산업과 경제를 움직이는 핵심 동력으로 자리잡고 있으며, 그 가능성은 무한하다.

(1) AI 기술의 시작과 진화

AI의 시작은 20세기 중반, 특히 1956년 다트머스 회의에서 본격적으로 시작되었다. 당시 AI라는 개념은 기계가 인간처럼 사고하고 문제를 해결할 수 있다는 철학적 논의에서 비롯되었고, 이를 현실로 만들기 위한 시도들이 이어졌다. 하지만 당시의 기술적 한계로 인해 AI는 꿈에 그쳤고, 몇십 년 동안 진전이 미미했다. 그러나 2000년대에 접어들면서 AI의 발전은 급속히 이루어지기 시작했다.

빅 데이터와 컴퓨터 성능의 발전은 AI 기술을 비약적으로 발전시킨 두 가지 주요 요소였다. 데이터를 효율적으로 처리하고 분석할 수 있는 능력, 그리고 이를 빠르게 계산할 수 있는 강력한 컴퓨팅 파워가 결합되면서, AI는 비로소 실용적인 기술로 자리잡게 되었다. 예를 들어, 딥러닝 알고리즘은 AI에게 스스로 학습하고 데이터에서 패턴을 인식하는 능력을 부여했다. 이로 인해 AI는 단순한 규칙 기반 프로그램을 넘어서, 자율적이고 창의적인 해결책을 제시할 수 있는 기술로 발전했다.

(2) AI가 바꾸는 산업의 풍경

AI가 가장 큰 영향을 미치는 분야는 산업과 경제이다. AI의 등장으로 산업의 패러다임이 전방위적으로 변화하고 있으며, 기존의 생산성과 효율성을 넘어서 혁신적인 비즈니스 모델이 생성되고 있다.

1) 제조업: AI는 스마트 팩토리와 자동화를 이끌며 생산성을 극대화하고 있다. 로봇 공학과 AI 결합을 통해 사람의 손길을 대신하는 기계들이 정밀하고 신속하게 작업을 수행할 수 있게 되었다. 특

히 산업용 로봇은 반복적이고 위험한 작업을 대신하면서 작업 환경의 안전성을 높이고 있다. AI 알고리즘을 통해 수요 예측, 재고 관리, 품질 관리 등에서 혁신적인 변화가 일어나고 있다.

2) 헬스케어: AI는 의료 진단에서 중요한 역할을 한다. 영상 분석 AI는 MRI, CT, X-ray 사진을 분석하여 의사가 놓칠 수 있는 질병을 조기에 발견하는 데 도움을 준다. AI는 유전자 분석, 의약품 개발, 환자 데이터 분석 등을 통해 보다 정교한 의료 서비스를 제공하고 있으며, 정확한 진단과 치료 효율을 높이고 있다. AI의 발전으로 의료 비용 절감과 품질 개선을 동시에 이룰 수 있게 되었다.

3) 금융: 금융 산업에서 AI는 리스크 관리와 투자 전략을 혁신하고 있다. 알고리즘 트레이딩은 시장의 미세한 변동성을 분석하고, 자동으로 투자 결정을 내린다. AI 기반 신용 평가 시스템은 개인의 신용도를 정확하게 분석하여 대출 결정을 도와준다. 또한, AI는 사기 탐지와 위험 관리 분야에서도 매우 효과적으로 사용되며, 금융 서비스의 효율성을 획기적으로 개선하고 있다.

4) 소비자 맞춤형 서비스: AI는 온라인 쇼핑, 영화 추천 시스템, 음악 스트리밍 서비스 등에 활용되어, 사용자에게 맞춤형 서비스를 제공한다. 예를 들어, 넷플릭스와 스포티파이는 사용자의 취향을 분석하여 맞춤형 콘텐츠를 추천한다. 또한, 전자상거래 플랫폼에서는 AI가 고객의 쇼핑 패턴을 분석하여 개인화된 광고를 제공한다.

(3) AI와 사회 변화: 더 나은 삶을 위한 기회

AI는 산업 혁신에 그치지 않고, 사회적 변화를 일으킬 수 있는 잠재력을 가지고 있다. AI의 발전은 인간의 삶을 보다 편리하고 효율적으로 만들어 주지만, 그 이면에는 사회적 책임과 윤리적 고려가 따르며, 이를 해결하기 위한 제도적 장치와 규제가 필요하다.

AI가 가져오는 가장 큰 기회 중 하나는 사회적 불평등 해소이다. AI는 교육, 보건, 금융 등 다양한 분야에서 모든 사람에게 공정한 기회를 제공할 수 있는 도구로 활용될 수 있다. AI 교육 시스템을 통해 교육 격차를 줄일 수 있으며, 의료 서비스를 원거리 지역이나 저소득층에게도 쉽게 접근할 수 있도록 할 수 있다. AI는 디지털 격차를 해소하는 데 기여할 수 있으며, 사회적 약자에게 도움을 줄 수 있는 중요한 도전과 기회를 제공한다.

　하지만 이러한 기회를 실현하기 위해서는 AI 기술이 윤리적으로 사용될 수 있도록 규제와 사회적 합의가 필요하다. AI의 투명성과 공정성을 보장하는 것은 매우 중요한 과제이다. AI가 사회적 책임을 다하며 발전할 수 있도록 하는 규제 시스템이 뒷받침되어야 한다.

(4) AI 시대의 기회와 도전

　AI 기술의 발전은 기회와 도전을 동시에 가져온다. 이는 단순히 기술적 혁신에 그치지 않고, 사회적, 경제적, 윤리적 변화를 일으키는 중요한 촉매제가 되고 있다. AI 시대를 맞이하여 우리는 기술적 혁신과 사회적 책임을 동시에 해결하는 방법을 모색해야 한다. AI 기술은 단지 산업 혁신의 도구일 뿐만 아니라, 사회적 문제 해결을 위한 중요한 열쇠로 작용할 것이다.

　앞으로의 AI 시대에서는 기술적 발전과 함께 사회적 가치를 창출하는 방식으로 나아가야 한다. 대한민국은 AI G3 강국을 목표로 AI 기술을 산업 전반에 적용하고, 글로벌 경쟁에서 우위를 차지하기 위한 준비를 철저히 해야 한다. AI 기술은 미래의 성장 동력이며, 이를 국가 경쟁력으로 바꾸는 전략이 필요한 시점이다.

2. 대한민국의 AI 경쟁력 현재와 미래

(1) 대한민국 AI 경쟁력의 현재

　AI 기술은 지금까지 우리가 경험한 그 어떤 기술 혁명보다도 빠르게 발전하고 있다. 정보화 사회와 디지털 혁명이 일어난 이후, AI는 단순히 미래의 기술이 아니라 이미 현재의 문제를 해결하고, 산업 전반에서 그 존재감을 확고히 하고 있다. 특히 대한민국은 AI 기술의 발전에 있어 세계적인 선두주자들 사이에서 중요한 경쟁력을 가지고 있다. 그 이유는 기술적 기반뿐만 아니라, AI 기술을 발전시키는 데 있어 정부의 정책적 지원과 산업의 협력이 중요한 역할을 하고 있기 때문이다.

1) 대한민국의 AI 기술 현황

　현재 대한민국의 AI 기술은 글로벌 AI 경쟁에서 상위권에 위치하고 있다. 2021년 발표된 AI 발전 지수에서 대한민국은 세계 5위에 위치해 있다. 이는 국가 차원에서의 AI 연구개발 투자와 산업적 역량이 결합된 결과라 할 수 있다. 특히 전자, 통신, 반도체 분야에서 대한민국은 AI 기술을 활용하여 산업의 생산성을 극대화하고 있으며, 자동차, 로봇, 헬스케어 등 다양한 분야에서도 큰 발전을 이루어내고 있다.

2) AI 기술을 뒷받침하는 인프라

　빅 데이터와 클라우드 컴퓨팅의 발전은 AI 기술의 성장을 가능하게 한 중요한 요소이다. 대한민국은 이미 세계에서 가장 빠른 인터넷 속도와 높은 데이터 활용 능력을 자랑하는 나라로, AI 기술을 발전시키는 데 필수적인 인프라를 이미 갖추고 있다. 5G 네트워크와 차세대 클라우드 컴퓨팅 기술을 기반으로, 모든 데이터를 실시간으로 처리하고 분석할 수 있는 환경을 마련해 놓았다. 이는 AI 기술이 실시간으로 데이터를 처리하고, 결과를 즉각적으로 제공할 수 있는 중요한 기반이 된다.
3) 정부의 AI 관련 정책
한국 정부는 AI 기술 개발에 대한 강력한 지원을 아끼지 않고 있다. AI 국가 전략을 통해 AI 연구개발과 AI 기술 상용화에 필요한 지원을 지속적으로 확대하고 있으며, AI 인재 양성을 위한 다양한 교육 프로그램과 지원책을 마련하고 있다. 특히, AI 연구소와 AI 스타트업의 육성 정책은 AI 산업의 기술 혁신과 창의적인 아이디어가 실현될 수 있는 중요한 계기가 되고 있다.

(2) 대한민국 AI 경쟁력의 미래
1) AI G3 강국을 목표로
대한민국의 AI 경쟁력은 이미 세계적인 수준에 근접해 있다. 하지만 AI G3 강국으로 자리매김하기 위해서는 전방위적인 노력과 지속적인 혁신이 필요하다. AI G3 강국이란, 미국, 중국, 대한민국처럼 AI 기술의 발전과 AI 경제에서 글로벌 리더의 역할을 하는 국가를 의미한다. 미국과 중국은 AI 시장과 기술 연구에서 절대적인 우위를 차지하고 있지만, 대한민국은 AI 산업과 AI 서비스 혁신에서 강력한 경쟁력을 가지고 있다.

이를 위해 대한민국은 AI 기술 혁신과 함께 AI 기반 산업 생태계를 전국적으로 확산시켜야 한다. 스마트 시티, AI 제조업, AI 헬스케어, 자율주행차 등의 산업에서 대한민국의 AI 기술이 주도적으로 글로벌 시장에 진입할 수 있는 환경을 만들어야 한다.

2) AI 교육 혁명과 인재 양성
AI 산업의 미래를 선도하려면 AI 인재 양성이 가장 중요한 과제이다. 대한민국은 AI 교육과 AI 연구에 투자하고, AI 전문 인재를 양성하기 위한 구체적인 교육 로드맵을 마련해야 한다. 특히, AI 기술의 발전은 단순한 기술자만을 필요로 하는 것이 아니라, 다양한 분야의 전문가들이 협력하여 융합적인 혁신을 일으킬 수 있어야 한다. AI 교육은 초중고 교육과정부터 대학 및 산업계까지 이어지는 전방위적인 AI 교육이 필요하다.

AI 기술을 기반으로 한 창의적 사고를 중시하는 교육을 통해, AI 전문가뿐만 아니라, AI를 활용하는 다양한 직업군을 창출할 수 있다. AI 인재 양성을 위해 AI 연구소와 산업체 연계 프로그램을 통해 학생들에게 실무 경험을 제공하고, AI 분야에서 세계적인 경쟁력을 갖출 수 있도록 해야 한다.

3) AI 기술의 사회적 책임과 윤리

AI 기술이 발전하면서, AI의 윤리적 책임과 사회적 책임이 중요한 문제로 떠오르고 있다. AI 기술은 데이터 기반으로 작동하므로 프라이버시 침해나 불평등한 결정을 초래할 수 있다. 따라서 AI 윤리 규범과 책임 있는 AI 사용에 대한 법적, 제도적 장치가 필요하다.

AI가 사회적 문제를 해결하는 도구로 사용될 수 있도록, 대한민국은 AI 윤리 정책을 수립하고, AI 개발자와 기업이 사회적 책임을 다할 수 있도록 규제와 지침을 마련해야 한다. 이를 통해 AI 기술이 공정하고 투명한 방식으로 사용되도록 해야 하며, AI의 사회적 신뢰를 구축해야 한다.

(3) AI G3 강국을 향한 도전

AI 기술은 이제 단순한 기술적 혁신을 넘어 경제적 성장과 사회적 발전의 핵심으로 자리 잡고 있다. 대한민국은 AI 기술에 대한 글로벌 리더로 자리매김하기 위한 도전을 시작해야 한다. 이는 AI 교육 혁신, AI 산업 혁명, 그리고 AI 윤리를 포함한 사회적 책임을 함께 해결하는 종합적인 접근이 필요하다.

대한민국이 AI G3 강국으로 나아가기 위해서는 AI 기술 혁신, 산업 생태계 발전, AI 인재 양성, 그리고 사회적 책임을 동시에 고려한 정책이 필요하다. AI 시대를 맞이하여 AI 기술의 발전과 AI 경제를 전국적 차원에서 지속적으로 확산시켜야 하며, 이를 통해 AI G3 강국으로서 글로벌 리더십을 구축할 수 있을 것이다.

3. AI G3 강국을 향한 필요성과 방향

AI G3 강국이란 인공지능(AI) 기술을 통해 세계적인 경쟁력을 가진 국가를 의미한다. 미국과 중국은 현재 AI 기술 개발과 관련하여 세계적인 선두주자로 자리 잡고 있으며, 대한민국이 AI G3 강국의 대열에 들어가기 위해서는 AI 기술 혁신과 사회적, 경제적 변화를 이끌어야 한다. 이 목표는 단순히 기술적 발전만을 의미하는 것이 아니라, 국가 경제와 사회 구조의 근본적인 혁신을 요구한다. 대한민국이 AI G3 강국으로 성장하는 것은 국제 사회에서의 위상을 높이고, 경제적 번영을 이루는 데 필수적인 전략이 된다.

AI G3 강국을 목표로 하는 대한민국의 비전은 AI 기술을 활용한 경제 성장, 산업 혁신, 사회적 평등을 동시에 달성하는 것이다. 대한민국이 AI G3 강국으로 자리매김하기 위해서는, AI 기술을 산업 전반에 적용하고, AI 인재 양성, AI 기반 정책 개발, 그리고 국제적 협력을 통해 글로벌 AI 시장에서의 경쟁력을 높여야 한다.

(1) AI G3 강국으로서의 필요성

AI G3 강국은 단순히 AI 기술 발전을 넘어서, 국가 경제와 사회 시스템 전반에 걸쳐 AI를 기반으로 한 혁신적인 변화를 이끌어가는 국가를 의미한다. AI 기술이 국가 경쟁력의 핵심 요소로 떠오른 지금, 대한민국이 AI G3 강국으로 성장하는 것은 국제 사회에서의 위상을 높이고, 경제적 번영을 이루는 데 필수적인 전략이 된다.

글로벌 경제의 패러다임 변화와 산업의 디지털화가 이루어지는 가운데, AI는 산업 혁신의 중심에 있으며, 이를 통해 새로운 산업과 고용 모델을 창출할 수 있다. AI 경제는 이제 단지 기술적 문제를 해결하는 데 그치지 않고, 국가의 경제 성장을 견인하는 핵심 동력으로 자리잡았다. AI 기반 서비스가 글로벌 시장에서 경쟁력을 갖추는 것은 국가의 경제적 주도권을 확보하는 중요한 방법이 된다. AI G3 강국을 목표로 하는 대한민국의 비전은 AI 기술을 활용한 경제 성장, 산업 혁신, 사회적 평등을 동시에 달성하는 것이다.

(2) AI G3 강국으로서의 방향

AI G3 강국이 되기 위한 방향은 단순히 기술 개발에만 집중하는 것이 아니라, 산업 혁신, 사회적 변화, 국제적 협력을 포함한 전방위적인 전략을 요구한다. 대한민국이 AI G3 강국으로 자리잡기 위한 전략적 방향을 살펴보자.

1) AI 스타트업 육성을 위한 창의적인 정책적 지원

AI 스타트업의 육성을 위한 정책적 지원은 단순한 자금 지원을 넘어서, 아이디어 혁신과 실행 가능성을 보장하는 방향으로 설계되어야 한다. 첫째, AI 창업 생태계를 구축하기 위해 AI 기술 개발에 집중하는 창업 센터와 AI 전문 액셀러레이터를 전방위적으로 지원해야 한다. 창업자들이 AI 기술을 실험하고 초기 비용을 줄일 수 있는 환경을 제공해야 하며, 정책적으로 구체적인 지원 패키지가 필요하다. 예를 들어, 정부가 AI 스타트업에 대한 세제 혜택을 제공하고, AI 분야에서 특화된 투자펀드를 설립하는 것이다. 또한, AI 인재들이 스타트업에 참여할 수 있도록 AI 교육 프로그램과 멘토링 시스템을 강화해야 한다. 이를 통해 AI 스타트업이 안정적으로 성장할 수 있는 기반을 제공할 수 있다.

둘째, AI 스타트업이 글로벌 시장에서 경쟁할 수 있도록, 정부는 AI 글로벌 네트워크와의 협력을 강화해야 한다. 이를 위해 해외 AI 기업과의 파트너십을 구축하고, 국제적인 투자 기회를 창출할 수 있는 AI 해외 박람회와 같은 행사를 적극적으로 주도해야 한다. 이와 함께 국내 AI 스타트업의 해외 진출을 촉진하는 정부의 해외 진출 지원 프로그램을 마련해야 한다.

2) AI 국제 협력으로 글로벌 리더로 자리잡기

AI 국제 협력을 통해 글로벌 AI 시장에서 리더로 자리잡기 위해서는 AI 기술을 국제적으로 표준화하고, 세계 각국의 AI 연구소와 협업하는 것이 필수적이다. 우선, 국제 AI 협의체를 통해 AI 표준화와 윤리적 기준을 설정하고, 다양한 국가와 산업 간 협력을 확대해야 한다. 이를 위해 대한민국은 AI 국제 컨소시엄에 적극 참여하여 AI 기술의 글로벌 표준을 주도하고, AI 개발에 있어 협력적인 국가적 파트너십을 확립해야 한다.

또한, AI 연구소와 산업체 간의 협업 네트워크를 강화하여 기술 교류와 정보 공유를 촉진해야 한다. 이는 AI 기술의 빠른 발전을 가능하게 하며, 동시에 국제 시장에서의 경쟁력을 높일 수 있는 방법이다. 예를 들어, AI 글로벌 연구 네트워크에서 선도적인 연구를 진행하고, 해외 AI 기술을 국내 산업에 적용하는 방식으로 AI 기술 개발과 산업 혁신을 선도할 수 있다. AI 인프라와 데이터 거버넌스를 국제 협력을 통해 구축하여, 글로벌 AI 시장에서의 리더십을 확보하는 것이 대한민국의 목표가 되어야 한다.

3) AI 기반 글로벌 경제 경쟁력 확보

AI 경제는 이제 단순히 기술적인 혁신을 넘어서, 국가의 경제 성장과 글로벌 경제에서의 경쟁력을 좌우하는 중요한 요소로 자리잡았다. 대한민국은 AI 기반 산업을 글로벌 경쟁력을 가진 산업 모델로 발전시켜야 한다. 이를 위해, AI 기반 산업 혁신을 통해 AI 산업 클러스터를 구축하고, 국내 기업과 국제 기업 간의 협업을 강화해야 한다.

우선, AI 기술 개발을 촉진할 수 있는 전략적 산업 파트너십을 구성해야 한다. 예를 들어, AI 기술을 활용한 스마트 팩토리, 자율주행차, AI 의료기기 등 주요 산업 분야에 AI 솔루션을 적용하는 산업 파트너십을 강화하고, 이를 국내외 시장에 성공적으로 진출시킬 수 있는 글로벌 기업과의 협력을 강화해야 한다. 또한, AI 기술을 활용한 디지털 혁신이 산업 전반에 확산될 수 있도록 적극적인 정부 지원과 산업계의 협력 체계가 필수적이다.

(3) AI G3 강국으로 나아가는 길

AI G3 강국이 되기 위한 길은 단순히 기술적 혁신과 산업 발전에 그치지 않는다. AI 기술은 그 발전 속도와 범위가 매우 빠르며, 그만큼 사회적 책임, 산업 혁신, 글로벌 리더십, 사회적 평등을 동시에 실현할 수 있는 종합적이고 창의적인 전략이 필요하다. 대한민국이 AI G3 강국으로 자리잡기 위해서는 AI 인재 양성, AI 산업 혁신, 글로벌 협력, AI 윤리 규범 구축 등 다양한 측면에서 전방위적인 노력이 필요하다. 이제 그 각 측면에서 구체적으로 무엇을 해야 하는지에 대해 살펴보자.

1) AI 인재 양성: 지속 가능한 AI 인재 확보

AI 인재 양성은 AI G3 강국으로 가는 핵심 열쇠이다. AI 기술은 고도로 전문화된 지식과 실용적인 기술을 필요로 하며, 이를 충족할 수 있는 AI 인재를 충분히 양성하는 것이 가장 중요한 과제이다. 그러나 인재 양성은 단순히 대학에서의 교육에 그쳐서는 안 된다. 초중고 교육부터 AI 교육을 포함해야 하며, 이를 통해 AI 기술에 대한 기초적 이해를 넓히고, 미래 산업에 대비할 수 있는 창의적이고 실용적인 사고를 기를 수 있어야 한다.

첫째, AI 교육 커리큘럼을 전국적인 교육 시스템에 통합해야 한다. 각급 학교에서 AI의 기본 개념과 기술을 교육하는 것을 넘어, 학생들이 실제 문제를 해결할 수 있는 실습 기반 교육을 강화해야 한다. 이를 위해 AI 교육 인프라와 강사 양성도 동시에 이루어져야 한다. 예를 들어, AI 기술에 대한 실험적 학습을 제공할 수 있는 AI 교육 전용 플랫폼을 구축하고, 학생들이 다양한 분야에서 AI 기술을 적용하는 경험을 쌓을 수 있도록 해야 한다.

둘째, AI 연구와 산업 연계를 강화해야 한다. AI 연구소와 기업들이 협력하는 연구 환경을 제공함으로써, 연구 성과를 산업화하는 데 집중할 수 있다. 특히 AI 스타트업과 대기업이 함께하는 AI 혁신 캠퍼스와 같은 연구 환경을 활성화해야 한다. 이와 함께 AI 창업 생태계를 조성하고, AI 인재들이 스타트업에 진출할 수 있도록 하는 창업 지원 프로그램을 마련해야 한다.

2) AI 산업 혁신: 전 산업 분야에 AI 적용

AI G3 강국으로 가는 길에서 AI 산업 혁신은 핵심적인 요소이다. AI 산업 혁신은 스마트 제조업, 자율주행차, 디지털 헬스케어, 지속 가능한 에너지 등 다양한 산업에서 AI 기술을 전방위적으로 적용하여 이루어져야 한다. 대한민국이 AI 산업을 글로벌 수준으로 혁신하려면, 산업 전반에 AI를 적용하고 AI 기반의 비즈니스 모델을 재창조하는 전략이 필요하다.

첫째, 스마트 팩토리와 자동화 시스템을 중심으로 AI 기술을 적극적으로 산업에 접목해야 한다. AI 기반 생산 시스템은 생산성, 효율성, 품질을 획기적으로 향상시킬 수 있다. 예를 들어, AI 제조업을 통해 공정 자동화와 예지 보수 시스템을 도입하고, AI로 공정 최적화를 이루는 시스템을 구축할 수 있다. 대한민국의 전통적인 제조업에 AI를 적용하여 산업 경쟁력을 강화해야 한다.

둘째, AI 기반 헬스케어 혁신을 통해 의료 산업의 질을 향상시켜야 한다. AI 영상 분석과 정밀 의학을 통한 질병 진단과 치료법 개발은 효율적인 의료 서비스 제공을 가능하게 한다. AI 의료 인프라를 구축하고, AI 기반 의약품 개발에 대한 투자를 확대하여 전 세계에서 경쟁력을 갖춘 의료 기술을 만들 수 있다. 또한, AI 기반 예방 의료 시스템을 구축하여 건강 불균형을 해소하고, 모든 계층이 AI 기반 의료 혜택을 누릴 수 있도록 해야 한다.

셋째, AI와 에너지 산업을 결합해 지속 가능한 에너지 시스템을 구축해야 한다. AI를 활용한 스마트 그리드와 에너지 효율성 최적화 기술을 도입하여 환경 친화적이고 경제적인 에너지 솔루션을 제시할 수 있다. 이를 통해 대한민국은 지속 가능한 경제 모델을 제시하고, 기후 변화 대응에도 기여할 수 있다.

3) 글로벌 협력: AI를 통한 글로벌 리더십 확보

글로벌 협력은 AI G3 강국으로 가는 또 다른 핵심 방향이다. AI 기술은 국가 간 협력을 통해 기술 발전과 산업 혁신을 가속화할 수 있다. 특히, AI 글로벌 표준을 설정하고, 국제 AI 연구소와의 협력 네트워크를 확장하여 AI 리더국으로 자리잡는 것이 중요하다. 그러나 이를 위해서는 AI 기술을 국제적으로 표준화하고, 다양한 국가들과 협력하는 전략이 필요하다.

첫째, AI 글로벌 연구 네트워크를 확립해야 한다. AI 기술이 빠르게 발전하는 가운데, 이를 글로벌 차원에서 표준화하고, 국제적 협력을 통해 기술 공유와 연구 협력을 강화해야 한다. 이를 위해 대한민국은 AI 국제 컨소시엄에 적극 참여하고, AI 연구소와 산업체 간의 협력 프로그램을 활성화해야 한다.

둘째, AI 관련 국제 회의와 세미나를 주도하고, AI 글로벌 기술 혁신을 이끌 수 있도록 AI 기술 리더로 자리잡아야 한다. 이를 위해 대한민국은 AI 국제 협력을 통해 글로벌 시장에서의 리더십을 강화해야 한다. 예를 들어, AI 관련 국제 박람회를 개최하거나, AI 연구 결과를 국제 학술지에 발표하며 AI 기술의 선도적 역할을 주장할 수 있다.

셋째, AI 기반 산업 혁신을 위한 국제적인 파트너십을 구축해야 한다. AI 기술이 산업 전반에 적용되는 과정에서, AI 기술을 보유한 국제 기업들과의 협력이 필수적이다. AI 기술을 바탕으로 한 공동 연구와 산업 협력을 통해, 대한민국은 글로벌 AI 시장에서 경쟁 우위를 차지할 수 있다. 이를 위해, AI 산업 관련 투자와 AI 기술 사업화를 위한 국제적 파트너십을 확립하고, 대한민국을 AI 글로벌 허브로 자리매김해야 한다.

4) AI G3 강국으로 나아가는 길

AI G3 강국이 되기 위한 길은 단순히 기술적 혁신과 산업 발전에 그치지 않는다. AI 기술을사회적 책임을 다하며 산업 혁신, 글로벌 리더십, 사회적 평등을 동시에 실현할 수 있는 종합적이고 창의적인 전략이 필요하다. 대한민국이 AI G3 강국으로 자리잡기 위해서는 AI 인재 양성, AI 산업 혁신, 글로벌 협력, AI 윤리 규범 구축 등 다양한 측면에서 전방위적인 노력이 필요하다.

제1장
AI 강국을 만들기 위한 국가적 비전과 전략

1. AI G3 강국의 정의와 목표

(1) G3 강국으로서의 지위 확보

AI G3 강국이란 단순히 AI 기술이 발전한 국가를 의미하지 않는다. AI G3라는 개념은 세계에서 AI 기술과 그 응용 능력이 가장 뛰어난 세 국가를 지칭하며, 국제적 경쟁에서 우위를 점하고 이를 경제적, 사회적, 문화적 힘으로 전환할 수 있는 능력을 갖춘 국가를 말한다. AI G3 강국이 되기 위한 목표는 단순히 기술적 선도만이 아니라, AI를 통해 국가의 전반적인 혁신과 경쟁력을 끌어올리는 것이다. 이는 단기적인 목표가 아니라 지속 가능한 혁신적인 전략과 국가 경쟁력의 근본적인 재편을 위한 장기적인 비전이 필요하다.

1) **AI G3 강국으로의 도전과 목표 설정**

AI G3 강국으로 나아가려는 목표는 첫 번째로 기술적 선도의 확보이지만, 그 이상의 목표가 존재한다. AI G3 강국이란 단순히 AI 기술을 개발하고, 산업에 적용하는 국가를 넘어서, 국가적 잠재력을 극대화하며 글로벌 경제와 사회에 혁신적인 영향을 미칠 수 있는 리더가 되는 것이다. AI 기술의 진정한 의미는 산업적 활용에 그치지 않고, 사회적 문제 해결과 경제적 불평등 해소로 이어지는 연쇄적인 영향을 불러일으킬 수 있는 사회적 자원이 된다.

AI G3 강국을 향한 대한민국의 전략적 비전은 다음과 같은 핵심 요소들을 포함한다.

2) AI 생태계의 혁신적 창출과 확장

AI G3 강국이 되기 위해서는 AI 생태계의 완전한 혁신이 이루어져야 한다. 이는 단순히 AI 기업이나 AI 연구소의 숫자를 늘리는 것이 아니다. AI 생태계를 창의적이고 유기적인 연결체로 만들어야 한다. 대기업, 스타트업, 학계, 정부가 모두 하나의 AI 혁신 생태계 안에서 상호작용하고, 융합적인 혁신을 이끌어낼 수 있도록 해야 한다. 이 생태계에서 AI 기술 개발, 산업화, 정책 지원이 긴밀히 연결되고, AI 혁신 클러스터가 각 지역에 지속 가능한 성장을 이끌어가는 센터로 자리잡아야 한다.

예를 들어, AI 기반 산업 창업 플랫폼을 활성화하고, AI 인큐베이터와 엑셀러레이터 프로그램을 통해 AI 스타트업들이 빠르게 시장에 진입하고 글로벌 시장으로 확장할 수 있도록 지원해야 한다. AI 연구소와 산업체가 협력하여 AI 기술을 상업화하고, AI 혁신 제품을 실제로 산업에 적용하는 과정이 스마트한 방식으로 이루어져야 한다. 대한민국이 AI G3 강국으로 나아가기 위한 첫걸음은 바로 이러한 AI 생태계의 구축과 확장이다.

3) AI 인재 양성, 창의적이고 다각적인 AI 교육

AI G3 강국이 되기 위한 두 번째 목표는 AI 인재 양성이다. 그러나 이는 기술적 인재 양성에 그쳐서는 안 된다. AI 인재가 산업의 리더로 성장할 수 있는 다각적인 교육 시스템이 마련되어야 한다. AI 인재 양성은 기초 교육부터 전문 교육, 직업 훈련, 산업 교육에 이르기까지 통합적이고 지속적인 교육 시스템을 필요로 한다.

AI 교육 시스템은 창의적인 문제 해결 능력과 비판적 사고를 배양하는 데 집중해야 하며, 이를 위해 기존의 이론적 교육을 넘어서 AI 기술을 실제 문제에 적용하는 경험을 쌓을 수 있도록 해야 한다. 예를 들어, 학교와 산업이 협력하는 AI 프로젝트 기반 교육을 강화하고, AI 기술을 사회적 문제 해결에 연결짓는 실습 교육을 통해 실용적인 역량을 기를 수 있어야 한다. 이를 통해 AI 전문가뿐만 아니라, AI를 활용한 사회적 혁신을 이끌어낼 수 있는 다양한 분야의 리더를 양성하는 것이다.

4) AI 기술 혁신의 글로벌 리더십

AI G3 강국으로 자리잡기 위해서는 AI 기술을 글로벌 시장에서 리더로 이끌어 나갈 수 있는 능력을 갖추어야 한다. 글로벌 AI 시장에서 리더로 자리잡기 위한 첫걸음은 AI 연구소와 AI 산업의 글로벌 협력을 통해 기술 혁신을 선도하는 것이다. AI 글로벌 협력은 단순히 기술을 교환하는 수준을 넘어서, AI 기술 표준화와 윤리적 기준을 제시하는 데에도 중요한 역할을 한다.

AI 기술을 국제적 협력을 통해 선도하기 위한 구체적인 방법은, AI 국제 포럼이나 AI 국제 연구소와의 협력을 강화하고, 글로벌 기술 표준을 한국 주도의 정책으로 이끌어 가는 것이다. 예를 들어, AI 기술 개발과 산업 적용의 국제적 기준을 대한민국이 주도하며, AI 기술의 글로벌 표준화에 핵심적인 역할을 할 수 있는 기반을 마련해야 한다. 이를 통해 대한민국은 글로벌 AI 시장에서 리더로 자리매김할 수 있다.

5) AI 윤리 규범과 사회적 책임

AI G3 강국으로 자리잡기 위해서는 AI 윤리 규범을 선도하는 것이 중요하다. AI 기술이 발전함에 따라 윤리적 문제와 사회적 책임에 대한 논의는 더욱 심각해지고 있다. AI 기술이 사회적 불평등이나 개인 정보 침해 등 부정적인 영향을 미칠 수 있기 때문에, 윤리적 AI 개발과 AI의 사회적 책임을 강화하는 정책이 필요하다.

AI 윤리 규범을 마련하고, 이를 국제적 차원에서 협력하는 방식으로 발전시켜야 한다. 예를 들어, AI 기술의 투명성, 공정성, 책임성을 보장하는 법적 규제를 마련하고, AI 기업들이 이러한 윤리적 기준을 준수하도록 유도하는 것이다. 또한, AI의 사회적 책임을 다하기 위해, AI 기술이 모든 계층에 공정하게 제공될 수 있도록 보장해야 한다. 이를 통해 대한민국은 AI 기술의 윤리적 사용과 사회적 책임을 강조하는 AI G3 강국으로 자리매김할 수 있을 것이다.

6) AI G3 강국으로 나아가는 길

AI G3 강국이 되기 위한 길은 단순히 기술적 혁신과 산업 발전에 그치지 않는다. AI 기술은 산업 혁신을 넘어, 사회적 책임과 글로벌 리더십을 함께 고려한 전방위적이고 창의적인 전략을 통해 발전해야 한다. 대한민국은 AI 인재 양성, AI 산업 혁신, AI 윤리 규범 구축, AI 글로벌 협력을 통해 AI G3 강국으로 자리잡을 수 있다. 이 비전은 단기적인 목표가 아니라, 지속 가능한 AI 기술 혁신과 글로벌 리더십을 이끌어낼 수 있는 장기적인 국가 경쟁력의 핵심이 된다. AI G3 강국을 목표로 대한민국은 기술적 발전과 사회적 책임을 동시에 실현하는 방향으로 나아가야 한다.

AI 기술은 단순히 산업 혁신을 넘어서, 사회적 문제 해결을 위한 중요한 열쇠로 작용할 것이다. 대한민국이 AI G3 강국으로 자리잡기 위해서는 AI 기술을 전국 전방위적으로 적용하고, 산업, 사회, 윤리적 문제를 동시에 해결하는 포괄적인 접근을 지속적으로 추진해야 한다. 이를 통해 대한민국은 AI G3 강국으로서 글로벌 리더로 자리매김할 수 있을 것이다.

(2) AI 기술의 글로벌 경쟁에서 차지하는 중요성

AI 기술의 글로벌 경쟁에서 차지하는 중요성은 그 어느 시대의 기술 혁명보다도 심오하고 복잡한 성격을 가진다. AI는 더 이상 단순히 산업을 혁신하는 도구로서의 역할을 넘어서, 국가의 미래를 좌우하는 핵심 요소로 자리잡고 있다. 한 국가의 AI 기술력이 그 국가의 경제력, 외교력, 사회적 안정성, 그리고 심지어 문화적 영향력에까지 영향을 미친다는 사실은 이제 명백하다. AI 기술은 단순히 기술 혁신을 이끄는 것이 아니라, 사회적 패러다임을 변화시키는 지속 가능한 경제 성장의 엔진으로 자리잡고 있다. 그럼에도 불구하고, 우리는 AI의 중요성을 단순히 기술적 혁신이라는 프레임으로만 바라볼 수 없다. AI 기술의 글로벌 경쟁에서 그 중요성을 이해하기 위해서는, AI가 단지 산업이나 기술적 발전에 국한되지 않고, 정치적, 경제적, 사회적 패러다임의 재구성을 이끄는 핵심 동력이라는 점을 인식해야 한다.

1) AI 기술이 국가 경쟁력의 중심으로 자리잡은 이유

AI 기술의 중요성은 단기적인 경제적 이득을 넘어, 지속 가능한 국가 경쟁력을 결정짓는 중요한 요소로 자리 잡았다. 이는 AI 기술이 단순한 산업 혁신의 도구로 그치지 않기 때문이다. AI는 국가의 전략적 자원으로서, 국가의 미래와 위상을 결정짓는 핵심 요소로 자리잡고 있다. 예를 들어, AI 기술은 기술 경쟁력 뿐만 아니라, 국제적인 협상력과 외교적 영향력에도 중요한 역할을 한다. AI 기술의 글로벌 경쟁에서 우위를 점한 국가들은 기술 패권을 기반으로 경제 성장을 견인하며, 그 경제적 영향력을 국제 무대에서 적극적으로 활용할 수 있다. 따라서 AI 기술은 단순한 산업 혁신의 도구가 아니라, 국가의 외교 정책, 군사 전략, 국제 협력 등 국가 전반에 걸쳐 전략적 중요성을 지닌다.

2) AI 글로벌 경쟁에서 국가의 역할: 기술력 이상의 것

AI 기술의 글로벌 경쟁에서 국가가 차지하는 역할은 단순히 기술적 우위를 확보하는 것 이상이다. AI 글로벌 경쟁은 기술적인 실력만을 의미하지 않는다. AI 시장의 리더가 되기 위한 경쟁에서 중요한 것은 정치적 비전, 경제적 전략, 사회적 가치를 어떻게 AI 기술과 결합시키느냐에 달려 있다. 예를 들어, AI의 윤리적 기준을 선도하고, AI 기술의 사회적 책임을 논의하며, 기술적 진보와 사회적 가치의 균형을 이끌어가는 국가가 결국 AI G3 강국으로 자리잡을 것이다.

3) AI 글로벌 경쟁에서의 '기술적 패권'

AI 기술의 글로벌 경쟁에서 기술적 패권이 무엇인지 이해하는 것은 매우 중요하다. 기술적 패권이란, AI 기술에 대한 주도권을 쥐고, 이를 경제적, 군사적, 외교적 우위로 변환하는 능력을 말한다. 이 패권은 단지 기술력에 그치지 않으며, AI 연구와 산업화를 통해 국가 경제에 직접적인 이익을 가져오는 방식으로 이어진다. 예를 들어, AI 기술이 스마트 제조업, 자율주행차, 헬스케어, 핀테크와 같은 산업 혁신을 일으키면, 이를 통해 산업의 경쟁력을 극대화할 수 있다. 또한, AI 기술이 자원 효율성을 높이고, 국민 생활의 질을 향상시키는 데 기여하면, 그 국가의 글로벌 위상은 더욱 강화될 것이다.

기술적 패권을 쥐기 위한 AI 기술 개발은 AI 연구소와 산업체의 협력 네트워크를 통해 이루어진다. AI 혁신은 대학, 연구소, 기업이 긴밀히 협력하고, 이를 통해 기술 개발을 빠르게 상업화하는 과정이 필수적이다. 이때 국가가 주도하는 정책적 지원이 매우 중요한 역할을 한다. AI 인프라의 구축과 AI 스타트업 지원, AI 기술 관련 기업에 대한 투자의 유도가 필요하다. 이를 통해 AI 기술 개발의 속도와 범위가 극대화되고, 기술적 패권을 쥐게 될 것이다.

4) AI 기술과 경제적 영향력: 산업 혁신과 경쟁력 강화

AI 기술의 가장 중요한 특징은 산업 혁신을 촉진하고, 경제 경쟁력을 강화하는 동력으로 작용한다는 점이다. AI는 생산성 향상, 비용 절감, 업무 효율화를 넘어서, 새로운 산업 모델과 고용 기회를 창출하는 중요한 경제적 자원이다. 스마트 팩토리, 자동화된 제조 시스템, AI 기반의 예측 분석은 이미 산업 혁명을 일으켰으며, 이를 통해 전 세계 시장에서 경쟁력을 높이는 전략이 가능해졌다.

그러나 AI 기술이 가져오는 경제적 변화는 단기적인 효과에 그치지 않는다. AI 기술을 산업 전반에 적용하고, 국가 경제를 디지털 혁신으로 전환하는 과정에서 경제 성장의 새로운 동력을 창출할 수 있다. AI 기술은 디지털 트랜스포메이션의 핵심으로, 기존 산업의 재편성과 신산업의 창출을 가능하게 만든다. AI 기반의 신산업이 기존 산업과 결합하면서, 전통 산업의 효율성을 극대화하고 글로벌 경쟁력을 강화하는 구조를 만든다.

5) AI와 사회적 혁신: 공정성과 윤리적 고려

AI 기술이 글로벌 경쟁에서 중요한 역할을 하는 이유는 단순히 경제적 이익을 추구하는 데 그치지 않고, 사회적 혁신을 촉진할 수 있다는 점에 있다. AI는 사회적 불평등을 해소할 수 있는 도구로 활용될 수 있다. 예를 들어, AI 교육 시스템을 통해 교육 불평등을 줄이고, AI 기반의 의료 서비스를 통해 지역 간 의료 격차를 해소할 수 있다. AI 기술은 공공 서비스의 효율화와 사회적 약자에 대한 지원을 가능하게 하여, 사회적 공정성을 증진시키는 중요한 역할을 한다.

하지만 AI 기술의 발전은 반드시 윤리적 고려와 사회적 책임을 동반해야 한다. AI 윤리 규범은 기술의 발전과 함께 투명성과 공정성을 보장하는 사회적 규제가 필요하다. 예를 들어, AI의 공정성을 보장하기 위한 알고리즘의 투명화, AI의 결정 과정에 대한 책임 추궁 등을 명확히 규명하는 법적 체계가 마련되어야 한다. 이러한 윤리적 기준이 명확히 설정될 때, AI 기술은 더욱 사회적 신뢰를 얻고, 글로벌 경쟁에서 리더 국가로서의 지위를 더욱 공고히 할 수 있다.

6) AI 기술, 국가 경쟁력의 새로운 동력

AI 기술이 글로벌 경쟁에서 차지하는 중요성은 단순히 기술적 혁신에 그치는 것이 아니다. AI 기술은 국가 경제 성장, 산업 혁신, 사회적 변화에 대한 핵심 동력이다. AI G3 강국을 목표로 하는 대한민국은 AI 기술의 사회적 혁신과 산업적 적용을 통해 국제적 리더로 자리매김할 수 있다. AI 기술이 가진 경제적 잠재력과 사회적 가치를 균형 있게 활용하는 국가만이 미래의 글로벌 경쟁에서 우위를 차지할 것이다. AI 기술을 국가 경쟁력의 동력으로 삼아, 대한민국은 AI G3 강국으로 나아가는 길을 열어갈 것이다.

2. 국가 차원의 전략 수립 : 정부의 역할과 정책 리더십

(1) 정부의 역할과 정책 리더십

AI 기술의 발전은 이제 국가 경쟁력을 결정짓는 핵심 요소로 자리잡았다. AI G3 강국으로 자리매김하기 위해서는 기술 개발뿐만 아니라, 국가 차원의 전략적 접근이 필수적이다. 여기서 중요한 것은 단순히 기술적인 지원에 그치는 것이 아니라, AI 기술을 통해 국가의 미래를 재편성할 수 있는 전략적 비전을 수립하는 것이다. 그 중심에 정부의 역할과 정책 리더십이 자리한다. AI는 단순히 경제적 성장의 도구가 아니라, 사회적, 문화적 혁신을 이끌어가는 강력한 동력이 된다. 그러므로 정부의 리더십은 AI 기술의 발전을 산업 혁신, 사회적 진보, 경제적 경쟁력으로 연결시키는 핵심적인 역할을 한다.

1) 정부의 역할 : 국가 전략의 주도자

AI 기술이 단순한 산업 혁신에 그치는 것이 아니라, 사회적 가치와 글로벌 리더십을 동시에 추구하는 도전적인 과제가 되었을 때, 정부는 이 모든 것을 조정하고 방향을 제시하는 역할을 해야 한다. AI의 발전은 그 자체로 산업의 혁신뿐만 아니라, 사회 구조와 경제 시스템을 재편성하는 전방위적인 변화이기 때문에, 이를 정책적으로 이끌어가는 역할이 매우 중요하다. 정부는 AI 기술을 국가 경쟁력의 핵심 요소로 삼고, 산업 전반에서 이를 지속 가능하게 확산시키는 전략을 마련해야 한다.

첫째, AI 혁신을 국가 경제의 중심축으로 삼기 위한 정책적 비전을 제시해야 한다. 단순히 AI 연구개발(R&D)에 집중하는 것이 아니라, AI 기술이 전 산업 분야에 적용될 수 있도록 산업 정책과 경제 정책을 통합적으로 연계해야 한다. 예를 들어, AI 스타트업 육성을 위한 정책적 지원을 강화하고, AI 기업과 대학, 연구소가 산업적 혁신을 이룰 수 있는 협력 모델을 제시하는 것이다. 이때 정부의 역할은 정책적 방향성을 제시하고, 규제 완화와 인센티브를 통해 산업의 혁신 환경을 조성하는 것이다.

둘째, AI 기술 개발을 위한 재정적 지원과 연구소 및 기업의 협력 환경 구축이다. AI 기술의 개발은 지속적인 투자와 인프라 구축이 필요한 과정이다. 정부는 AI 기술 개발을 위한 지속 가능한 재정적 지원을 아끼지 말아야 하며, AI 연구소와 기업이 협력하여 기술 혁신을 이룰 수 있는 환경을 조성해야 한다. 이를 위해 AI 기술의 산업화를 촉진할 수 있는 융합적 연구를 지원하고, AI 기술을 글로벌 시장에서 경쟁력 있는 제품과 서비스로 발전시킬 수 있도록 전략적 투자를 아끼지 말아야 한다.

2) 정책 리더십 : 정부의 비전과 실현 가능성

AI G3 강국으로 자리매김하기 위해서는 정부의 비전과 정책 리더십이 중요한 역할을 한다. AI 기술이 산업 전반에 걸쳐 혁신을 일으키고, 국가 경쟁력을 강화하는 핵심 동력으로 자리잡기 위해서는, 정부가 AI 정책의 방향성을 제시하고 산업 전반에 걸쳐 이를 실현하는 전략적 리더십을 발휘해야 한다.

정책 리더십이란 단순히 AI 기술의 발전을 지원하는 것 이상의 의미를 가진다. 그것은 국가 전체가 AI 기술을 통해 혁신적 변화를 이루고, 사회적 혜택을 누릴 수 있도록 통합적이고 전방위적인 정책적 지원을 제공하는 것이다. 정부는 AI 정책의 방향성을 명확히 설정하고, 기술적 혁신을 사회적, 경제적 혁신으로 연결하는 전략적 로드맵을 마련해야 한다.

첫째, AI 기술의 윤리적 기준과 규범을 설정하는 것이다. AI 윤리와 AI 규제는 국가의 AI 경쟁력을 높이는 동시에, 기술이 사회적 책임을 다할 수 있도록 하는 중요한 요소이다. 정부는 AI 윤리위원회를 운영하고, AI 기술의 공정성과 투명성을 보장할 수 있는 법적 프레임워크를 마련해야 한다. 이는 국제적 협력을 통해 AI 기술의 윤리적 기준을 글로벌 차원에서 주도할 수 있는 리더십을 발휘하는 것이다.

둘째, AI 기술을 통한 산업 혁신과 사회적 변화를 위한 법적, 사회적 환경을 조성해야 한다. 정부는 AI 기술이 산업 혁신과 사회적 가치 창출을 동시에 이끌어낼 수 있도록 법적 환경을 마련하고, 기술 혁신이 사회적 책임을 다할 수 있도록 사회적 책임 지향적 정책을 마련해야 한다. 예를 들어, AI 기술이 사회적 불평등을 해소할 수 있는 기회 균등을 제공하도록 하여, AI 기반 교육, 의료, 금융 등 사회적 혜택을 모든 국민에게 평등하게 제공할 수 있도록 해야 한다.
3) 실행 가능한 정책 설계 : 정부의 실질적인 역할

정부의 역할은 AI 정책의 비전 설정뿐만 아니라, 이를 실질적으로 실행할 수 있는 기반을 마련하는 것이다. AI 정책의 실행 가능성을 높이기 위해 정부는 효율적인 인프라 구축과 AI 기술 개발의 활성화를 위한 실질적인 재원 확보 방안을 제시해야 한다.

첫째, AI 연구 및 기술 개발에 필요한 재정적 지원을 체계적으로 마련해야 한다. AI 기술의 발전은 단기적인 비용 지출이 아니라, 장기적이고 지속적인 투자가 필요한 분야이다. 정부는 AI 기술 연구소와 AI 스타트업을 지원하는 투자펀드를 조성하고, AI 기술을 국제적 수준으로 끌어올릴 수 있도록 연구기관과 기업 간의 협업을 유도하는 시스템을 마련해야 한다.

둘째, AI 인프라의 구축과 산업 내 AI 기술의 확산을 지원하는 정책적 방안을 마련해야 한다. 예를 들어, AI 기반 스마트 팩토리를 전국적으로 구축하고, AI 관련 교육 기관과 산업체 간의 협력 네트워크를 강화하는 것이다. 또한, AI 인프라를 구축하는 데 필요한 정부의 정책적 지원과 산업계의 협력을 통해, AI 기술을 빠르게 산업화하고 국가 경쟁력을 강화할 수 있다.

셋째, AI 기반 산업화 모델을 체계적으로 지원해야 한다. AI 산업화는 기술 개발과 산업 적용의 균형을 맞추는 과정이 필요하다. 이를 위해 정부는 AI 산업 육성 정책을 추진하고, AI 기반 제품이 글로벌 시장에서 경쟁할 수 있도록 글로벌 네트워크를 통한 협력 모델을 만들어야 한다.

4) 정부의 역할을 넘어선 국가 전략

AI G3 강국을 목표로 하는 대한민국은 AI 기술을 국가 경제와 산업의 핵심 동력으로 삼고, 이를 사회적 혁신으로 연결시킬 수 있는 전략적 비전이 필요하다. 정부의 역할은 단순히 AI 기술 개발을 지원하는 것만이 아니라, AI 기술이 국가 전반에 산업적 혁신과 사회적 평등을 동시에 이끌어갈 수 있도록 체계적인 정책을 설계하고 실행하는 것이다. 이러한 정책적 리더십은 AI 기술을 국가의 경쟁력을 재정의하는 강력한 동력으로 만들어, AI G3 강국을 향한 대한민국의 길을 선도할 수 있을 것이다.

(2) 지속 가능한 AI 발전 모델

1) AI 단순한 기술 발전이 아닌 사회적 혁신의 중심

AI 기술은 그 자체로 단순한 기술 발전에 그치지 않는다. AI는 이제 단순한 도구가 아닌, 사회적 혁신의 중심으로 자리 잡고 있다. AI는 산업 혁신을 이끄는 핵심 동력이자, 경제적, 사회적 불평등을 해결할 수 있는 가능성을 품고 있는 사회적 자원이다. 하지만 AI 기술의 잠재력을 실현하기 위해서는 단순히 기술적 진보에 그치지 않고, 사회적 가치와 지속 가능한 발전을 동시에 추구하는 정책적 비전이 필요하다. AI 정책의 방향성은 바로 이러한 기술적 혁신을 사회적 혁신으로 전환시키는 창의적이고 통합적인 접근에 바탕을 두어야 한다.

2) AI 정책의 방향성: 지속 가능한 발전을 위한 창의적 접근

AI 기술이 지속 가능한 발전을 이끌기 위해서는, 단순히 기술적 우위를 점하는 것만으로는 부족하다. AI 정책의 방향성은 경제적 성과, 사회적 영향, 환경적 책임을 균형 있게 고려하는 창의적 접근에 기반을 두어야 한다. 그렇다면, AI 정책의 방향성을 정의하기 위한 첫걸음은 AI 기술이 어떻게 경제적, 사회적, 환경적 측면에서 지속 가능한 발전을 이끌어갈 수 있는지에 대한 깊은 이해에서 출발해야 한다.

첫 번째 중요한 요소는 AI 기술을 통한 경제적 혁신이다. 하지만 이는 단순히 산업 성장이나 생산성 향상에 그치지 않는다. AI 기술은 새로운 경제 모델을 창출하는 핵심 동력이 되어야 한다. 예를 들어, AI 기술은 지속 가능한 산업 혁신을 위한 새로운 비즈니스 모델을 제시할 수 있다. 이를 통해 기후 변화와 자원 낭비를 해결하면서, 에너지 효율성을 높이고, 친환경적 산업 구조를 만들 수 있다. AI 기반 스마트 팩토리나 자율주행차, AI 의료 시스템 등의 기술은 기술적 혁신을 넘어서, 사회적 필요에 부합하는 지속 가능한 경제적 가치를 창출하는 모델로 자리잡아야 한다.

두 번째 중요한 요소는 AI 기술의 사회적 책임이다. AI 기술이 경제적 성장만큼 중요한 역할을 할 수 있는 이유는 그 사회적 영향 때문이다. AI는 사회적 격차를 해소하고, 교육의 평등을 이루는 데 중요한 역할을 할 수 있다. 예를 들어, AI 기반의 교육 시스템은 전 세계어디서든 동등한 교육 기회를 제공할 수 있는 혁신적 도구가 될 수 있다. 또한, AI 기술은 의료 서비스의 접근성을 높여 저소득층이나 농촌 지역의 사람들이 최고 수준의 의료 서비스를 누릴 수 있도록 한다. AI 기술은 사회적 불평등을 해소할 수 있는 강력한 도구이며, 이를 통해 교육, 보건, 재정 등 여러 분야에서 사회적 혁신을 이끌어낼 수 있다.

세 번째 중요한 요소는 AI와 환경적 책임이다. AI 기술은 환경 문제를 해결하는 데 중요한 역할을 할 수 있다. AI 기반 스마트 그리드나 AI 기술을 활용한 에너지 효율화 시스템은 에너지 절약과 온실가스 배출 감소를 동시에 이끌어낼 수 있다. 예를 들어, AI 기술을 활용하여 에너지 소비 패턴을 예측하고, 친환경적인 생산과 소비를 실현하는 시스템을 만들 수 있다. 이러한 AI 기술은 환경적 지속 가능성을 고려한 경제 모델을 구축할 수 있는 기반이 된다.

3) AI 정책의 구체적인 실행 방안: 창의적이고 현실적인 접근

AI 기술의 지속 가능한 발전을 이루기 위한 구체적인 실행 방안은 기술적 혁신과 사회적 책임을 동시에 고려한 다차원적인 접근이 필요하다. AI 기술을 경제적, 사회적, 환경적 변화를 이끌어가는 핵심 동력으로 활용하기 위해서는, 정책적 방향성이 구체적이고 실행 가능한 형태로 제시되어야 한다.

첫째, AI 기술의 산업화와 상용화 촉진을 위한 정책적 지원이다. AI 기술의 산업화는 단기적인 성과를 넘어서 장기적 경제 성장을 위한 필수적인 요소이다. 정부는 AI 스타트업을 위한창업 지원 프로그램과 AI 기업의 기술 혁신을 지원하는 정책적 인센티브를 제공해야 한다. 또한, AI 기술이 산업 전반에 걸쳐 확산될 수 있도록 산업별 맞춤형 AI 기술을 개발하고, AI 산업 클러스터를 통해 AI 기술의 글로벌 시장 진출을 촉진해야 한다. 이를 통해 AI 산업을 국가 경제의 중심축으로 발전시킬 수 있다.

둘째, AI 교육과 인재 양성을 위한 국가적 투자이다. AI 인재 양성은 AI 기술의 지속 가능성을 위한 중요한 초석이다. 정부는 AI 교육 커리큘럼을 전국적으로 확대하고, AI 교육을 초등학교부터 대학까지 전방위적으로 통합해야 한다. 또한, AI 기술에 대한 실습적 경험을 쌓을 수 있는 산업 연계형 프로그램과 AI 인턴십을 통해 AI 전문가와 AI 기술을 활용할 수 있는 인재를 지속적으로 배출할 수 있는 환경을 만들어야 한다.

셋째, AI 윤리와 사회적 책임을 다할 수 있는 법적 체계 구축이다. AI 기술은 산업 혁신뿐만 아니라, 사회적 영향력을 고려한 윤리적 기준을 마련해야 한다. 이를 위해 AI 윤리위원회와 같은 독립적인 기구를 설립하고, AI 기술이 사회적 책임을 다하도록 하는 법적 규제를 명확히 해야 한다. AI 윤리 규범은 AI 기술이 공정성, 투명성, 책임성을 보장하는 중요한 기초가 된다.

4) 지속 가능한 AI 정책의 궁극적 목표

AI 기술의 지속 가능한 발전을 위한 창의적이고 실행 가능한 정책은 단지 경제적 성과만을추구하는 것이 아니다. AI 정책은 사회적 혁신과 환경적 책임을 동시에 고려하는 다차원적인 접근을 필요로 한다. AI 기술은 산업 혁신, 사회적 가치, 환경적 책임을 동시에 실현하는 창의적이고 지속 가능한 발전 모델로 자리 잡을 수 있어야 한다.

대한민국이 AI G3 강국으로 자리잡기 위한 정책적 비전은 AI 기술을 경제적 성장과 사회적 책임을 동시에 이끌어낼 수 있는 통합적이고 창의적인 방향으로 이끌어가야 한다. AI 기술이 산업 발전뿐만 아니라, 사회적 공정성과 환경적 지속 가능성을 동시에 추구하는 핵심 동력으로 자리잡을 때, 대한민국은 진정한 AI G3 강국으로서 글로벌 리더십을 발휘할 수 있을 것이다.

3. AI 산업 육성을 위한 국가적 협력

(1) 공공과 민간의 협력 체계 구축

AI 산업을 육성하기 위해서는 단순히 정부의 정책적 지원과 민간 기업의 기술 혁신을 분리하여 바라볼 수 없다. AI의 발전은 공공과 민간이 상호작용하고 협력하는 복합적 과정이다. 그렇기 때문에 AI 산업을 키워가는 데 있어 공공과 민간의 협력 체계는 단순한 협업을 넘어 상호 보완적이고 전략적인 협력이어야 한다. 이 협력은 AI 산업의 기술 혁신과 경제적 성장을 넘어서, 사회적 가치와 윤리적 기준을 동시에 추구하는 지속 가능한 발전을 이끄는 중요한 열쇠가 될 것이다.

1) AI 산업 육성의 핵심: 공공과 민간의 유기적 융합

AI 산업의 성장은 공공과 민간이 각자의 역할을 충실히 수행하며도 서로의 강점을 상호 보완하는 방식으로 이루어져야 한다. 이는 산업 혁신과 사회적 책임을 동시에 달성할 수 있는 융합적 협력 모델을 제시하는 것이다.

공공의 역할은 AI 기술 개발의 법적, 윤리적 환경을 마련하고, 산업화와 사회적 수용성을 위해 정책적 방향성을 제시하는 것이다. 정부는 AI 연구소, 기업, 대학과의 산학 협력을 통해 AI 혁신을 촉진해야 한다. 이때 정부의 역할은 AI 기술을 산업 전반에 통합할 수 있는 정책적 인프라 구축에 중점을 두는 것이다. 예를 들어, AI 스타트업의 육성을 위한 정부의 지원 프로그램을 마련하고, AI 인재 양성을 위한 교육 인프라를 개선해야 한다. 또한, AI 윤리와 AI 기술의 사회적 책임에 대한 법적 기준을 제시하여, AI 기술이 사회적 가치와 경제적 성과를 동시에 창출할 수 있도록 해야 한다.

민간의 역할은 AI 기술 개발과 산업 적용을 실제로 이끌어내는 것이다. 민간 기업은 AI 기술을 실용화하고 상업화하는 데 있어 핵심적인 역할을 한다. 기업은 AI 기술을 산업에 적용하고, 이를 글로벌 시장에서 경쟁력 있는 제품과 서비스로 발전시키는 과정에서 혁신적 해결책을 제시해야 한다. 민간 기업은 또한 AI 기반의 혁신적 비즈니스 모델을 창출하고, 산업 내 AI 기술의 융합을 통해 전 세계 시장에서 경쟁할 수 있는 AI 제품과 서비스를 제공해야 한다. 이때 중요한 것은 AI 기술을 산업 전반에 확산시킬 수 있도록 협업하는 것이다.

2) 공공과 민간의 협력 체계: 국가 전략적 인프라 구축

AI 산업을 발전시키기 위한 공공과 민간의 협력 체계는 단순한 협업을 넘어서, 전략적이고 융합적인 인프라가 필요하다. 이는 AI 연구 개발, 산업화, 기술 혁신, 교육 등 다양한 분야에서 공공과 민간이 서로의 강점을 유기적으로 결합할 수 있는 인프라 구축을 의미한다.

첫 번째 단계는 AI 연구 개발의 통합적 추진이다. 공공과 민간의 협력은 AI 연구소와 산업체가 상호 연결되어, AI 기술의 발전을 이끌어가야 한다. 정부는 AI 연구소의 R&D 예산을 증대시키고, 민간 기업과 협력하여 AI 기술 개발에 대한 공동 연구와 기술적 지원을 강화해야 한다. 또한, AI 연구소는 산업체와의 협력 네트워크를 통해 기술적 난제를 해결하고, AI 기술을 상용화할 수 있는 실용적인 솔루션을 제공해야 한다.

두 번째는 AI 인재 양성을 위한 공공-민간 협력 모델이다. AI 기술의 발전은 전문 인재가 없이는 불가능하다. 그러므로 AI 인재 양성을 위한 전방위적인 노력이 필요하다. 공공 부문은 AI 교육을 위한 기초 인프라를 마련하고, 민간 기업은 AI 인재를 실제 산업에서 활용할 수 있도록 교육 프로그램을 운영해야 한다. 예를 들어, AI 스타트업과 협력하여 AI 인재 인턴십을 운영하거나, 대학과 기업이 협력하여 AI 기술 교육을 산업 요구에 맞춰 맞춤형으로 설계하는 것이다. 이러한 협력적 교육 모델을 통해 AI 인재를 산업 현장에서 바로 활용할 수 있도록 지원하는 것이다.

세 번째는 AI 산업의 글로벌 확장을 위한 협력 모델이다. AI 기술을 글로벌 시장에 확산시키기 위해서는 공공-민간의 협력이 필수적이다. 정부는 AI 글로벌 협력 네트워크를 구축하여, AI 기술의 글로벌 표준을 설정하는 주도적인 역할을 해야 한다. 민간 기업은 이러한 글로벌 협력을 통해 AI 제품을 국제 시장에 맞게 현지화하고, AI 기술을 전 세계 시장에서 상용화할 수 있는 전략을 세워야 한다. 예를 들어, AI 기반의 국제 인증 시스템을 마련하고, AI 기술 개발에서 글로벌 협력을 통해 경쟁력을 강화하는 것이다. 이를 통해 대한민국의 AI 기술은 글로벌 시장에서의 신뢰도와 시장 점유율을 증가시킬 수 있다.

3) 정부와 민간의 협력 모델: 정책적 인프라와 기업의 혁신적 해결책

공공과 민간의 협력 체계를 구축하는 것은 AI 산업 육성에 있어서 핵심적 역할을 한다. 정부는 AI 산업 육성을 위한 정책적 지원을 제공하는 동시에, 민간 기업은 AI 기술 혁신을 실제로 구현하는 역할을 해야 한다. 이러한 협력은 AI 산업의 혁신을 이끌어내며, 지속 가능한 경제 성장을 창출하는 중요한 동력이다.

첫 번째, 정부의 정책적 리더십은 AI 산업의 성공적인 협력 모델을 만들기 위한 기초적 프레임워크를 제공해야 한다. 정부는 AI 연구소와 산업체, 교육 기관 간의 협력적 생태계를 지원해야 하며, AI 기술의 사회적 가치와 윤리적 기준을 확립하는 방향으로 나아가야 한다.

두 번째, 민간 기업은 AI 기술 개발에서 산업적 혁신을 선도해야 한다. 기업은 AI 스타트업과 협력하여 글로벌 시장에서 경쟁력을 가지는 AI 솔루션을 개발하고, 산업별 맞춤형 기술을 개발하는 데 앞장서야 한다.

세 번째, 공공과 민간의 협력 모델은 AI 기술의 상용화와 산업 적용을 촉진할 수 있는 창의적이고 혁신적인 정책적 시스템을 구축하는 것이다. 이를 통해 AI 기술이 산업 전반에 확산되고, 사회적 혁신과 경제적 성과를 이끌어낼 수 있는 강력한 산업 생태계를 구축할 수 있다.

4) AI 산업 육성을 위한 국가적 협력의 창의적 모델

AI 산업 육성을 위한 국가적 협력은 공공과 민간이 서로 창의적이고 혁신적으로 협력할 때 이루어질 수 있다. AI 기술은 산업 혁신을 넘어 사회적 가치와 글로벌 경쟁력을 창출하는 핵심 동력이다. 대한민국이 AI G3 강국으로 자리잡기 위해서는 공공과 민간의 협력 체계를 창의적이고 통합적으로 구축해야 하며, AI 산업 혁신과 사회적 혁신을 이끌어내는 협력적 모델을 통해 지속 가능한 발전을 이루어야 한다. AI 산업 육성을 위한 협력 체계는 단순한 기술 혁신을 넘어서, 전국적인 경제 성장과 사회적 평등을 실현하는 중요한 기회가 될 것이다.

5) 해외 사례와 비교 분석

중국, 미국, 유럽의 AI 정책과 대한민국의 방향

 AI 기술이 국가 경쟁력을 결정짓는 핵심 요소로 자리잡은 지금, 전 세계적인 경쟁에서 AI 강국으로 자리매김하기 위해서는 글로벌 사례들을 분석하고, 그들이 어떤 전략을 취했는지를 면밀히 파악하는 것이 중요하다. 중국, 미국, 유럽은 각기 다른 정치적 환경, 경제적 조건, 사회적 요구 속에서 AI 기술을 발전시키기 위한 전략을 구사해왔다. 이들은 AI 기술을 산업, 경제, 사회의 전반적인 혁신을 이끌어내는 중요한 도전 과제로 삼았으며, 그 정책적 접근도 각각 다르게 나타난다.

 그렇다면 대한민국은 어떻게 AI 기술을 활용해 경쟁력을 강화하고, 글로벌 리더로 자리 잡을 수 있을까? 이 질문에 대한 답을 찾기 위해, 우리는 먼저 중국, 미국, 유럽의 AI 정책과 산업 전략을 비교 분석할 필요가 있다. 이들 국가들의 사례를 통해 AI 기술이 글로벌 경쟁에서 어떻게 차별화된 전략을 통해 성장 동력으로 활용되었는지, 그리고 그들의 경험에서 대한민국이 어떤 혁신적 전략을 취해야 하는지를 명확히 알 수 있을 것이다.

중국 : 국가 주도의 AI 산업 혁명

 중국은 AI 산업에서 가장 눈에 띄는 성과를 거둔 국가 중 하나로, AI 기술을 국가 전략으로 내세우며 산업 혁명을 일으키고 있다. 중국의 AI 전략은 매우 중앙집중적이며, 국가 주도형으로 진행된다. 2017년 발표된 '차세대 인공지능 발전 계획'은 중국이 2025년까지 세계 AI 산업의 선두주자로 자리 잡겠다는 목표를 세웠고, 이를 국가 전체의 정책적 우선사항으로 삼았다.

 중국의 AI 기술 발전은 정부의 대규모 투자와 산업에 대한 규제적 접근에서 강점을 보였다. 중국 정부는 AI 스타트업에 대한 정책적 지원을 아끼지 않았으며, 산업 발전을 위한 재정적 지원과 AI 기술 개발을 국가의 전략적 자원으로 간주했다. 또한, AI 연구소와 기업 간의 협력 체제를 강화하며, 대기업(알리바바, 바이두, 텐센트)을 중심으로 한 AI 산업 인프라를 구축했다.

중국의 AI 전략에서 중요한 점은 산업화와 사회적 영향을 동시에 고려한 통합적 접근이다. 예를 들어, 스마트 시티 프로젝트에서 AI 기술을 적극적으로 활용하고, AI 기반의 공공 서비스 시스템을 통해 효율적인 정부 운영을 추구했다. 또한, AI 기술이 사회적 불평등을 해결하는 도전 과제에 접근하는 방식은 창의적이다. AI 교육과 의료 서비스에서 AI 기술을 보편화하고, 이를 농촌 지역까지 확대하며 경제적 격차를 줄여 나가는 모습을 보여주고 있다.

하지만, 중국의 AI 전략은 인권과 프라이버시 문제에서 비판을 받기도 했다. AI 기술을 통해시민 감시와 정치적 통제를 강화하는 방식에 대한 논란이 존재한다. 중국의 AI 산업이 사회적 책임을 고려한 윤리적 접근을 강화해야 한다는 지적이 나온 이유이다. 대한민국은 AI 윤리와 사회적 책임을 중심으로 한 혁신적 모델을 수립할 필요가 있다.

미국 : 시장 주도의 AI 혁신과 기업 중심의 경쟁력

미국은 AI 기술에 있어 시장 주도형 모델을 채택하며 AI 산업을 빠르게 성장시켰다. 미국의 AI 전략은 대기업 중심의 혁신에 뿌리를 두고 있으며, 정부는 산업의 자율성을 보장하면서도 연구와 개발에 대한 지원을 아끼지 않았다. 구글, 아마존, 마이크로소프트, 페이스북 등의 대기업들은 AI 연구와 기술 혁신의 핵심 동력이 되었으며, AI 스타트업들도 급속히 성장했다.

미국의 AI 산업 발전은 자율적 경쟁을 통해 이루어졌지만, 그에 대한 정책적 지원도 없지 않았다. 국방고등연구계획국(DARPA)와 같은 정부 연구기관은 AI 기술을 국방 분야와 산업 분야에 적용하기 위한 연구 개발을 지원했고, AI 기술의 산업화를 촉진했다. 또한, AI 교육과 AI 인재 양성에 대한 정부의 지원도 중요한 역할을 했다. AI 기술을 활용한 자율주행차, 클라우드 컴퓨팅, 스마트헬스케어 등의 산업 혁신을 주도했다.

하지만, 미국의 AI 전략은 AI 윤리와 사회적 책임에 대한 고려가 부족한 측면도 있다. AI 기술이 공정성, 투명성, 책임성에 대한 사회적 논의 없이 급격히 발전하면서, AI의 윤리적 기준을 강화하는 데 어려움이 있었다. 이는 AI 기술이 사회적 영향을 미칠 수 있다는 점에서, AI 기술의 사회적 책임을 고려한 정책적 지도력을 강화해야 할 필요성을 제기한다.

유럽 : 규제와 윤리 중심의 AI 정책

유럽은 AI 정책에서 윤리적 기준과 사회적 책임을 중심에 두고 있으며, AI 기술의 규제와 사회적 가치를 중요시 여긴다. 유럽연합(EU)은 AI 기술이 사회적 가치를 해치지 않도록 윤리적 기준을 제시하며, AI의 윤리적 규범을 법적 기준으로 삼고 있다. 2021년에는 AI 규제 법안을 발표하며, AI 기술이 사회적 안전망을 보장하는 도전 과제로 작용해야 한다는 비전을 제시했다.

유럽의 AI 전략은 기술 혁신보다는 사회적 안전성과 윤리적 기준을 중시하고 있으며, AI 기술이 사회적 책임을 다할 수 있도록 하는 법적 체계를 구축했다. 예를 들어, AI 기술이 인권이나 프라이버시를 침해하지 않도록 개인 정보 보호와 투명성을 강화하는 규제를 마련했다. AI의 윤리적 기준을 강하게 설정하고, AI 기술이 공정성을 보장하며, 사회적 신뢰를 얻을 수 있도록 지원하는 것이다.

하지만, 유럽의 AI 전략은 상대적으로 느린 산업화와 시장 경쟁력 부족이라는 한계도 있다. AI 기술의 산업화가 미국이나 중국에 비해 다소 느리게 진행되고 있는 이유는 규제 중심의 접근법이 산업 발전 속도에 영향을 미쳤기 때문이다. 이는 AI 기술 산업을 선도하기 위한 기술 혁신과 경쟁력 확보의 균형을 맞추는 어려운 문제를 제기한다.

대한민국의 AI 정책 방향

중국, 미국, 유럽의 AI 정책을 비교 분석한 결과, 대한민국이 AI G3 강국으로 자리 잡기 위해서는 기술 혁신뿐만 아니라, 윤리적 기준, 사회적 책임, 글로벌 협력 등을 종합적으로 고려한 균형 잡힌 전략을 추진해야 한다. AI 산업에서 경쟁력을 확보하기 위해서는 기술 발전을 산업 혁신과 사회적 가치를 동시에 이끌어내는 전략으로 연결해야 하며, 이를 위해 공공과 민간의 협력이 필수적이다.

AI 기술이 국가 경쟁력의 핵심 동력으로 자리잡기 위해서는 정부의 리더십이 필요하며, 산업 혁신과 사회적 가치를 함께 고려한 지속 가능한 발전 모델을 제시해야 한다. AI G3 강국을 향한 길은 기술적 경쟁력뿐만 아니라, 사회적 책임을 다하는 국가로서 글로벌 리더십을 발휘하는 길이다. AI는 이제 단순히 산업 혁신의 도구가 아닌, 사회적 변화를 이끌어가는 중요한 전략적 자원이기 때문이다.

제2장
AI 산업 인프라 구축과 기술 혁신

1. AI 기술 개발을 위한 투자

(1) 창의적인 R&D 예산 확보

AI 산업의 발전을 이끌어가는 핵심 동력은 바로 연구개발(R&D)이다. 하지만 AI 기술의 발전이 단순히 기술적 성과에 그치는 것이 아니라, 산업적 혁신과 사회적 변화를 이끌어내는 강력한 사회적 자원이 되는 과정에서는 창의적인 R&D 투자 전략이 반드시 필요하다. AI G3 강국으로 자리 잡기 위해서는 기술 개발과 산업화를 촉진할 수 있는 지속 가능한 재정적 지원과 혁신적인 R&D 투자가 필수적이다.

기존의 AI 연구개발 투자 방식은 정부 예산을 기반으로 하여 대학, 연구소, 산업체가 협력하는 구조가 일반적이다. 그러나 AI 기술이 가져오는 경제적, 사회적 영향을 감안할 때, 이러한 방식은 단기적인 성과에만 집중될 가능성이 크다. 그렇다면 어떻게 하면 AI 기술 개발을 위한 지속 가능하고 창의적인 R&D 예산 확보 방안을 마련할 수 있을까? 그 답은 기존의 전통적인 투자 방식을 넘어서는 혁신적이고 다차원적인 접근에 있다.
1) 정부 주도의 'AI 혁신 펀드'와 'AI 재창조 프로젝트'
　AI 기술의 혁신적 발전을 이끌기 위해서는 정부가 주도하는 AI 혁신 펀드와 AI 재창조 프로젝트를 추진해야 한다. AI 혁신 펀드는 AI 연구개발을 민간 기업과 공공 연구소가 공동으로 진행할 수 있도록 민간 투자와 공공 자금이 결합된 형태로 운영되어야 한다. 이 펀드는 AI 스타트업과 AI 기업을 중심으로 AI 산업 전반에 걸쳐 혁신적인 연구를 촉진하는 방식이다.

　AI 혁신 펀드의 운영은 전통적인 R&D 투자 방식에서 벗어나 산업적 혁신과 사회적 가치 창출을 동시에 추구하는 창의적인 투자 전략이 되어야 한다. 예를 들어, AI 기반 스마트 팩토리 개발, AI 의료 시스템, AI 기반 교육 플랫폼 등 사회적 가치와 산업 혁신을 동시에 이끌어낼 수 있는 AI 연구개발 프로젝트에 집중적으로 투자를 유도해야 한다. 이러한 펀드는 산업 전반에 걸쳐 AI 기술을 혁신적으로 확산시키는 중심적인 역할을 할 것이다.

　AI 재창조 프로젝트는 AI 연구개발에 기존 산업의 디지털화와 AI 기술의 융합을 통해 새로운 산업 혁명을 이끌어낼 수 있도록 하는 전략이다. AI 재창조 프로젝트는 AI를 기존의 산업 모델에 접목시키는 융합적 연구를 촉진하는데 집중해야 한다. 이를 통해 전통 산업을 디지털화하고, AI 기술을 기반으로 산업 혁신을 이루어낼 수 있다. 예를 들어, 농업이나 제조업 등 전통 산업에 AI 기술을 적용하여 스마트 농업, 스마트 제조를 이루는 연구 개발이 그 예가 될 수 있다.

2) AI 연구개발 인프라의 혁신적 설계: 클라우드 기반 협력 시스템
　AI 기술 개발을 위한 연구개발 인프라는 물리적 인프라와 디지털 인프라의 융합이 필요하다. 기존의 연구소와 대학이 중심이 되는 연구 환경에서는 AI 기술이 빠르게 변화하는 환경에서 산업적 요구와 기술 발전에 발맞춰 나가기 어렵다. 이를 해결하기 위해 AI 연구개발 인프라를 클라우드 기반 협력 시스템으로 전환하는 것이 필요하다.

클라우드 기반 AI 연구개발 플랫폼은 AI 연구소, 대학, AI 기업들이 실시간으로 협력하고, AI 연구개발의 프로젝트를 효율적으로 관리할 수 있는 디지털 플랫폼이다. 이 시스템은AI 기술의 산업화를 가속화하고, AI 기술 개발을 글로벌 수준으로 끌어올릴 수 있는 강력한 기반이 된다. 예를 들어, AI 클라우드 플랫폼을 통해 전 세계의 AI 전문가들이 한곳에 모여 협력하고, AI 연구와 기술 개발을 빠르게 실용화할 수 있는 환경을 제공한다.

이 시스템은 AI 기술 개발을 위한 디지털 협업 환경을 만들어, AI 기업과 AI 연구소가 효율적이고 실용적인 연구를 진행할 수 있게 한다. 특히, AI 클라우드 플랫폼을 통한 AI 기술 공유와 연구 협력은 기술 혁신을 가속화하고, 산업 발전에 실질적인 기여를 할 수 있다. 또한, AI 클라우드 플랫폼을 통해 AI 데이터를 국제적으로 공유하고, AI 연구를 국경 없이 협력할 수 있는 글로벌 연구 환경을 조성할 수 있다.

3) AI 연구개발을 위한 민간 투자 촉진: 'AI 파트너십 2030'

AI 기술을 산업화하고, 사회적 가치를 창출하는 중요한 핵심 요소는 민간 기업의 역할이다. 하지만 민간 기업만으로는 AI 기술의 빠른 발전과 산업 확산을 이루는 데 한계가 있다. 따라서 정부는 AI 연구개발을 위해 민간 투자를 적극적으로 유도하는 전략을 펼쳐야 한다.

이를 위해 정부는 'AI 파트너십 2030'과 같은 AI 산업 협력 프로그램을 통해 민간 기업과 정부가 협력하여 AI 연구개발을 선도할 수 있도록 지원해야 한다. AI 파트너십 2030은AI 산업의 핵심 기업들—AI 스타트업, AI 대기업, 학계—이 파트너십을 통해 AI 연구

개발을 선도하고, 이를 산업화하며 사회적 가치를 창출하는 모델이다. 정부는 AI 연구개발에 대한 세금 인센티브, 연구 지원금, AI 기술 개발 인프라를 제공하여 민간 투자를 유도해야 한다.

4) 창의적이고 지속 가능한 R&D 투자 모델

AI 기술 개발을 위한 R&D 투자는 이제 기술 혁신을 넘어서 사회적 혁신을 위한 중요한 전략적 자원이 되어야 한다. 정부는 AI 혁신 펀드와 AI 재창조 프로젝트와 같은 창의적인 모델을 통해, AI 연구개발에 대한 지속적인 투자와 혁신적 접근을 도입해야 한다. 또한, AI 클라우드 플랫폼을 통해 디지털 협력을 촉진하고, 민간 기업과 정부가 상호 보완적으로 협력할 수 있는 구체적인 전략을 수립해야 한다. 이러한 AI R&D 투자 모델을 통해, AI G3 강국으로 자리매김할 수 있는 국가 경쟁력을 강화할 수 있을 것이다. AI 기술이 산업 혁신과 사회적 가치를 동시에 창출하는 핵심 동력으로 발전하려면, 지속 가능한 R&D 투자 모델을 통해 창의적이고 혁신적인 전략을 끊임없이 추구해야 한다.

(2) 산업 간 협업 혁신

기술 혁신의 핵심 동력은 단지 독립적인 기술 개발에 그치지 않는다. AI, 로보틱스, 블록체인, 빅 데이터 등 다양한 첨단 기술들이 상호 융합하여 산업 전반에 혁신을 일으키는 산업 간 협업의 중요성이 날로 커지고 있다. 그러나 현재까지 대부분의 정책적 접근은 각 기술 분야가 독립적으로 발전하는 경향이 있다. 산업 간 협업은 이제 단순히 기술적 융합을 넘어서, 경제적 시너지와 사회적 가치를 창출하는 창의적인 모델로 발전해야 한다.

1) 산업 간 협업의 본질 : 경계를 넘어서는 상호작용

산업 간 협업의 본질은 경계를 넘어선 상호작용에 있다. 예를 들어, AI와 헬스케어, AI와 농업, 로보틱스와 제조업이 융합되는 방식은 기술 혁신을 일으키는 한 축으로 작용할 수 있다. 하지만 산업 간 협업을 단순히 기술적 융합으로만 보지 말아야 한다. 산업 간 협업은 서로 다른 기술적 배경과 경험을 지닌 산업들이 함께 협력하여 새로운 시너지를 창출하는 과정이다. 이는 AI 기술을 기반으로 한 협력 모델을 제시하며, 산업의 경계를 넘어 글로벌 시장에서 유연하게 변화하는 능력을 요구한다. 그러므로 기술 혁신을 위한 협업은 단순히 기술을 공유하는 것이 아니라, 산업의 목적과 비전이 상호 조화를 이루어야 한다.

2) 산업 간 협업을 통한 혁신적 생태계 구축

기술 혁신을 위한 산업 간 협업은 단기적인 기술 상용화를 넘어서, 지속 가능한 혁신 생태계 구축을 목표로 해야 한다. 이를 위해 정부는 AI 기술뿐만 아니라 기술 혁신을 위한 산업 전반의 협업적 생태계를 설계해야 한다. 산업 간 협업은 개별 기업의 경쟁력을 높이는 것에 그치지 않고, 사회적 문제 해결과 지속 가능한 경제 성장을 이루는 혁신적 모델이 될 수 있다.

산업 간 협업을 통한 혁신적 생태계의 중요한 예는 스마트시티와 스마트 팩토리 프로젝트이다. 스마트시티는 단순히 AI와 IoT 기술을 활용하는 것을 넘어서, 교통, 에너지, 환경 관리 등 다양한 산업의 융합을 통해 지속 가능한 도시 모델을 창출하는 것이다. 스마트 팩토리 또한 AI와 로보틱스, 빅 데이터 분석 등 다양한 첨단 기술이 결합되어 산업 생산성을 극대화하고 자원 낭비를 줄이는 혁신적 시스템을 만들어낸다.

이러한 산업 간 협업 모델을 위해 기술과 산업의 경계를 허물고, 기업 간의 파트너십을 강화하는 것이 필요하다. 기업들은 각자의 기술적 강점을 상호 보완하며 협력해야 하며, 정부는 이를 위한 산업 간 협력의 정책적 지원을 아끼지 않아야 한다. AI를 중심으로 산업 간 융합을 촉진하는 전략적 투자와 협업 프로그램이 그 예시가 될 수 있다.
3) 창의적인 산업 간 협업 모델 : 플랫폼 경제와 기업의 융합

기술 혁신을 위한 산업 간 협업은 플랫폼 경제의 개념을 통해 더욱 강화될 수 있다. 플랫폼 경제란 단순히 서비스 제공자와 소비자를 연결하는 플랫폼을 의미하는 것이 아니다. 이는 산업 간 경계를 넘어선 협업을 통해 새로운 비즈니스 모델을 창출하는 것을 의미한다. 예를 들어, AI 기술을 활용하여 헬스케어와 핀테크가 결합된 디지털 건강 플랫폼을 구축하거나, AI와 블록체인이 결합된 물류 플랫폼을 구축하는 방식이다.

플랫폼 경제를 통해 산업 간 협업은 단순히 기술적 융합을 넘어서, 데이터, 서비스, 네트워크를 융합하여 새로운 시장을 창출하는 과정으로 이어진다. AI 플랫폼은 공공과 민간이 협력하여 데이터와 기술을 공유하고, 이를 글로벌 시장에서 경쟁력 있는 서비스로 발전시킬 수 있는 중요한 도전 과제가 된다. 예를 들어, AI 기반의 공공 서비스 플랫폼은 AI 기술과 데이터 분석을 활용하여, 정부 서비스와 민간 서비스를 결합하여 사회적 가치를 창출할 수 있다.

4) 창의적 산업 간 협업을 위한 정부의 역할 : 정책적 리더십

산업 간 협업을 촉진하고 기술 혁신을 이끌어내기 위해서는 정부의 정책적 리더십이 필수적이다. AI 기술이 산업 혁신을 이끄는 핵심 동력으로 자리잡고 있지만, 기술 혁신을 사회적 가치로 연결하고, 지속 가능한 발전을 이끌어내기 위해서는 공공과 민간의 협력이 필수적이다. 정부는 AI 혁신을 산업 간 협력을 통해 실현할 수 있는 전략적 정책을 수립하고, 산업 생태계의 협력 모델을 적극적으로 지원해야 한다.

정부는 AI 기술 개발과 산업화에 필요한 R&D 투자를 아끼지 않아야 하며, 산업 간 융합을 위한 정책적 인센티브와 지원을 강화해야 한다. AI 기술을 산업 전반에 적용할 수 있도록 공공 인프라를 구축하고, AI 기업과 산업체 간의 협력 네트워크를 강화하는 것이다. 또한, AI 혁신과 사회적 책임을 동시에 고려하는 AI 윤리 규범을 수립하여, 기술적 발전이 사회적 가치를 창출할 수 있도록 하는 정책적 리더십을 발휘해야 한다.

5) 창의적인 산업 간 협업의 중요성

기술 혁신을 위한 산업 간 협업은 이제 산업 전반에 걸쳐 AI 기술이 산업 혁신, 사회적 변화, 경제적 성장을 동시에 이끌어내는 중요한 동력으로 작용하는 시대에 접어들었다. AI 기술을 기반으로 한 산업 간 협업은 기술적 융합을 넘어, 산업의 경계를 허물고 새로운 비즈니스 모델을 창출하는 창의적 과제가 된다. 이를 위해서는 정부의 정책적 리더십과 산업 간 협력 네트워크가 중요한 역할을 해야 하며, 이를 통해 AI G3 강국으로 자리잡을 수 있는 강력한 국가 경쟁력을 구축할 수 있다. AI 산업이 기술 혁신과 사회적 가치를 동시에 창출하는 핵심 동력으로 발전할 수 있도록, 공공과 민간의 협력 체계를 적극적으로 구축해 나가야 한다.

2. AI 전문 인재 양성 및 교육 혁명

(1) AI 교육 시스템 강화

AI 기술은 이제 단순한 산업 혁신의 도구가 아니다. AI는 산업, 사회, 문화를 아우르는 경제적이며 사회적 변화를 이끄는 핵심적인 동력이다. 그러나 이러한 혁신을 이끌어내기 위한 가장 중요한 자원은 AI 인재다. 현재 AI 산업이 급속히 성장하고 있음에도 불구하고, AI 인재 부족 문제는 여전히 풀어야 할 중요한 과제로 남아 있다. AI 인재가 부족하면 AI 기술을 산업화하고 사회적 혁신을 이루는 데 한계가 있을 수밖에 없다. 그렇다면 AI 인재 양성을 위한 교육 시스템은 어떻게 변화해야 할까?

AI 기술을 적극적으로 산업화하고, AI G3 강국으로 나아가기 위해서는 단순히 AI 인재 양성에 기존 교육 시스템을 적용하는 것만으로는 부족하다. 우리는 기존의 교육 모델을 넘어서는 창의적이고 혁신적인 접근을 통해 AI 전문 인재를 양성해야 한다. AI 전문 인재의 부족 문제를 해결하는 것은 기술적 성장뿐만 아니라, 산업적 혁신과 사회적 변화를 이끌어낼 수 있는 중요한 전략이다. 이 글에서는 AI 인재 양성을 위한 창의적인 해결책과 교육 시스템 혁신을 제시하려 한다.

1) AI 교육의 첫걸음 : AI 교육의 질적 혁신

AI 인재 부족 문제를 해결하기 위해서는 먼저 AI 교육 시스템의 질적 혁신이 필요하다. 기존 교육 시스템은 많은 경우 이론 중심의 학습에 초점을 맞추고 있으며, 실용적인 기술력을 강화하는 데 한계가 있다. AI 교육은 단순히 이론적 지식을 습득하는 것에 그쳐서는 안 된다. AI 교육은 문제를 해결할 수 있는 창의적 사고와 실질적인 기술 적용 능력을 키우는 데 중점을 두어야 한다. AI 전문가가 되기 위해서는 AI 이론뿐만 아니라 현장 경험, 산업적 요구를 반영한 실용적 교육이 필요하다.

AI 교육의 첫걸음은 산업과의 협업을 통해 산업 맞춤형 교육 과정을 설계하는 것이다. 예를 들어, AI 교육 기관과 AI 스타트업, 대기업들이 협력하여, AI 교육 커리큘럼을 산업에서 요구하는 핵심 기술과 문제 해결 능력을 반영할 수 있도록 해야 한다. 이 과정에서는 단순히 이론 교육에 그치는 것이 아니라, 실무 경험을 쌓을 수 있는 프로젝트 기반 교육을 강화해야 한다. AI 전문가는 이론적 지식을 넘어 실제 산업에서 발생하는 문제를 창의적으로 해결할 수 있는 능력을 갖춰야 하기 때문이다.

2) AI 교육의 확장 : 전방위적 교육 인프라 구축

AI 인재 부족 문제를 해결하는 또 다른 중요한 방법은 전방위적 교육 인프라 구축이다. AI 기술을 다루는 전문 인재를 양성하기 위해서는 대학이나 연구소만이 아니라 전국적인 교육 인프라가 필요하다. 이는 단지 AI 교육을 제공하는 학교와 학원의 문제를 넘어서, 지역 사회와 산업체가 결합된 AI 교육 생태계를 구축해야 한다는 의미이다.

우리는 AI 교육을 전국적으로 확산시키는 방식으로 산업 전반에 걸친 AI 인재 양성을 이루어야 한다. 이를 위해 AI 교육을 지역 단위로 제공하는 교육 플랫폼을 구축해야 한다.

예를 들어, AI 인재 양성 교육을 제공하는 온라인 학습 플랫폼과 AI 실습 환경을 제공하는 오프라인 교육 센터를 결합하여, 지방이나 소외된 지역에서도 AI 전문 인재를 양성할 수 있도록 하는 것이다. 디지털 교과서와 온라인 플랫폼을 활용한 AI 교육은 지역 간 교육 격차를 해소하고, AI 교육을 모든 사람에게 평등하게 제공할 수 있는 혁신적 모델이 될 것이다.

또한, AI 교육의 연계성을 강화해야 한다. AI 교육 과정은 초등학교부터 고등학교, 대학교, 그리고 산업 현장에 이르는 전방위적인 연계 과정으로 설계되어야 한다.

AI는 이제 전 세계적으로 모든 산업 분야에서 필수적인 기술로 자리 잡고 있기 때문에, AI 교육은 모든 연령층과 산업 전반에 걸쳐 확장되어야 한다. 예를 들어, 고등학교에서 AI 기술의 기초 교육을 제공하고, 대학교에서는 AI 개발 및 연구를 위한 심화 과정을 제공하며, 산업체와의 협업을 통해 실무 경험을 쌓는 산업 연계형 교육 시스템을 구축하는 것이다.

3) AI 교육과 산업의 융합 : 혁신적 협력 모델

AI 인재 부족 문제를 해결하기 위한 또 하나의 창의적 접근은 AI

교육과 산업의 융합이다. AI 교육은 단순한 학문적 접근을 넘어서 산업에서 발생하는 문제 해결을 위한 창의적이고 혁신적인 교육 모델로 나아가야 한다. 이를 위해 산업체와 AI 교육 기관이 협력하여 교육 과정을 산업 맞춤형으로 설계해야 한다.

예를 들어, AI 기업들은 AI 인재를 현장에서 필요한 기술을 습득할 수 있도록 현업에서 발생하는 문제를 AI 교육 과정에 반영할 수 있도록 해야 한다.

더 나아가, AI 스타트업과 대기업들이 함께 참여하는 산업-학계 협력 프로그램을 설계할 필요가 있다. 예를 들어, AI 교육 기관과 AI 기업이 함께 AI 인재 양성을 위한 산학 협력 프로그램을 운영하면, AI 기업의 기술 요구를 반영한 실용적인 교육 과정이 설계될 수 있다. 또한, AI 기술이 다양한 산업에 적용될 수 있는 방법을 구체적으로 AI 교육 과정에 녹여내는 방식이다.

4) AI 인재 양성을 위한 정부의 혁신적 역할

AI 인재 부족 문제를 해결하려면 정부의 역할도 필수적이다. 정부는 AI 기술이 국가 경쟁력을 강화하는 핵심 동력으로 자리 잡을 수 있도록 전방위적인 정책적 지원을 해야 한다.

그 중에서도 AI 인재 양성을 위한 재정적 지원과 정책적 뒷받침이 필요하다. AI 교육과 산업의 협력을 강화할 수 있는 정책적 인센티브를 마련하고, AI 인재 양성 프로그램을 전국적으로 확산시키는 것이다.

또한, 정부는 AI 교육과 산업 간 협력을 촉진하는 정책적 틀을 제공하고, AI 교육 기관과 산업체 간의 협업 플랫폼을 만들어야 한다. 예를 들어, 정부는 AI 연구소와 AI 기업 간의 공동 연구 프로젝트를 지원하고, AI 인재 양성을 위한 대학-산업 협력 프로그램을 적극적으로 유도해야 한다. 이를 통해 AI 산업의 기술적 혁신과 AI 인재 양성이 동시에 이루어질 수 있는 환경을 조성하는 것이다.

5) AI 인재 양성의 새로운 패러다임

AI 인재 부족 문제는 단순한 교육적 문제를 넘어, 국가 경쟁력의 핵심 요소가 된다. AI 교육 시스템은 이제 단순히 이론 교육에 그쳐서는 안 된다. 우리는 산업 맞춤형 교육, 산업 간 협력, AI 교육의 글로벌 확장 등을 통해 AI 인재 양성의 새로운 패러다임을 구축해야 한다.

AI 인재 양성을 위한 창의적인 교육 모델과 혁신적인 정부의 정책적 역할은 AI G3 강국을 향한 길을 여는 중요한 초석이 될 것이다. AI 교육을 전국적으로 확산시키고, 산업과 연계된 교육 시스템을 통해 AI 인재를 양성하는 것은 더 이상 선택이 아니라, AI 시대를 맞이하는 국가의 필수적 전략이다.

(2) 초·중·고 및 대학 교육 혁신

AI 기술이 빠르게 발전하면서, 그에 맞춰 AI 교육이 단순히 기술을 가르치는 것을 넘어서, 미래 사회의 핵심 역량을 기르는 교육의 근본적 혁신으로 자리잡고 있다. 그러나 AI 교육 강화는 단순히 기술적 능력을 향상시키는 것만으로 끝나지 않는다. 우리는 AI 교육을 통해 창의적 사고, 비판적 문제 해결, 그리고 사회적 책임을 갖춘 미래의 AI 리더를 양성해야 한다. 이를 위해, 초·중·고, 대학, 그리고 산업체 간의 AI 교육 혁신을 위한 새로운 접근이 필요하다. 기존의 교육 시스템에서 벗어나, AI 교육의 패러다임을 완전히 혁신할 수 있는 창의적인 모델을 제시해야 한다.

1) 초·중·고 AI 교육 : 기술적 사고에서 사회적 책임까지

초·중·고등학교에서의 AI 교육은 단순히 프로그래밍 언어나 알고리즘을 배우는 것에 그쳐서는 안 된다. AI 교육은 학생들에게 기술적 사고뿐만 아니라 윤리적 사고, 사회적 책임감을 동시에 가르쳐야 한다. AI가 사회에서 어떤 영향을 미칠 수 있는지에 대해 학생들이 깊이 생각하고, 이를 통해 인간 중심의 기술 혁신을 추구하는 방법을 배우는 것이 중요하다.

AI 교육의 첫 번째 단계는 기초 기술 교육이다. 그러나 기술만을 가르치는 것에 그쳐서는 안 된다. AI의 사회적 영향, 윤리적 문제, 그리고 AI 기술을 잘못 사용할 경우 발생할 수 있는 부정적인 결과에 대해 학습하는 것이 매우 중요하다. 예를 들어, 초등학교에서는 AI 기술이 무엇인지를 간단히 배우고, 중학교에서는 AI의 사회적 문제와 윤리적 고민에 대해 논의할 수 있는 교육과정을 도입해야 한다. 고등학교에서는 AI를 활용한 창의적 문제 해결을 학습하고, 산업 혁명과 사회 변화에 AI가 미치는 영향을 깊이 이해하는 과정으로 발전해야 한다.

그렇다면 AI 교육을 어떻게 창의적이고 혁신적으로 구성할 수 있을까? 기존 교육 시스템을 재편성할 필요가 있다. AI 교육을 산업과 사회의 변화를 아우르는 창의적 사고와 기술적 능력을 동시에 배울 수 있도록 융합적인 학습 과정을 만들어야 한다. AI 교육의 중심은 문제 해결과 사회적 책임을 아우르는 창의적 학습 모델이어야 한다. 예를 들어, AI 기반의 사회적 문제 해결 프로젝트를 통해 학생들이 AI 기술을 실제 사회 문제 해결에 활용하는 경험을 할 수 있도록 지원하는 것이다. AI 학습을 통해 학생들은 기술적 문제 해결뿐만 아니라, 기술을 어떻게 윤리적으로 활용할 수 있는지에 대해 깊이 고민할 수 있다.

2) 대학에서의 AI 교육 : 이론을 넘어서 산업적 현실을 반영하는 교육

대학에서의 AI 교육은 이론적인 지식을 넘어서는 산업 실습과 사회적 실용성을 결합한 융합 교육을 필요로 한다. AI는 단순한 학문적 주제에 그치지 않으며, 산업적 요구와 사회 변화에 발맞춰 지속적으로 발전하는 기술이다. 따라서 대학에서의 AI 교육은 이론과 실무의 균형을 맞추는 것이 중요하다. AI 교육 과정은 산업체와의 협력을 통해 산업 현장의 문제를 해결하는 능력을 배양할 수 있어야 한다.

먼저, AI 대학 교육에서 가장 중요한 점은 산업체와의 협력을 통해 AI 기술의 실제적 적용을 배우는 것이다. 대학은 AI 연구소와 산업체가 협력할 수 있는 공동 프로젝트를 통해 AI 기술의 실용적 측면을 깊이 배울 수 있는 기회를 제공해야 한다. 예를 들어, 산업체에서 발생하는 실제 문제를 해결하는 AI 프로젝트를 대학에서 수행하게 하여, 학생들이 AI 기술을 산업 현장에서 직접 적용하는 경험을 쌓을 수 있도록 해야 한다.

AI 교육은 또한 창의적이고 혁신적인 문제 해결 능력을 길러야 한다. 단순히 기술을 익히는 것을 넘어서, AI를 새로운 비즈니스 모델에 적용하거나, 사회적 문제를 해결하는 혁신적인 방법을 제시할 수 있는 능력을 키워야 한다. 대학에서는 AI 스타트업을 육성하는 프로그램을 도입하거나, AI 관련 창업을 위한 지원 시스템을 마련해 학생들이 AI 기술을 실험적이고 혁신적인 방식으로 활용할 수 있는 기회를 제공해야 한다.

3) AI 교육을 위한 창의적 지원 시스템 : 'AI 프로젝트 플랫폼'

AI 교육을 실용적이고 창의적으로 만들기 위한 새로운 플랫폼은 'AI 프로젝트 플랫폼'일 수 있다. AI 프로젝트 플랫폼은 전국의 학생들이 AI 기술을 활용한 창의적 프로젝트를 실제 사회 문제에 적용할 수 있도록 돕는 온라인 학습 플랫폼이다. 이 플랫폼은 대학, 고등학교, 기업, 연구소가 협력하여 다양한 AI 프로젝트를 함께 개발하고, 이를 통해 AI 인재가 실제 산업에서 겪는 문제 해결 과정을 경험할 수 있게 한다.

이 AI 프로젝트 플랫폼은 AI 연구소, 산업체, 교육 기관이 협력하여, 학생들이 AI를 실제 산업 문제에 적용할 수 있는 환경을 제공한다. 예를 들어, AI를 활용한 환경 문제 해결이나, AI를 활용한 사회적 문제 해결 프로젝트를 통해 학생들이 AI 기술의 사회적 가치와 기술적 한계를 동시에 이해하게 된다. 이 프로젝트 기반 교육 시스템을 통해 학생들은 AI 기술을 창의적이고 혁신적으로 활용하는 능력을 기를 수 있다.

4) 글로벌 AI 교육 협력 : 세계 시장으로의 확대

AI 교육 강화는 국내 교육 시스템에만 국한되지 않는다. AI 교육을 국제적 수준으로 확대하는 것은 글로벌 시장에서 경쟁력을 갖추기 위한 중요한 전략이다. AI 교육은 국경을 넘어 글로벌 협력을 이끌어낼 수 있는 핵심 자원이 될 수 있다. 예를 들어, 국제 AI 교육 네트워크를 구축하여, AI 교육 과정과 AI 연구를 국제적으로 교류하고, AI 인재 양성을 위한 글로벌 인프라를 형성해야 한다.

AI 교육을 글로벌 수준으로 확대하는 것은 학생들의 국제적 경쟁력을 강화하는 중요한 요소이다. AI 교육 네트워크와 국제 협력을 통해 학생들이 국제적 수준의 AI 기술을 실시간으로 배우고 경험할 수 있는 기회를 제공해야 한다. 이를 통해 AI 글로벌 시장에서의 경쟁력을 키울 수 있을 것이다. 또한, AI 교육의 글로벌 협력은 산업 간 융합을 통해 국제적인 AI 혁신을 선도할 수 있는 기반이 된다.

5) AI 교육의 미래와 대한민국의 경쟁력

AI 교육 강화는 단순한 기술 교육을 넘어서 사회적 책임과 산업적 요구를 충족시키는 창의적 교육 시스템으로 나아가야 한다. AI 교육은 기술적 지식을 넘어서, 사회적 가치와 윤리적 고민을 함께 다루는 융합적 교육이어야 한다. 또한, AI 교육은 산업과의 협력을 통해 실용적이고 혁신적인 문제 해결을 이끌어내는 교육 모델로 발전해야 한다. 대한민국은 AI 교육 강화를 통해 AI G3 강국으로 나아가기 위한 창의적이고 혁신적인 전략을 제시해야 한다. 이를 위해 AI 교육 플랫폼, 산업 연계형 교육, 글로벌 협력을 통해 AI 인재를 양성하고, AI 기술을 사회적 혁신으로 이끌어낼 수 있는 기반을 마련해야 한다. AI 교육은 미래 사회의 핵심 역량을 기르는 중요한 과정이며, 그 성공적 발전은 국가 경쟁력을 강화하는 핵심 요소가 될 것이다.

3. AI 생태계 구축을 위한 인프라 확장

(1) AI 연구소 및 스타트업 지원

　AI 기술이 산업과 사회 전반에서 핵심적인 역할을 차지하게 되면서, AI 관련 연구소와 스타트업의 지원이 그 어느 때보다 중요한 과제가 되었다. 그러나 단순히 연구소를 지원하거나 스타트업에 자금을 지원하는 것만으로는 AI 생태계가 제대로 구축되기 어렵다. AI 연구소와 스타트업을 효과적으로 지원하기 위해서는 단기적 투자를 넘어서, 지속 가능한 혁신 생태계를 구축하는 것이 중요하다. 또한, AI 기술이 사회 전반에 긍정적인 영향을 미치기 위해서는 AI 연구소와 스타트업의 역할을 사회적 가치 창출과 연결하는 창의적이고 실험적인 지원이 필요하다.

　우리는 AI 연구소와 스타트업의 창의적이고 혁신적인 지원을 위한 새로운 패러다임을 제시해야 한다. 이를 위해서는 AI 연구소와 AI 스타트업의 혁신적 역량을 산업화하고, 사회적 책임을 동반할 수 있는 지속 가능한 인프라를 확립해야 한다. 여기서는 AI 연구소와 AI 스타트업을 지원하는 창의적이고 실용적인 방법들을 제시해보려 한다.

1) AI 연구소와 스타트업 지원을 위한 'AI 혁신 허브'

AI 기술 발전을 이끄는 중요한 거점 중 하나는 AI 연구소와 AI 스타트업이 상호 작용할 수 있는 혁신 허브이다. AI 혁신 허브는 단순히 AI 연구와 산업화를 위한 기술 연구소가 아니라, 산업, 정부, 학계가 협력하는 창의적 플랫폼이어야 한다. 이를 통해, AI 연구소와 AI 스타트업은 산업체와의 협력, 데이터 활용, 산업 맞춤형 연구를 통해 실제 사회적 문제 해결을 위한 AI 기술 개발을 추진할 수 있다.

AI 혁신 허브는 AI 연구소와 스타트업이 협업할 수 있는 공간과 자원을 제공하는 장소로 기능해야 한다. AI 연구소는 기술적 성과를 바탕으로 AI 스타트업에게 기술 지원과 기초 연구에 대한 도움을 제공하며, AI 스타트업은 실제 시장에서 기술 상용화와 제품 개발을 담당하는 형태로 협력하는 것이다. 이를 통해, AI 연구소는 AI 스타트업에 실용적인 연구 결과를 제공하고, 스타트업은 AI 연구소의 기술 개발을 산업화하는 역할을 한다.

AI 혁신 허브는 또한, AI 스타트업들이 사회적 책임을 다하는 지속 가능한 기술 개발을 할 수 있도록 AI 윤리 교육과 사회적 가치 창출에 대한 인프라도 제공해야 한다. AI 혁신 허브는 단기적인 기술 상용화뿐만 아니라, AI 기술이 사회적 문제를 해결하는 방식을 지속적으로 고민하는 공간이어야 한다. AI 연구소와 스타트업은 산업 발전을 넘어서 AI 기술이 사회에 미치는 영향에 대한 책임을 공유해야 한다.

2) AI 연구소와 스타트업을 위한 'AI 공동 연구 개발 프로그램'

AI 연구소와 스타트업의 협업을 촉진하는 새로운 연구 모델로 'AI 공동 연구 개발 프로그램'을 제시할 수 있다. 이 프로그램은 산업체와 AI 연구소, AI 스타트업이 함께 참여하여 AI 기술 개발의 기술적 문제 해결을 목표로 한 공동 프로젝트를 진행하는 것이다. 이 프로그램의 핵심은 AI 연구소와 스타트업이 기술적 발전을 위해 실험적 연구와 상호 협력을 촉진하는 점이다.

예를 들어, AI 공동 연구 개발 프로그램을 통해 AI 연구소는 스타트업에게 기술적 지원을 제공하고, 스타트업은 AI 기술을 실제 산업 문제에 적용하여 산업화에 대한 통찰을 제공한다. 또한, 산업체는 AI 스타트업이 개발한 AI 기술을 시장성 있는 제품으로 발전시키기 위한 마케팅과 유통 전략을 지원한다.

AI 공동 연구 개발 프로그램은 AI 연구소가 산업체와 스타트업의 협업을 주도하는 동시에, AI 기술의 상용화를 촉진하는 중요한 거점이 될 수 있다. 또한, AI 스타트업에게는 기술 개발뿐만 아니라 산업화를 위한 경험과 자원을 제공할 수 있다. 이는 AI 스타트업이 기술적 발전과 함께 산업에서 실제로 적용되는 기술을 개발할 수 있는 중요한 기회를 제공한다.

3) 정부의 역할 : AI 생태계의 정책적 지원과 혁신적인 인프라 구축

AI 연구소와 스타트업을 효과적으로 지원하기 위해 정부는 정책적 리더십을 발휘해야 한다. 정부는 AI 기술을 국가 경쟁력의 핵심 자원으로 간주하고, AI 생태계의 기술 혁신과 산업화를 위한 정책적 인센티브를 제공해야 한다. 그러나 기존의 지원책은 산업과 기술이 빠르게 발전하는 시대에 제대로 대응하기 어렵다. 이에 따라 정부는 AI 생태계가 지속적으로 성장할 수 있는 혁신적이고 창의적인 정책적 지원을 제공해야 한다.

우리는 AI 생태계가 발전하는 속도와 규모에 맞춰, AI 스타트업과 AI 연구소의 협력을 구체적으로 지원하는 정책을 제시해야 한다. 예를 들어, 정부는 AI 기술을 활용한 산업 혁신 프로젝트에 대해 대규모 지원금을 지급하는 동시에, AI 연구소와 AI 스타트업이 참여하는 국가적 AI R&D 플랫폼을 구축하여, AI 기술 개발과 산업화를 동시에 촉진할 수 있도록 해야 한다.

AI 생태계의 지원 정책은 기술 혁신뿐만 아니라, 사회적 책임과 윤리적 기준을 동시에 고려해야 한다. AI 기술이 사회적 가치 창출에 기여할 수 있도록 윤리적 기준을 제시하고, AI 스타트업과 AI 연구소가 이를 지속적으로 지킬 수 있는 시스템을 마련해야 한다. 예를 들어, AI 기술의 윤리적 문제와 관련된 교육 프로그램을 AI 연구소와 AI 스타트업에 제공하고, 사회적 책임을 다하는 AI 기술 개발을 장려하는 정책을 제시해야 한다.

4) 창의적인 지원 방안 : AI 기반의 '스타트업 엑셀러레이터'와 'AI 연구소 클러스터'

AI 스타트업과 AI 연구소를 더욱 창의적으로 지원하기 위해서는 AI 기반 스타트업 엑셀러레이터와 AI 연구소 클러스터를 구축하는 방식이 필요하다. AI 스타트업 엑셀러레이터는 AI 기술을 바탕으로 창업을 꿈꾸는 스타트업들이 초기 단계에서 성장할 수 있도록 지원하는 전문 지원 플랫폼이다. 이를 통해 AI 스타트업은 기술적 발전을 가속화하고, 산업화의 길로 나아갈 수 있는 기회를 제공받게 된다.

또한, AI 연구소 클러스터는 AI 연구소들이 상호 협력하고 AI 기술을 산업과 연결시키는 혁신적 환경을 제공한다. AI 연구소 간의 협력은 AI 기술의 산업화를 더욱 가속화할 수 있으며, 이를 통해 AI 기술이 산업 전반에 빠르게 적용될 수 있다.

5) AI 생태계 구축을 위한 창의적 지원 전략

AI 연구소와 AI 스타트업을 지원하는 창의적이고 혁신적인 방법은 이제 선택이 아니라 필수적 전략이다. 정부는 AI 연구소와 AI 스타트업의 협력을 촉진하고, 사회적 가치 창출과 기술 혁신을 동시에 이루어낼 수 있는 지원 정책을 마련해야 한다. AI 혁신 허브, AI 공동 연구 개발 프로그램, AI 스타트업 엑셀러레이터와 AI 연구소 클러스터를 통해 AI 기술이 사회적 문제 해결과 산업 발전을 동시에 이끌어내는 기반을 마련해야 한다. 이는 AI G3 강국으로 가는 핵심 동력이 될 것이다. AI 생태계의 지속 가능한 발전을 위해 정책적 지원과 산업 협력이 맞물려야 하며, AI 기술이 사회적 책임을 다하는 방향으로 나아가야 한다.

(2) 글로벌 AI 기업 유치

AI는 이제 단순한 기술 혁신을 넘어서 산업의 근본적인 구조를 재편성하고, 사회적, 경제적 변화를 이끌어가는 핵심 요소가 되었다. 이러한 변화 속에서 글로벌 AI 기업을 유치하는 것은 국가의 AI 경쟁력을 높이는 중요한 전략적 과제가 된다. 그러나 AI 기업 유치는 그저 세금 혜택이나 인프라 제공으로 해결될 문제는 아니다. 글로벌 AI 기업들은 단순히 세금 우대나 인프라만을 보고 투자를 결정하지 않는다. 기업들은 창의적이고 혁신적인 환경, 풍부한 인재, 그리고 사회적 가치를 동시에 고려한다. 그렇다면, 글로벌 AI 기업을 유치하기 위한 정책적 접근은 어떤 방식으로 이루어져야 할까?

1) 글로벌 AI 기업 유치를 위한 창의적 정책의 첫걸음 : AI 인재의 글로벌 중심지로 자리매김

AI 기업 유치를 위한 첫 번째 전략은 AI 인재의 육성이다. 그러나 이 인재들이 단순히 교육을 받은 후 산업에 배치되는 수준을 넘어서, 글로벌 AI 인재들의 허브로 기능할 수 있도록 해야 한다. AI 교육을 단순히 기술을 가르치는 것에 그치지 않고, AI 산업 전반에 대한 깊이 있는 이해와 글로벌 마인드를 키워줄 수 있는 교육 시스템을 만들어야 한다.

이를 위해 AI 전문 연구소와 산업체, 대학이 협력하여 AI 글로벌 인재를 양성하는 프로그램을 운영해야 한다. 예를 들어, AI 대학원과 산업체가 글로벌 연구 프로젝트에 참여하고, AI 인재들이 실질적인 산업 현장에서 경험을 쌓을 수 있는 인턴십 프로그램을 도입하는 것이다. 또한, AI 인재 유치를 위해 국제적으로 인정받는 AI 교육 인증을 도입하고, 글로벌 기업과의 협력을 통해 산업 맞춤형 AI 교육을 제공해야 한다. AI 인재가 기술적 역량을 넘어 글로벌 시장에서의 리더십을 발휘할 수 있도록 지원하는 것이 중요하다.

2) AI 기업 친화적 환경 조성 : 'AI 생태계 혁신 클러스터' 구축

AI 기업은 그들의 연구개발(R&D), 제품화 그리고 사회적 책임을 동시에 수행할 수 있는 혁신적 생태계에서 자리를 잡고자 한다. AI 기업 친화적 환경을 조성하는 가장 중요한 방법은 AI 생태계 혁신 클러스터를 구축하는 것이다. AI 혁신 클러스터는 AI 기업, 연구소, 대학, 정부, 그리고 산업 파트너가 유기적으로 협력하며 AI 기술을 산업 전반에 걸쳐 확산시킬 수 있는 플랫폼이다.

이 AI 혁신 클러스터는 AI 기업들이 자원을 공유하고, 기술 혁신을 가속화할 수 있는 공유 경제적 모델을 제공해야 한다. 이 클러스터는 기술 공유, 산업 협력, 그리고 AI 데이터 공유를 중심으로 운영된다. 예를 들어, AI 기업들이 공유된 R&D 시설을 사용하거나, AI 스타트업들이 공공 연구소와 대학과 협력하여 기술 개발을 할 수 있도록 해야 한다. 또한, AI 클러스터 내에서 글로벌 기업과 스타트업이 협력할 수 있는 기회를 제공하는 것이 중요하다. 이를 통해 AI 기업은 글로벌 기술 시장에서 경쟁력을 높일 수 있으며, 사회적 책임을 다하는 지속 가능한 기술 개발을 할 수 있다.

3) AI 산업을 선도하는 글로벌 기업 유치를 위한 'AI 투자 액셀러레이터'

AI 기술이 빠르게 발전하고 있는 가운데, 글로벌 AI 기업들은 투자와 지원을 통해 산업적 혁신을 이루고자 한다. 그러나 AI 기업이 빠르게 시장에 진입할 수 있도록 하기 위해서는 단순히 자금을 지원하는 것에 그쳐서는 안 된다. AI 스타트업부터 대기업에 이르기까지 AI 기업들이 성장할 수 있는 혁신적 투자 시스템을 구축해야 한다. 이를 위해 AI 투자 액셀러레이터 프로그램을 도입하는 것이 매우 중요하다.

　AI 투자 액셀러레이터는 AI 기술을 산업화하는 스타트업과 AI 기업들이 국제적 시장에 빠르게 진입할 수 있도록 지원하는 전략적 플랫폼이다. 이 프로그램은 AI 기술을 산업화할 수 있는 단기적인 투자와 기술적 지원을 제공하며, 산업 파트너와 정부가 협력하여 AI 기업의 시장 진입을 돕는 구조로 운영된다. AI 투자 액셀러레이터는 AI 기업의 기술 개발과 상용화를 위한 전략적 지원뿐만 아니라, 산업적 요구와 글로벌 시장에서 성공적인 비즈니스 모델을 창출할 수 있도록 도와준다.

　이를 위해 AI 기업은 정부와의 협력을 통해 세금 인센티브, 기술적 지원, R&D 투자를 받으며, 글로벌 시장에서 실질적인 제품화를 할 수 있도록 돕는 전방위적인 투자 시스템을 구축할 필요가 있다. 예를 들어, AI 스타트업이 AI 기술을 빠르게 산업화하고 사회적 가치를 창출할 수 있도록 AI 투자 액셀러레이터가 글로벌 파트너십을 통해 글로벌 시장에서 경쟁력을 갖출 수 있는 기회를 제공하는 것이다.

4) 글로벌 AI 기업 유치를 위한 'AI 해외 진출 가속화 프로그램'

　글로벌 AI 기업을 유치하는 것은 국내 경제와 산업 전반에 긍정적인 영향을 미친다. 그러나 AI 기업들이 국제 시장에서 경쟁력을 높이고 빠르게 성장하기 위해서는 해외 진출을 가속화할 수 있는 전략적 지원이 필요하다. AI 해외 진출 가속화 프로그램은 AI 기업들이 글로벌 시장에서 경쟁할 수 있는 기회를 제공하고, AI 기술을 전 세계에 확산시킬 수 있는 전략적 플랫폼이다.

　이 프로그램은 AI 기업이 국제화를 위한 글로벌 파트너십을 맺고, 글로벌 시장에서 AI 제품을 상용화할 수 있도록 돕는 정책적 지원과 산업적 연대를 촉진하는 역할을 한다. AI 해외 진출 가속화 프로그램은 AI 기업이 국제 시장에서 기술적 우위를 확보하고, 국제적인 유통 네트워크와 마케팅을 통해 글로벌 시장에서 성공적인 진입을 할 수 있도록 체계적이고 전략적인 지원을 제공해야 한다.

이 프로그램은 AI 기업이 산업 전반에 걸쳐 글로벌 경쟁력을 확보할 수 있도록 정부와 산업체가 협력하여 AI 기술을 글로벌 시장에 적합한 형태로 변환하고, 상용화를 위한 전략을 세워야 한다. AI 기업의 글로벌 진출을 위한 세부적인 전략을 제시하고, 국제적 네트워크를 통해 AI 기술의 상용화를 가속화하는 것이 이 프로그램의 핵심이다.

5) 창의적이고 지속 가능한 글로벌 AI 기업 유치 전략

글로벌 AI 기업 유치는 단순한 투자 유치를 넘어 AI 기술이 산업 혁신과 사회적 가치 창출을 이끌어낼 수 있는 지속 가능한 전략이 되어야 한다. 이를 위해서는 AI 혁신 허브, AI 투자 액셀러레이터, AI 해외 진출 가속화 프로그램 등 창의적이고 전략적인 지원 시스템을 구축하는 것이 필요하다. 정부는 AI 기업의 글로벌 경쟁력을 높이고, AI 기술을 사회적 책임과 산업 혁신의 중심으로 발전시킬 수 있는 정책적 리더십을 발휘해야 한다. AI G3 강국을 목표로 글로벌 AI 기업을 유치하는 것은 국가 경쟁력을 강화하고, 산업 혁신을 가속화하는 핵심적인 요소가 될 것이다. AI 기업 유치를 통해 국제 시장에서 AI 기술을 주도적으로 이끌어가는 나라로 자리매김할 수 있다.

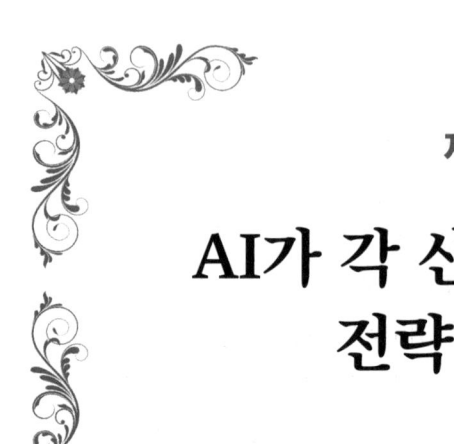

제3장
AI가 각 산업에 미치는 전략적 영향

1. AI 기반 산업 혁신

(1) 주요 산업에 미치는 전략적 영향

AI 기술이 산업 혁신을 이끌고 있는 지금, 우리는 이미 AI가 제조업, 금융, 의료 등 다양한 산업에서 중요한 역할을 하고 있다는 것을 목격하고 있다. 하지만 AI의 진정한 잠재력을 극대화하려면, 단순히 기존 산업의 효율화나 기술 적용을 넘어서, 산업 생태계 자체의 혁신적 변화를 유도할 수 있는 AI 혁신 전략이 필요하다. 이번 장에서는 AI 기술이 제조업, 금융, 의료 각 산업에 어떻게 전략적으로 적용될 수 있는지와 미래 지향적인 창의적 방안을 구체적으로 다룬다.

1) 제조업 : AI 기반 스마트 제조와 공장 혁신

제조업은 오랜 기간 동안 효율성 증대와 비용 절감을 위한 자동화 기술에 집중해 왔다. 그러나 AI의 도입은 자동화라는 개념을 단순히 기계의 작업을 넘어서는 스마트한 의사결정 시스템으로 확장시키고 있다. AI는 기계학습과 딥러닝 알고리즘을 활용하여, 제조

과정에서 발생할 수 있는 비효율성을 실시간으로 분석하고 최적화할 수 있는 능력을 제공한다.

스마트 제조는 AI 기반 예측 분석과 자율적 의사결정을 통해, 생산 라인에서 발생하는 작업 중단 시간이나 불량률을 획기적으로 줄일 수 있다. 예를 들어, AI 시스템은 센서 데이터를 실시간으로 분석하고, 기계 고장 예측을 통해 예방 정비를 할 수 있도록 도와준다. 이를 통해 공정의 효율성은 극대화되고, 생산 비용은 최소화된다.

하지만 우리가 바라봐야 할 미래의 AI 기반 스마트 제조는 그 이상의 혁신을 목표로 해야 한다. AI를 통해 디지털 트윈(Digital Twin) 기술을 제조업에 적용하는 것이다. 디지털 트윈이란, 물리적 시스템의 가상 모델을 생성하여, 시뮬레이션을 통해 실시간 데이터를 기반으로 최적의 결정을 내리는 기술이다. AI와 디지털 트윈을 결합하면, 제조업체는 제품 설계, 생산 과정, 공급망 관리까지 통합적으로 혁신할 수 있다. 디지털 트윈을 활용한 스마트 팩토리는 무인화, 최적화, 자율화를 넘어, 지속 가능한 생산 모델을 창출할 수 있는 AI 기반 혁신 플랫폼으로 자리잡을 것이다.

2) 금융 : AI 기반의 자동화된 금융 서비스와 맞춤형 금융 솔루션

금융 산업에서 AI 기술의 적용은 이미 시작되었으며, 그 전략적 영향력은 가속화되고 있다. 그러나 AI를 통해 금융 산업의 혁신적 변화를 이루려면, 단순한 자동화를 넘어서 고객 맞춤형 서비스와 위험 관리 혁신을 목표로 해야 한다.

우리는 AI 기반의 맞춤형 금융 서비스가 개인화된 고객 경험을 제공하는 시대에 접어들고 있다. AI 알고리즘은 고객의 소비 패턴과 금융 거래 데이터를 분석하여, 개인화된 금융 상품을 추천하거나 대출 조건을 최적화하는 데 활용된다. 예를 들어, AI 기반의 로보 어드바이저는 고객의 재정 상태와 목표를 분석하여, 투자 포트폴리오를 실시간으로 조정하고 위험을 관리할 수 있다. 이러한 서비스는 개인화를 통해 고객 만족도를 높이고, 기존 금융 시장에서의 경쟁력을 강화할 수 있다.

하지만 금융 산업에서 AI의 혁신적 적용은 맞춤형 서비스뿐만 아니라 위험 관리와 사기 탐지를 자동화하는 분야에도 확장될 수 있다. AI 기반의 사기 탐지 시스템은 거래 데이터를 실시간으로 분석하여 비정상적인 패턴을 찾아내고, 자동으로 경고를 보내는 방식으로 사기 예방에 중요한 역할을 한다. 또한, AI 시스템은 금융 시장의 변동성을 분석하여, 리스크 관리와 투자 전략을 자동화된 의사결정을 통해 최적화할 수 있다.

3) 의료 : AI 기반 맞춤형 치료와 예측 가능한 의료 시스템

AI는 의료 산업에서 그 전략적 영향력을 발휘하는 데 있어 가장 큰 가능성을 지니고 있다. AI 기반의 의료 서비스는 질병 진단에서 치료, 예방에 이르기까지 전방위적인 혁신을 일으킬 수 있다. 그러나 AI가 의료에 미치는 영향은 단순히 진단 정확도나 치료 효율성을 높이는 것에 그쳐서는 안 된다. 우리는 AI 기반의 의료 시스템을 통해 환자 중심의 맞춤형 치료 시스템과 예측 가능한 의료 모델을 창출해야 한다.

우리가 AI를 통한 의료 혁신을 이루기 위해 가장 먼저 해야 할 일은 AI 기반의 맞춤형 치료를 환자 중심으로 개선하는 것이다. AI 시스템은 환자의 유전자, 생활 습관, 의료 기록 등을 종합적으로 분석하여 개별 맞춤형 치료법을 제시할 수 있다. 예를 들어, AI는 DNA 분석을 통해 암의 가능성을 초기 단계에서 예측하거나, 정확한 진단을 내리며, 개별 환자에 맞춘 약물을 추천할 수 있다. AI의 예측 모델은 의료 전문가가 환자 맞춤형 치료를 보다 정확하고 효율적으로 제공할 수 있게 돕는다.

이와 함께, AI 기반의 의료 데이터 분석을 통해 예측 가능한 의료 시스템을 구축하는 것이 중요하다. AI는 실시간 데이터를 분석하여 질병 발생 가능성이나 치료 방법을 예측하고, 병원의 자원 배분을 최적화하는 데 기여할 수 있다. 예를 들어, AI 시스템은 병원 내 수술실 예약, 환자 대기 시간, 의료진의 업무 분담 등을 최적화하여 병원의 운영 효율성을 극대화할 수 있다.

4) 산업 간 융합 : AI를 통한 새로운 산업 모델 창출

AI의 산업 혁신을 이야기할 때 산업 간 융합을 빼놓을 수 없다. AI 기술은 산업 간 융합을 촉진하여, 제조업, 금융, 의료, 교통, 환경 등 다양한 분야에서 혁신적 산업 모델을 만들어낸다. AI의 융합적 특성을 활용하여, 각 산업은 기존의 한계를 넘어서 새로운 산업 생태계를 만들어낼 수 있다.

예를 들어, AI와 환경 기술의 결합을 통해 스마트 환경 관리 시스템을 만들 수 있다. AI 기반의 환경 센서는 온도, 습도, 대기 오염 지수를 실시간으로 분석하고, 자동으로 조정하는 시스템을 구축하여 환경 문제를 해결할 수 있다. 또한, AI와 교통 시스템의 융합을 통해 스마트 교통 시스템을 구축하고, 교통 혼잡이나 사고 위험을 실시간으로 예측하여 교통 흐름을 최적화할 수 있다.

5) AI 기반 산업 혁신의 창의적 전략

AI 기술은 단순히 산업 혁신의 도구가 아니라, 산업의 패러다임을 근본적으로 변화시키는 창의적 힘이다. 제조업, 금융, 의료 분야에서의 AI 기술은 그저 효율성을 높이는 것을 넘어서, 사회적 가치와 지속 가능한 발전을 위한 창의적 해결책으로 발전하고 있다. AI 혁신을 이끌어내는 전략적 접근은 단순히 기술의 상용화에 그쳐서는 안 된다. AI 기술을 산업 간 융합을 통해 새로운 산업 모델을 창출하고, 사회적 책임을 동반하는 지속 가능한 기술 혁신을 이루는 것이 중요하다. AI는 이제 미래 산업 혁신의 중심이며, 기술적 발전뿐만 아니라 사회적 가치를 창출하는 혁신으로 나아가야 한다.

(2) AI 기술로 산업 경쟁력 강화

AI 기술은 단순히 산업 효율성을 향상시키는 데 그치지 않는다. AI는 산업 경쟁력을 근본적으로 변화시키고, 전 세계 시장에서 기술적 우위를 확보하는 중요한 열쇠가 될 수 있다. 그러나 AI를 통한 경쟁력 강화는 그저 기술적 요소의 발전에 그치는 것이 아니라, 산업 구조의 혁신, 사회적 책임, 그리고 국가적 협력까지 아우르는 포괄적인 전략을 요구한다. 윤정부의 AI 위원회와 AI G3 전략보고서에서 제시된 방안들이 이미 어느 정도 중요하지만, 산업 경쟁력을 실제로 강화하려면 더욱 창의적이고 혁신적인 접근이 필요하다.

AI 기술을 통해 산업 경쟁력을 강화하려면 기술의 융합, 사회적 가치 창출, 그리고 산업 혁신을 위한 전략적 협업이 필수적이다. 또한, AI 혁신이 기술의 상용화에 그치지 않고, 산업 전반에 걸친 패러다임 전환을 이끌어내야 한다. 그럼으로써 AI가 산업 경쟁력 강화의 핵심 요소로 자리 잡을 수 있다.

1) 산업별 AI 기술 적용 : 글로벌 시장에서 경쟁력 있는 기술 혁신 이끌기

AI 기술을 산업 경쟁력을 강화하는 핵심 동력으로 활용하려면, 각 산업의 특성에 맞춘 AI 기술 적용 전략이 필요하다. 제조업, 금융, 헬스케어, 물류 등 다양한 산업에서 AI를 산업별 맞춤형 솔루션으로 적용함으로써, 글로벌 시장에서 경쟁력을 갖출 수 있다.

제조업에서 AI를 통한 스마트 팩토리 혁신은 생산성과 품질 향상을 넘어, 지속 가능성을 고려한 환경적 혁신을 이루는 데 중요한 역할을 한다. 예를 들어, AI 기반의 에너지 관리 시스템은 에너지 낭비를 줄이고, 탄소 배출을 최적화하여 산업 환경에서도 지속 가능성을 고려할 수 있는 시스템을 구축한다. AI는 실시간 생산 데이터와 IoT 센서를 분석하여, 공장 내 에너지 소비를 최적화하는 동시에 환경적 책임을 다하는 기업 활동을 가능하게 한다.

금융 산업에서도 AI는 단순한 위험 관리를 넘어서, 고객 맞춤형 서비스와 AI 기반의 자동화 시스템을 통해 업계 경쟁력을 강화할 수 있다. 특히 AI 기반의 예측 분석을 통해 금융 서비스는 고객의 재정 상태와 시장 동향을 분석하여 맞춤형 투자 상품이나 대출 조건을 제시하는 방향으로 고객의 신뢰를 높일 수 있다. 또한, AI와 블록체인 기술을 결합하여 금융 거래의 투명성과 보안성을 강화하는 것도 중요한 경쟁력 강화 요소가 된다.

헬스케어 산업에서도 AI는 맞춤형 치료와 개인화된 의료 서비스를 제공하는 데 중요한 역할을 한다. AI 기반의 유전자 분석을 통해 개인 맞춤형 건강 관리가 가능해지고, AI 영상 분석을 통해 정확한 진단과 예측이 가능해진다. 특히, AI의 예측 모델은 질병 예방과 조기 진단을 가능하게 하여 의료 비용을 절감하고, 환자 맞춤형 치료법을 제공함으로써 의료 산업의 효율성을 극대화한다.

2) 산업 간 융합 : AI 기술을 통한 새로운 비즈니스 모델 창출

AI 기술을 산업 경쟁력 강화의 핵심으로 삼기 위해서는, 산업 간 융합이 필수적이다. AI가 각 산업을 넘어, 산업 간의 경계를 허물고, 새로운 비즈니스 모델을 창출하는 융합적 접근이 중요하다. 예를 들어, AI와 IoT(사물인터넷)의 결합을 통해 스마트 시티와 스마트 홈등의 혁신적 서비스를 창출할 수 있다.

AI와 IoT가 결합된 스마트 시티는 교통 시스템, 에너지 관리, 공공 안전을 혁신적으로 변화시킬 수 있다. AI는 실시간 교통 데이터와 에너지 소비 패턴을 분석하여 교통 흐름을 최적화하고, 에너지 사용을 효율적으로 관리할 수 있게 한다. 예를 들어, AI 기반의 스마트 교통 시스템은 실시간 데이터를 통해 혼잡한 도로를 자동으로 피하고, 교차로의 신호를 최적화하여 교통 체증을 줄이는 방식으로 스마트 시티의 효율성을 높인다. 이러한 AI 기술의 도입은도시 인프라를 지속 가능하고 스마트하게 혁신하는 데 중요한 역할을 한다.

AI와 빅데이터, AI와 블록체인, AI와 5G 등의 기술 융합은 새로운 산업 생태계를 만들어내고, 산업 간 협업을 통해 혁신적인 비즈니스 모델을 창출할 수 있다. 예를 들어, AI 기반의 블록체인 시스템은 데이터의 안전성과 투명성을 제공하고, 5G 네트워크는 실시간 데이터 전송을 통해 산업적 문제 해결을 빠르게 할 수 있는 새로운 비즈니스 기회를 열어준다.

3) AI 기반 스타트업 지원 및 글로벌 확장

AI 기반 스타트업의 성장은 산업 경쟁력 강화의 중요한 요소다. 그러나 AI 스타트업의 성장과 글로벌 확장을 위한 지원 시스템은 단순히 자금 지원이나 기술 지원에 그쳐서는 안 된다. AI 스타트업들이 글로벌 시장에서 경쟁력을 가지기 위해서는 AI 기술을 사회적 가치 창출과 연결하는 지속 가능한 비즈니스 모델을 만들어야 한다.

이를 위해 AI 스타트업 지원 프로그램은 단순히 기술적 개발에 그치지 않고, 산업 맞춤형 AI 솔루션을 글로벌 시장에 맞게 확장할 수 있는 창의적이고 혁신적인 모델을 제시해야 한다. 예를 들어, AI 스타트업이 산업 파트너와 협력하여 AI 기반 제품을 시장에 맞춤화하고, 글로벌 유통 네트워크와 국제 협력을 통해 AI 스타트업이 빠르게 국제화될 수 있도록 도와야 한다.

특히, AI 스타트업이 글로벌 시장에서 경쟁력 있는 비즈니스 모델을 구축하기 위해서는 AI 기술을 사회적 가치와 사회적 책임을 다하는 방향으로 혁신해야 한다. 이를 통해 AI 스타트업은 기술적 혁신뿐만 아니라 사회적 혁신을 이끌어내며, 글로벌 시장에서의 경쟁력을 강화할 수 있다.

4) AI 기술을 통한 산업 경쟁력 강화의 새로운 패러다임

AI 기술은 이제 단순히 효율화와 자동화를 넘어서 산업 전반에 걸쳐 혁신을 이끌어가는 핵심 동력이 되었다. 그러나 AI 산업 경쟁력 강화는 기술적 발전에 그치지 않고, 산업 간 융합, 글로벌 협력, 사회적 가치 창출을 동시에 실현할 수 있는 전략적 접근이 필요하다. AI 기술을 통해 산업 경쟁력을 강화하려면, AI 인재 양성, 기술적 혁신, 산업적 협력을 통한 지속 가능한 비즈니스 모델 구축이 필수적이다.

이 과정에서 중요한 것은 AI 기술을 단기적 효과뿐만 아니라 장기적 산업 발전과 사회적 가치 창출의 중심으로 삼는 것이다. AI 기술을 통해 우리는 산업 전반의 경쟁력을 단순한 기술적 우위를 넘어서, 사회적 혁신과 지속 가능한 발전을 이끌어낼 수 있는 핵심 동력으로 만들어갈 수 있다. AI 기반 산업 혁신을 통해 미래 산업의 경쟁력을 강화하고, 사회적 책임을 다하는 지속 가능한 산업 모델을 창출하는 것이 AI G3 강국으로 나아가는 중요한 길이 될 것이다.

2. AI 기술과 글로벌 경쟁력

(1) AI를 통한 제품 혁신

21세기 산업의 핵심 동력 중 하나는 AI 기술이다. AI는 단순히 기술적 효율성을 넘어, 글로벌 시장에서의 경쟁력을 획기적으로 변화시키는 중요한 요소로 자리 잡고 있다. 그러나 AI 기술을 통한 제품 혁신과 시장 선도는 단순히 기술의 적용에 그쳐서는 안 된다. AI는 제품의 형태와 기능을 넘어, 시장 내 경쟁력을 재정의하고, 산업의 패러다임을 근본적으로 변화시킬 수 있는 창의적 기회를 제공한다. 이 글에서는 AI 기술을 활용해 제품 혁신을 이루고, 글로벌 시장에서 경쟁력을 선도할 수 있는 창의적 접근법을 제시하고자 한다.

1) AI 기술을 통한 제품 혁신 : 사용자 경험을 변화시키는 지능형 제품

AI 기술이 제품 혁신에 미치는 영향은 단순히 기술적 성능 향상에 그치지 않는다. AI는 제품의 핵심 기능을 재정의하고, 사용자 경험을 전방위적으로 향상시키는 지능형 제품으로 진화시키는 중요한 역할을 한다. 여기서 중요한 점은 AI 제품 혁신이 기술적 우수성뿐만 아니라, 사용자와의 상호작용에서 감성적 가치를 창출하는 데까지 영향을 미친다는 것이다.

AI 기술을 통한 제품 혁신의 예를 들어보자. 최근 스마트폰에 적용되는 AI 기능은 단순히 자동화된 작업을 넘어서, 사용자 맞춤형 경험을 제공하는 데 중점을 두고 있다. 예를 들어, AI 기반의 음성 인식 시스템은 사용자와의 상호작용을 보다 자연스럽고 인간적인 경험으로 바꾼다. AI의 자가 학습 능력은 사용자의 습관을 분석하여 개인화된 서비스를 제공하는데, 이는 기존의 단순한 기능적 제공을 넘어 사용자의 감성적 요구까지 충족시키는 혁신적인 변화이다.

AI를 활용한 제품 혁신에서 중요한 점은 사용자 경험의 개인화와 지능적 반응이다. 예를 들어, 스마트 홈 기기는 AI 기반의 센서와 음성 인식 시스템을 결합하여 사용자의 생활 패턴을 학습하고, 자동으로 환경을 조정한다. AI 기술은 사용자가 집에 돌아오는 시간, 온도 선호도, 조명 밝기 등을 학습하여, 자율적으로 환경을 설정한다. AI는 이제 기능적 요구를 넘어서, 감성적, 직관적, 그리고 인지적인 차원에서 사용자 경험을 완전히 변화시키고 있다.

2) AI 기반의 시장 선도 전략 : 제품과 서비스의 지능형 진화

AI 기술을 활용한 시장 선도는 단순히 기술적 우위를 확보하는 것에 그치지 않는다. AI 기술을 활용한 제품 혁신은 시장 내 새로운 경쟁력을 창출하고, 산업을 재편성하는 강력한 전략이 된다. 이를 통해 기업은 시장 내 리더십을 강화하고, 글로벌 시장에서의 경쟁 우위를 선도할 수 있다.

AI 기술을 적용한 서비스 혁신은 제품 혁신보다 더욱 중요한 시장 선도 전략이 될 수 있다. 특히, AI 기반의 서비스 모델은 고객 맞춤형 서비스를 제공하며, 지속적인 학습과 자동화를 통해 시장 내 경쟁력을 극대화할 수 있다. 예를 들어, AI 기반의 고객 서비스 시스템은 고객의 문제를 실시간으로 분석하고 해결하며, 고객이 필요로 하는 정보를 예측적으로 제공한다. 이는 단순한 반응형 서비스를 넘어, 고객의 요구를 예측하고 선제적으로 해결하는 선도적인 고객 경험을 제공한다.

3) 글로벌 시장에서의 AI 경쟁 우위 : 지능형 데이터 플랫폼 구축

글로벌 시장에서 AI 기술을 통해 경쟁력을 강화하려면, AI 기술을 데이터 기반으로 최적화하고, AI 데이터 플랫폼을 글로벌 시장에 맞게 구축하는 전략이 필요하다. AI 데이터 플랫폼은 단순히 데이터를 수집하고 저장하는 데 그치지 않고, AI 기술을 통해 실시간 분석, 예측 모델링, 맞춤형 서비스 제공을 가능하게 한다. 이러한 플랫폼은 AI 기업이 글로벌 시장에서 경쟁할 수 있는 핵심 인프라가 된다.

우리는 AI 데이터 플랫폼이 AI 기술을 글로벌 경쟁에서 선도하는 도약대가 될 수 있다는 점을 인식해야 한다. 예를 들어, AI 기반의 빅 데이터 분석을 통해 전 세계의 소비자 행동을 분석하고, AI가 각 시장의 특징을 학습하며, 글로벌 시장에 맞는 맞춤형 솔루션을 제공하는 전략이 필요하다. AI 데이터 플랫폼은 실시간 데이터 수집, 글로벌 데이터 공유, 그리고 다양한 산업별 데이터 분석을 통해 AI 제품의 시장 선도를 가능하게 한다.

이와 같은 AI 데이터 플랫폼을 구축하는 데 있어 중요한 점은 글로벌 데이터 보호와 윤리적 기준을 준수하는 것이다. AI 기술이 글로벌 경쟁력을 가지기 위해서는, 데이터의 윤리적 사용과 데이터 보호가 중요한 문제로 떠오른다. AI 기업은 데이터를 활용한 혁신적인 서비스를 제공할 때, 글로벌 표준을 준수하는 방식으로 데이터를 처리하고, 사회적 책임을 다해야 한다.

4) 창의적 접근 : AI 기반의 사회적 가치 창출을 통한 글로벌 경쟁력 강화

AI 제품이나 서비스의 경쟁력은 기술적 우위뿐만 아니라, 사회적 가치 창출에 얼마나 기여하는가에 따라 달라진다. 글로벌 시장에서 AI 기업이 시장 선도를 하려면, AI 기술을 사회적 가치 창출과 결합하는 전략이 필요하다. 이는 AI 기술을 사회적 문제 해결에 적극적으로 활용하는 혁신적 접근이다.

AI 기반의 사회적 가치 창출을 통해, AI 기업은 사회적 책임을 다하는 기술 혁신을 실현하고, 소셜 임팩트를 창출할 수 있다. 예를 들어, AI 기술을 환경 문제 해결에 활용하는 그린 AI 프로젝트는 기업에게 글로벌 시장에서의 긍정적인 이미지를 심어주며, 사회적 책임을 다하는 기업으로서의 신뢰도를 구축할 수 있다. AI 기반의 에너지 최적화, 탄소 배출 분석 등을 통해 환경적 영향을 줄이는 기술 혁신은 기업의 사회적 책임을 다하는 동시에, 글로벌 시장에서의 경쟁 우위를 창출한다.

5) AI 기반의 혁신적 경쟁력 강화를 위한 창의적 접근

AI 기술을 활용한 제품 혁신과 시장 선도는 기술적 우위를 넘어서, 산업 생태계를 재편성하고, 사회적 가치와 윤리적 책임을 동시에 고려한 지속 가능한 비즈니스 모델을 창출하는 과정이다. AI는 단순히 효율화를 넘어서 산업 경쟁력을 근본적으로 변화시키고, 글로벌 시장에서의 리더십을 창출하는 데 중요한 역할을 한다. AI 기반 제품 혁신, 글로벌 시장에서의 AI 경쟁력 강화, 사회적 가치 창출을 위한 AI 기술 활용은 모두 AI 기술의 무한한 가능성을 여는 열쇠가 될 것이다.

(2) 글로벌 AI 기반 산업 모델 구축

AI 기술은 단순히 산업 혁신을 넘어서, 글로벌 경쟁력을 갖춘 산업 모델을 창출할 수 있는 핵심 동력이다. AI 산업의 발전을 통해 국제적으로 경쟁력을 갖춘 산업 모델을 구축하는 일은 단지 기술적 진보에 그치지 않는다. 이는 산업 생태계, 글로벌 협력, 사회적 책임을 동시에 고려하는 전략적 사고가 필요한 문제다. 글로벌 시장에서 AI 기반 산업 모델이 경쟁력을 갖추기 위해서는, 기술적 혁신과 사회적 가치 창출이 통합된 융합적 접근이 필수적이다. 이제 우리는 AI 기반 산업 모델을 단기적 효과뿐만 아니라 지속 가능한 글로벌 경쟁력을 향상시키는 방향으로 나아가야 한다.

이 글에서는 국제적으로 경쟁력 있는 AI 기반 산업 모델을 구축하기 위한 창의적 접근과 구체적 실행 방안을 제시하고자 한다. 이를 통해 AI 기술이 어떻게 글로벌 경쟁력을 갖춘 산업 모델로 발전할 수 있는지, 그리고 AI가 산업 전반에 걸쳐 혁신적인 패러다임 변화를 이끌어내는 방안을 제시하려 한다.

1) AI와 산업 간 융합: 글로벌 경쟁력을 강화하는 스마트 인프라 구축

AI 기술을 국제적으로 경쟁력 있는 산업 모델로 발전시키기 위해서는, 산업 간 융합을 통한 스마트 인프라 구축이 필수적이다. AI는 단일 산업의 혁신을 넘어서, 산업 간 경계를 허물고, 다양한 산업의 융합적 혁신을 가능하게 만든다. 예를 들어, 스마트 시티, 스마트 농업, 스마트 헬스케어 등의 분야에서 AI를 활용한 융합적 모델을 통해 글로벌 시장에서 경쟁력을 확보할 수 있다.

스마트 시티는 AI 기술을 도시 인프라에 통합하여, 교통, 에너지, 안전, 환경 관리 등을 효율적으로 최적화하는 모델을 만든다. AI 기반의 자율주행차, 에너지 관리 시스템, 스마트 빌딩 등의 요소들은 스마트 시티를 구성하는 핵심 기술로 작용한다. AI는 도시 운영의 효율성을 높이고, 환경적 지속 가능성을 추구하는 데 중요한 역할을 하며, AI 기반 스마트 시티는 글로벌 시장에서의 경쟁력을 강화하는 혁신적 모델이 될 수 있다.

스마트 농업은 AI 기술을 통해 농업의 자동화와 정밀화를 이루는 모델이다. AI 기반의 센서와 드론, 자율주행 농기계를 활용하여 작물의 성장 환경을 실시간으로 모니터링하고, 농업 생산성을 최적화하는 시스템을 구축한다. 이를 통해, AI는 글로벌 농업 시장에서 효율적이고 지속 가능한 생산 모델을 만들어낼 수 있다.

2) AI를 활용한 글로벌 가치 사슬 혁신 : 국제적 협력과 공급망 최적화

AI 기반 산업 모델은 글로벌 가치 사슬(Global Value Chain)에서의 혁신을 통해 국제적으로 경쟁력 있는 산업 모델을 구축할 수 있다. AI 기술을 공급망 최적화와 국제적 협력에 적극 활용하면, 산업 효율성을 높이고 비용 절감을 이루며 글로벌 시장에서의 경쟁력을 강화할 수 있다.

AI는 공급망 관리에 실시간 데이터 분석을 제공하고, 수요 예측과 물류 최적화를 통해 효율적인 자원 배분을 가능하게 한다. 예를 들어, AI 알고리즘은 수요 예측에 기반하여 생산 계획과 재고 관리를 자동화하고, 실시간으로 변화하는 시장 조건에 맞춰 공급망을 최적화한다. AI 기반 공급망 최적화는 글로벌 시장에서의 경쟁력을 높이는 데 중요한 요소로 작용할 수 있다.

또한, AI 기술을 통해 국제적 협력을 강화하는 전략도 필요하다. AI 기업과 글로벌 산업 파트너가 AI 혁신 프로젝트에서 협력하여, AI 기술을 기반으로 공급망의 효율성을 높이고, 산업 전반에 걸쳐 기술 혁신을 이끌어낼 수 있다. 예를 들어, 글로벌 기업들이 협력하여 AI 기반 데이터 공유와 기술 표준화를 추진하면, 글로벌 공급망에서의 효율성과 신뢰성을 높일 수 있다.

3) AI 혁신 허브와 글로벌 스타트업 지원 : 산업 생태계와 혁신 네트워크 구축

AI 기술을 활용한 산업 혁신을 글로벌 경쟁력으로 전환하기 위해서는, AI 혁신 허브와 스타트업 지원이 중요한 전략적 요소로 작용한다. AI 혁신 허브는 AI 연구소, 산업 파트너, 스타트업이 협력하는 산업 생태계를 구축하는 플랫폼이다. 이 허브를 통해 AI 기술 개발과 산업화를 가속화하고, 글로벌 기업과의 협력을 통해 AI 산업의 글로벌 경쟁력을 높일 수 있다.

AI 혁신 허브는 기술 개발뿐만 아니라 산업 확장을 위한 창의적 지원을 제공해야 한다. 예를 들어, AI 스타트업이 글로벌 시장에 빠르게 진입할 수 있도록 전략적 투자, 마케팅, 국제적 유통 네트워크를 지원하는 방식이다. 이를 통해 AI 스타트업은 기술 혁신을 넘어 산업화와 시장 확대를 동시에 이루어낼 수 있다.

또한, AI 혁신 허브는 산업 간 협업과 국제적 파트너십을 통해 글로벌 시장에서의 리더십을 발휘할 수 있는 중요한 역할을 한다. 예를 들어, AI 기업과 글로벌 산업 파트너가 AI 기술을 글로벌 시장에 맞게 지역별 맞춤화하고, 산업화를 촉진하는 방식으로 AI 산업의 글로벌 경쟁력을 높여야 한다.

4) AI 기술을 통한 사회적 가치 창출 : 지속 가능한 글로벌 경쟁력 강화

AI 산업에서 글로벌 경쟁력을 강화하기 위해서는 기술 혁신뿐만 아니라, 사회적 가치 창출이 반드시 뒷받침되어야 한다. AI 기술은 사회적 문제 해결과 지속 가능한 발전을 위한 강력한 도구가 될 수 있다. AI 기업은 사회적 책임을 다하는 지속 가능한 기술 개발을 통해 글로벌 시장에서 긍정적인 이미지를 얻을 수 있다.

AI 기술을 활용한 지속 가능한 제품과 서비스는 글로벌 시장에서 차별화된 경쟁력을 발휘할 수 있다. 예를 들어, AI 기반의 환경 관리 시스템을 통해 탄소 배출 감소와 에너지 효율화를 목표로 한 제품을 개발하면, 사회적 가치를 창출하면서 산업 경쟁력을 강화할 수 있다. AI 기반의 친환경 기술은 지속 가능성과 사회적 책임을 동시에 고려하는 AI 산업 모델을 만들어내며, 글로벌 시장에서 사회적 가치를 중시하는 기업으로서 경쟁력을 확보할 수 있다.

5) 창의적이고 지속 가능한 AI 기반 산업 모델 구축

AI 기술을 통한 산업 경쟁력 강화는 단순한 기술 혁신을 넘어서, 산업 전반의 혁신적 변화를 이끄는 전략적 접근이 필요하다. 산업 간 융합, 글로벌 협력, AI 혁신 허브 구축, 그리고 지속 가능한 AI 제품 개발을 통해 국제적으로 경쟁력 있는 산업 모델을 구축할 수 있다. AI는 더 이상 기술의 도구에 그치지 않고, 산업 경쟁력을 강화하고, 사회적 책임을 다하는 지속 가능한 혁신을 이끄는 핵심 동력이다.

AI 기반 산업 모델을 통해 산업 경쟁력을 강화하고, 글로벌 시장에서 리더십을 발휘할 수 있는 창의적이고 혁신적인 접근이 필요하다. 이를 위해서는 기술 혁신과 사회적 가치 창출이 동시에 실현되는 지속 가능한 AI 산업 모델을 만들어가는 것이 중요하다. AI 기술은 미래 산업의 경쟁력을 높이는 핵심 요소가 될 것이며, 이를 활용한 창의적인 산업 모델은 글로벌 시장에서의 우위를 확보하는 길이 될 것이다.

3. 산업별 AI 혁신 사례

(1) 스마트 팩토리 및 자동화

제조업은 전통적으로 효율성과 생산성을 중시해왔으며, 자동화와 기계화는 그 핵심적인 특징이었다. 하지만 현재의 기술 환경에서 AI 기반 스마트 팩토리와 자동화 시스템은 단순한 기술적 진보를 넘어서, 산업 패러다임의 근본적인 변화를 이끌어가고 있다. AI가 제조업에 미치는 영향은 단순히 자동화나 효율성을 개선하는 것에 그치지 않는다. 그것은 제조업의 디지털화와 지능화를 촉진하며, 산업의 전반적인 생산 구조를 혁신하고 산업 가치를 재정립하는 창의적 기회로 작용한다. 이제 우리는 AI가 스마트 팩토리와 자동화에서 어떻게 새로운 시장 기회를 창출하고 있는지, 그리고 그것이 어떻게 제조업을 혁신적으로 변화시키고 있는지 살펴보자.

1) 스마트 팩토리 : AI 기반의 자율적 제조 시스템

스마트 팩토리는 AI와 사물인터넷(IoT), 빅 데이터와 클라우드 컴퓨팅의 융합을 통해 제조업의 자동화를 한 차원 더 진화시킨 개념이다. AI 기반의 스마트 팩토리는 디지털화된 생산 시스템을 통해 실시간 데이터 분석, 예측 유지보수, 생산 최적화 등을 수행할 수 있는 자율적 시스템을 구성한다. AI는 공장 운영의 핵심을 자동화할 뿐만 아니라, 제조 공정의 모든 단계를 모니터링하고, 이를 바탕으로 자율적 의사결정을 내리며 비효율성을 제거한다.

스마트 팩토리에서 AI의 핵심 역할은 자율적 의사결정에 있다. 예를 들어, AI 시스템은 생산 과정에서 비정상적인 변동을 감지하고, 자동으로 공정 조정을 할 수 있다. AI 기반 예측 분석은 기계 고장을 사전에 예측하고, 이를 기반으로 예방 정비를 하여 비용 절감과 다운타임을 최소화한다. 이러한 시스템은 수동적인 생산 관리에서 벗어나, 자율적이고 지능적인 공정 관리로의 진화를 가능하게 한다.

스마트 팩토리는 AI를 통해 실시간 모니터링과 자동화된 제어 시스템을 통해 효율적이고 자율적인 생산 환경을 구축한다. 예를 들어, AI가 공장 내 모든 장비와 센서에서 나오는 데이터를 실시간으로 분석하여 생산 공정을 최적화하고, 기계 고장을 예측하며, 자원 배분을 효율적으로 조정한다. 스마트 팩토리는 더 이상 수동적 관리를 넘어서, 지능형 자동화를 통한완전한 자율 생산 시스템으로 진화하고 있다.

2) AI 기반 생산 최적화 : 데이터의 새로운 가치 창출

AI 기반 스마트 팩토리의 또 다른 혁신적인 측면은 데이터 분석을 통한 생산 최적화이다. 기존에는 제조 공정에서 발생하는 데이터를 단순히 기록하거나 모니터링하는 데 그쳤다면, AI는 이 데이터를 실시간으로 분석하고 의미 있는 인사이트를 도출한다. AI 기반 데이터 분석은 수동적 데이터 수집에서 자율적 데이터 활용으로의 패러다임 전환을 이끌어낸다.

AI는 생산 데이터를 실시간으로 처리하고, 고도화된 예측 분석을 통해 효율성을 극대화한다. 예를 들어, AI 알고리즘은 생산 라인에서 발생하는 불량률을 분석하고, 불량 원인을 실시간으로 감지하며, 자동으로 교정하는 시스템을 구축한다. 이는 불량률 감소뿐만 아니라, 품질 개선과 생산성 향상을 동시에 이끌어낸다. 또한, AI는 생산 과정에서의 리소스 활용을 최적화하여, 원자재 소모를 최소화하고, 에너지 사용 효율을 극대화할 수 있다.

3) 창의적이고 혁신적인 모델 : AI와 인공지능 로봇의 협력

제조업에서의 AI 혁신은 인공지능 로봇과 AI 시스템의 협력으로 더 한층 강화될 수 있다. 로봇은 전통적인 자동화에서 AI의 도입으로 자율적 사고와 결정 능력을 가질 수 있는 수준까지 발전했다. AI 로봇은 단순한 반복 작업을 넘어, 복잡한 생산 공정을 스스로 학습하고 최적화할 수 있는 능력을 갖춘다. AI 로봇은 인간과 함께 작업을 하며, 협업적 환경에서 생산성을 극대화할 수 있다.

AI 로봇과 인공지능 시스템이 융합된 스마트 팩토리에서는 로봇이 AI 시스템의 지능적 지침을 받아, 반복적 작업을 넘어 지속적으로 학습하고, 스스로 생산성을 높일 수 있는 방법을 찾아낸다. 예를 들어, AI 로봇은 생산 라인에서 인간과 함께 협력하며 정밀한 조정 작업을 수행하거나, 비상 상황에서 AI의 예측 분석을 바탕으로 위험을 예방하는 역할을 한다.

4) 인간 중심의 스마트 팩토리 : AI와 인간의 협업을 통한 지속 가능한 모델

AI 기반의 스마트 팩토리는 자동화와 효율성을 극대화할 수 있지만, 그 핵심에는 인간 중심의 협업 모델이 필요하다. AI와 로봇이 자동화된 작업을 수행하는 동안, 인간 노동자는 AI와 협력하여 창의적 문제 해결이나 복잡한 판단을 요구하는 업무를 맡는다. 이러한 모델은 AI의 지능을 사람의 직관과 창의성과 결합시켜 더 나은 생산성과 품질을 창출할 수 있다.

예를 들어, AI가 자동화된 작업을 효율적으로 수행하면서, 인간은 고객 맞춤형 주문 생산이나 복잡한 설계 수정을 통해 생산 라인의 유연성을 높인다. AI는 기계 고장 예측이나 효율적 생산 계획 수립을 담당하고, 인간 노동자는 상황에 맞는 창의적 판단을 내리며, 스마트 팩토리의 유연성과 효율성을 동시에 극대화하는 것이다. AI와 인간의 협업적 작업을 통해 스마트 팩토리는 더욱 지속 가능하고 혁신적인 생산 모델로 나아갈 수 있다.

5) 제조업의 미래, AI와의 융합을 통한 창의적 혁신

AI 기술을 통한 스마트 팩토리와 자동화의 혁신은 제조업의 경쟁력을 강화하고, 산업 구조의 패러다임을 완전히 변화시키는 중요한 기회이다. AI는 단순한 효율화와 자동화를 넘어서, 산업 전반에

걸쳐 혁신적 변화를 이끌어가며, 글로벌 시장에서 경쟁력 있는 산업 모델을 구축하는 핵심 동력이다. AI 기술을 활용한 스마트 팩토리는 산업 간 융합, AI 로봇과 인공지능 시스템의 협력, 그리고 인간 중심의 협업을 통해 지속 가능한 산업 혁신을 이루는 길을 제시한다. AI 기반 스마트 팩토리는 단지 기술적 혁신을 넘어, 산업의 미래를 지속 가능하고 혁신적인 방식으로 이끌어가는 전략적 자산이 될 것이다.

(2) 금융 : AI 리스크 관리

금융 산업에서의 AI 기반 리스크 관리는 단순히 위험을 감지하고 회피하는 수준을 넘어서, AI 기술을 통해 리스크를 예측하고 최적화된 대응 방안을 제시하는 혁신적인 과정으로 발전하고 있다. 기존의 리스크 관리 시스템은 데이터 분석과 통계적 모델링에 의존해왔지만, 이제는 AI를 통해 정확한 예측, 자율적 대응, 그리고 지능적 의사결정을 가능하게 하고 있다. 이 글에서는 금융 산업에서의 AI 기반 리스크 관리가 어떻게 혁신적이고 창의적인 방식으로 적용될 수 있는지, 그리고 AI를 활용해 리스크 관리를 지능적이고 효율적으로 혁신할 수 있는 창의적인 접근법을 제시한다.

1) AI와 금융 리스크 관리의 미래 : 예측 가능하고 자율적인 시스템

AI 기반 리스크 관리의 가장 큰 혁신은 리스크 예측과 자율적 대응의 가능성이다. 기존의 리스크 관리 시스템은 과거의 데이터를 기반으로 위험을 분석하고, 미래의 위험을 예측하기 위해 통계적 방법에 의존했다. 하지만 AI는 기계학습과 딥러닝을 통해 실시간 데이터와 복잡한 패턴을 분석하여, 위험을 예측하고 미래의 리스크를 더욱 정확하게 예측할 수 있다. 이 과정에서 중요한 점은 AI가 과거의 단기적 패턴을 넘어서, 장기적인 트렌드와 예기치 못한 상황을 예측하는 능력을 가지고 있다는 것이다.

AI는 금융 리스크 관리 시스템에서 리스크 평가를 정교하게 예측하고, 위험의 확률을 실시간으로 계산하는 능력을 갖추고 있다. 예를 들어, AI 기반의 알고리즘은 주식 시장, 환율 변동, 금리 변화, 기업 재정 상태등 다양한 변수를 실시간으로 반영하여 시장 리스크를 예측하고, 위험이 발생할 가능성이 높은 상황을 실시간으로 파악할 수 있다. 또한, AI는 시장에 갑작스럽게 발생한 충격에 대해서도 적극적으로 반응할 수 있는 능력을 갖추고 있어, 예기치 못한 리스크를 조기에 감지하고 자동으로 대응할 수 있다.

　이와 같은 AI의 리스크 예측 능력은 단지 위험 관리에 그치지 않고, 리스크를 최소화하는 경영 전략을 자동화하는 데까지 확장될 수 있다. AI 시스템은 위험 분석에 그치지 않고, 위험을 줄이는 최적화된 대응책을 자동으로 제시하고 실행할 수 있는 지능형 시스템으로 발전할 수 있다. 예를 들어, AI 리스크 관리 시스템은 금융 시장에서 급격한 변동성을 감지하고, 자산 배분과 리스크 헤징 전략을 실시간으로 자동 조정하여 리스크를 분산하고 위험을 최소화할 수 있다.

2) AI를 활용한 신용 리스크 관리 : 보다 정교한 고객 평가와 맞춤형 리스크 대응

　신용 리스크 관리에서 AI는 단순한 신용 점수 기반의 평가를 넘어, 개인화된 신용 분석과 맞춤형 리스크 관리 시스템을 구축할 수 있다. 전통적인 신용 평가 시스템은 고정된 기준과과거의 신용 기록에 의존하여 위험을 예측했다. 그러나 AI 기술을 활용하면 개인화된 신용 리스크를 보다 정교하게 분석하고, 정확한 리스크 평가를 할 수 있다.

　AI 시스템은 고객의 재정 상태, 소득 변화, 지출 패턴, 소셜 미디어 활동, 온라인 거래 기록등 다양한 비금융 데이터까지 분석하여 신용 리스크를 평가한다. 이러한 데이터 분석은 기존의 고정된 신용 점수 시스템을 넘어서는 정교한 신용 평가를 가능하게 한다. AI 기반의 신용 평가 시스템은 고객의 신용 위험을 더 정확하게 분석할 수 있으며, 리스크 대응 전략을 개인화된 방식으로 제시할 수 있다. 예를 들어, AI는 소득 변화와 소비 패턴을 분석하여, 미래의 상환 가능성을 예측하고, 리스크가 높은 고객에게 맞춤형 대출 조건을 제시하거나 대출 한도를 조정할 수 있다.

AI는 또한 신용 리스크를 관리하는 데 있어서 자율적인 의사결정 시스템을 만들 수 있다. 예를 들어, AI 시스템은 고객의 실시간 데이터를 분석하고, 상환 능력을 예측하여 대출 승인 여부를 자동으로 결정하거나, 대출 상환 일정을 조정하는 등 개별 리스크에 맞춘 대응책을 자동으로 실행할 수 있다.

3) AI 기반 시장 리스크 예측 : 자율적 대응과 실시간 반응

AI는 시장 리스크를 실시간으로 예측하고 대응하는 데 있어서 획기적인 역할을 할 수 있다. 금융 시장에서 발생할 수 있는 변동성이나 충격은 예측이 어렵고, 기존 시스템으로는 빠르게 반응하기 어려운 경우가 많다. 그러나 AI 기반의 예측 모델은 빅 데이터를 활용하여 시장 리스크를 실시간으로 분석하고, 미래의 변동성을 예측하는 데 뛰어난 능력을 발휘할 수 있다.

AI 시스템은 실시간으로 수집되는 데이터를 분석하여, 금융 시장에서 발생할 수 있는 위험 요소를 자동으로 감지하고, 위험도를 예측할 수 있다. 예를 들어, AI는 주식 시장에서의 미세한 변화나 외환 시장에서의 비정상적인 패턴을 감지하고, 위험이 커질 가능성을 예측하며, 사전 예방을 위한 대응책을 제시한다. AI 기반 시장 리스크 예측 시스템은 AI 알고리즘을 통해 시장 변동성을 실시간으로 추적하고, 자동적으로 경고를 발령하며, 위험 관리를 할 수 있다.

4) AI와 금융 사기 탐지 : 실시간 의심 거래 식별과 자율적 대응

AI는 사기 탐지에서 그 기능을 넘어 실시간 대응 시스템으로 작용할 수 있다. AI 시스템은 금융 거래 데이터를 실시간으로 분석하여, 사기성 거래를 자동으로 감지하고, 즉각적으로 대응할 수 있는 능력을 제공한다. 기존의 사기 탐지 시스템은 과거의 데이터를 기반으로 사기 패턴을 분석하고, 일정 기준을 넘어서면 사기 가능성을 경고하는 방식이었다. 하지만 AI는 실시간 데이터 분석과 자율적인 학습 능력을 통해 새로운 사기 패턴을 즉각적으로 감지하고, 위험을 사전에 예방할 수 있다.

AI 기반 사기 탐지 시스템은 트랜잭션 데이터를 분석하여 이상 거래나 불법적인 행동을 실시간으로 탐지하고, 즉각적인 대응을 위한 알고리즘을 실행한다. 예를 들어, AI는 대출 신청시 발생할 수 있는 위험 요소를 감지하고, 알고리즘을 통해 자동으로 신용 평가를 조정하거나 대출 거부 결정을 내린다. 이를 통해 사기성 거래를 빠르게 차단하고, 금융 기관의 리스크를 최소화하는데 기여할 수 있다.

5) AI 기반 리스크 관리의 미래

AI 기반 리스크 관리는 금융 산업에서 위험을 예측하고 관리하는 방식의 근본적인 혁신을 이끌고 있다. 기존의 리스크 관리 시스템은 데이터 분석에 의존했지만, AI는 실시간 데이터 분석과 예측 모델링을 통해 위험을 선제적으로 관리하고, 자율적 대응 시스템을 구축함으로써 리스크 관리를 효율적이고 혁신적인 방향으로 이끌어간다. AI의 발전과 기계학습을 통해, 금융 시장에서의 리스크 관리는 예측 가능하고 자동화된 시스템으로 진화하며, 사기 탐지, 신용 리스크 관리, 시장 리스크 예측 등에서 혁신적 해결책을 제공한다. AI 기반 리스크 관리는 더 이상 위험을 단순히 감지하는 차원을 넘어서, 자율적이고 지능적인 리스크 관리 시스템으로 금융 시장의 안정성과 효율성을 높이고 있다.

(3) 의료 : AI 진단 및 치료 혁신

　의료 산업에서 AI 기술의 혁신은 단순한 도구의 활용을 넘어, 치료의 패러다임을 근본적으로 변화시키고 있다. AI 진단 시스템은 이제 의사의 보조 역할을 넘어서, 의료 결정의 주요 파트너로 자리 잡고 있으며, AI 기반 치료법은 기존의 치료 방식을 넘어서는 가능성을 열어주고 있다. 하지만 AI 의료 혁신은 기술적 발전에 그치지 않는다. 그것은 의료 생태계를 전반적으로 변화시키며, 환자 경험을 개선하고, 의료 접근성을 확대하는 지속 가능한 시스템으로 발전해야 한다. 이 글에서는 AI 진단 및 치료 혁신이 의료 산업에서 어떻게 근본적인 변화를 이끌어내고 있는지, 그리고 그것이 사회적 가치 창출을 통해 환자 중심의 혁신적 모델로 나아가는 방안을 창의적이고 혁신적으로 제시하고자 한다.

1) AI 진단 : 데이터 분석을 통한 정밀 의료의 새로운 시대

　AI 진단은 의료 산업의 가장 혁신적인 영역 중 하나로, 기존의 수동적인 진단 시스템을 정밀하고 실시간으로 반응하는 지능형 시스템으로 탈바꿈시키고 있다. 과거에는 의사들이 의료 영상, 실험실 데이터, 신체 검사 등을 바탕으로 진단을 내렸다면, 현재 AI는 빅데이터와 딥러닝을 활용해 방대한 양의 데이터를 실시간으로 분석하여 정확한 진단을 제공하고 있다.

　AI는 초음파, CT, MRI 등의 의료 영상에서 정확한 패턴 분석을 통해, 질병의 초기 징후나 미세한 변화를 감지할 수 있다. 예를 들어, AI 기반 영상 분석 시스템은 심장 질환이나 암과 같은 고위험 질환을 조기에 발견하고, 이를 바탕으로 치료 방안을 제시할 수 있다. AI는 의사에게 상세한 정보와 정확한 분석 결과를 제공해 진단의 정확도를 높이고, 의료 오류를 줄이는 중요한 역할을 한다.

　AI 진단 시스템은 또한 실시간 데이터 분석을 통해 의료 환경에서 환자 상태를 지속적으로 모니터링하고, 급변하는 건강 상태에 즉시 반응할 수 있다. 예를 들어, AI 시스템은 환자의 심박수, 혈압, 체온 등의 데이터를 실시간으로 분석하여, 위험 신호를 즉시 감지하고 의료진에게 경고를 발송한다. 이는 응급 상황에서 즉각적인 대응을 가능하게 하며, 환자 생명을 구할 수 있는 기회를 제공한다.

2) AI 기반 맞춤형 치료 : 개인화된 치료법의 실현

AI는 개인화된 치료를 가능하게 하는 핵심 기술로 자리잡고 있다. 전통적인 의료는 일반적인 치료법을 모든 환자에게 동일하게 적용했지만, AI 기반 치료는 환자 개인의 유전자, 건강 이력, 생활 습관 등을 분석하여 맞춤형 치료법을 제공한다. AI는 각 환자의 특수한 의료 정보를 정확히 반영하고, 이를 바탕으로 효율적인 치료 계획을 수립할 수 있다.

예를 들어, AI 시스템은 환자의 유전자 데이터를 분석하여, 특정 약물에 대한 반응을 예측하고, 개인화된 약물 조합을 제시할 수 있다. AI 기반의 유전자 분석을 통해, 각 환자에게 적합한 약물을 정확히 선택할 수 있으며, 이는 치료 효율을 높이고, 부작용을 최소화하는 효과를 가져온다. AI는 환자의 면역 반응을 분석하여, 면역 치료의 효과성을 높이는 전략을 제공하고, 개인화된 면역 치료 계획을 수립할 수 있다.

이뿐만 아니라, AI 기반의 치료 시스템은 치료 경과를 실시간으로 모니터링하고, 상황에 맞게 치료 계획을 동적으로 수정할 수 있다. 예를 들어, 암 환자의 경우 AI 시스템은 종양의 반응을 모니터링하고, 치료 효과를 실시간으로 평가하여 최적의 치료 방법을 제시한다. 이는 기존의 표준 치료에서 벗어나 환자 맞춤형 치료로 진화하는 과정이다.

3) AI와 의료 로봇 : 수술의 혁신적 접근

AI와 의료 로봇의 결합은 의료 산업의 미래를 혁신적으로 변화시킬 핵심 요소로 떠오르고 있다. AI 기반 로봇 수술 시스템은 기존의 수술 도구를 넘어, 정밀한 수술을 가능하게 하며, 수술 실패율을 현저히 줄이고, 환자 회복을 가속화한다. AI와 로봇 기술의 결합은 수술의 정확성을 극대화하며, 수술 중 발생할 수 있는 실수를 자동으로 수정하거나 예방할 수 있는 능력을 제공한다.

예를 들어, AI 로봇 수술 시스템은 실시간 영상 분석과 기계학습을 통해 수술 부위의 정확한 위치를 식별하고, 미세한 조정을 통해 수술의 정확성을 높인다. AI는 로봇 수술 도구를 실시간으로 제어하고, 다양한 생리학적 데이터를 분석하여 정확한 수술 계획을 제시한다. 이 시스템은 수술 중 실시간 피드백을 통해 의사가 정확한 결정을 내릴 수 있도록 지원하며, 복잡한 수술에서도 실수를 줄이고 효율적인 수술을 가능하게 한다.

이러한 AI 기반 수술 시스템은 수술 후 회복 시간을 단축시키고, 환자 치료의 질을 크게 향상시키는 역할을 한다. 또한, AI 로봇 수술은 정밀한 수술을 가능하게 함으로써 환자의 생존율을 높이는 중요한 기여를 할 수 있다.

4) AI와 원격 의료 : 접근성 향상과 효율적 치료 제공

AI 기술은 원격 의료에서 치료 접근성을 획기적으로 개선하는 역할을 한다. AI 기반의 원격 의료 시스템은 의료 서비스의 지역적 한계를 뛰어넘어, 의료 전문가의 접근이 어려운 지역에서 실시간으로 진단과 치료를 제공할 수 있다. 특히 AI 영상 분석과 음성 인식 시스템을 통해, 원격 의료는 정확한 진단과 빠른 치료가 가능해진다.

예를 들어, AI 기반 원격 진단 시스템은 의료 영상이나 환자의 증상을 분석하여 실시간으로 진단을 내리고, 이를 통해 의사는 환자에게 필요한 조치를 즉시 취할 수 있다. AI는 비대면 진료 시스템을 통해 국내외 환자에게 정확하고 효율적인 치료법을 제공하며, 의료 자원 부족 문제를 해결하는 데 중요한 역할을 한다.

AI 원격 진료 시스템은 또한, 의료 전문가가 부족한 농촌 지역이나 개발도상국에서 고품질 의료 서비스를 제공하는 데 중요한 기여를 한다. 이를 통해 AI 기술은 의료 접근성을 향상시키고, 모든 환자에게 동등한 치료 기회를 제공하는 데 중요한 역할을 한다.

5) AI 기반의 의료 혁신, 사회적 가치 창출의 핵심

AI 진단과 AI 치료 혁신은 의료 산업의 경쟁력을 강화하고, 환자 중심의 의료 서비스를 제공하는 중요한 기회다. AI 기술은 정밀 의료, 맞춤형 치료, 원격 의료, 로봇 수술 등을 통해 의료 산업의 패러다임을 변화시키고, 사회적 가치 창출에 중요한 역할을 한다. AI는 단순한 기술 혁신을 넘어서, 모든 사람에게 동등한 치료 기회를 제공하는 사회적 책임을 다하는 중요한 도전과 기회를 제공한다.

AI 기반 의료 혁신은 기술적 발전뿐만 아니라, 사회적 가치와 지속 가능한 발전을 위한 핵심 동력으로 자리잡을 것이다. 이를 통해 우리는 정확한 진단과 효율적인 치료를 가능하게 하며, 의료 접근성을 향상시키고, 글로벌 시장에서의 경쟁력을 갖춘 AI 기반 의료 산업을 선도할 수 있을 것이다.

제4장
AI가 교육 혁명에 미치는 영향

1. AI 기반 맞춤형 학습 시스템

(1) 맞춤형 교육의 필요성

　AI 기술이 교육 산업에 미치는 영향을 논할 때, 가장 중요한 혁신 중 하나는 맞춤형 학습 시스템의 도입이다. 과거의 교육 방식은 하나의 교과과정을 모든 학생에게 일괄적으로 제공하는 형태였다. 이러한 시스템은 학생들의 개별 차이를 반영할 수 없었고, 학습 격차를 심화시키는 결과를 낳았다. 그러나 AI 기반 맞춤형 학습 시스템은 학생 한 명, 한 명의 특성과 학습 스타일을 반영하여, 그들이 최적의 교육을 받을 수 있는 경로를 제시하는 혁신적인 방법을 제시하고 있다. 이는 단순히 학습 효율성을 높이는 것을 넘어서, 학생의 잠재력을 최대로 이끌어내는 창의적인 교육 방식이다.

1) 맞춤형 교육의 필요성 : 개인화된 학습의 가치

　맞춤형 교육은 단순히 학생의 학습 수준에 맞춘 교육이 아니다. 진정한 의미의 맞춤형 교육은 학생 개개인의 잠재력과 흥미, 학습 패턴을 반영하여, 각기 다른 학습 경로를 제시하는 것이다. AI는 학생들이 처한 학습 상황과 개별적인 요구 사항을 실시간으로 분석하고, 이를정교하게 조정하여 학습 효과를 극대화한다. 학생마다 다르게 설정된 학습 경로는 자기 주도 학습을 촉진하며, 개인의 성취감을 극대화하는 데 기여한다.

AI 기반 맞춤형 학습 시스템은 학생의 학습 스타일과 진도, 선호도를 반영하여, 적합한 학습 자료를 자동으로 제공한다. 예를 들어, 시각적 학습자에게는 시각적 자료나 동영상 학습을 제시하고, 청각적 학습자에게는 오디오 자료를 추천하는 식이다. 또한, 학생의 학습 진척도를 실시간으로 추적하고, 학습 속도에 맞춰 맞춤형 피드백을 제공한다. 이러한 과정에서 학생은 자기주도적 학습을 강화하고, 자신만의 학습 전략을 개발할 수 있다.

그러나 맞춤형 교육이 중요한 이유는 단순히 학생들이 빠르게 학습하도록 돕는 것에 그치지 않는다. 그것은 학생들이 자기 자신을 이해하고, 자신이 잘하는 것과 어려워하는 것을 파악하여 개인적인 목표를 설정할 수 있도록 돕는 것이다. AI는 학생에게 강점과 약점을 분명히 인식시켜주며, 이를 바탕으로 맞춤형 목표 설정을 유도하고, 진행 상황을 주기적으로 평가하여 실행 가능한 목표를 제공한다.

2) AI와 학습 데이터 : 정확한 진단과 실시간 피드백

AI 기반 맞춤형 학습 시스템의 핵심은 학습 데이터에 있다. 전통적인 학습에서는 학생이 일련의 시험과 평가를 통해 진도 체크를 하지만, AI는 실시간 데이터를 분석하여 학생의 이해도와 진도를 매 순간 파악한다. AI 시스템은 학생의 학습 패턴, 정답률, 오답 유형 등을 분석하여, 학생이 어느 부분에서 어려움을 겪고 있는지를 빠르게 진단하고, 이를 맞춤형 피드백으로 전달한다.

예를 들어, AI 학습 시스템은 학생이 문제를 풀 때 그 풀이 과정을 분석하여 어디서 실수가 발생했는지를 실시간으로 감지하고, 그에 맞는 추가 학습 자료를 제공한다. AI 시스템은 학생의 학습 경향을 추적하고, 그에 맞는 개인화된 경로를 제시하여, 학생이 어려운 개념에 대해 효과적인 복습 방법을 찾을 수 있도록 돕는다. 이러한 데이터 기반 학습은 학생에게 실시간 피드백을 제공하며, 학습 속도에 맞는 적절한 조정을 가능하게 한다.

3) 학생의 개별 목표와 맞춤형 학습 경로 설정

AI는 학습자의 목표 설정과 개별 학습 경로 설정을 동기화시킬 수 있는 중요한 도구다. 학생마다 다르게 설정된 목표는 그들의 개인적인 성장과 진학 목표를 반영하여, AI 시스템이 개별적인 맞춤형 경로를 제시할 수 있다. 예를 들어, AI는 학생이 수학, 과학, 언어 분야에서 개별적으로 설정한 목표에 맞춰 학습 방향을 제시한다.

더 나아가, AI 시스템은 학생이 짧은 시간 안에 높은 성과를 달성할 수 있도록 도와준다. AI는 학생의 약점을 빠르게 분석하고, 다양한 교육 자원을 통해 해당 분야에서 개인화된 연습 문제를 제공함으로써, 학생이 학습 효율을 극대화할 수 있도록 돕는다. 이로 인해 학생은 스스로 학습 진도를 조절하고, 자기주도적으로 목표를 달성할 수 있는 능력을 기른다.

4) AI 기반 학습 시스템의 사회적 역할 : 학습 격차 해소와 공정한 교육 기회 제공

AI 기반 맞춤형 학습 시스템의 가장 중요한 사회적 역할은 교육 격차 해소에 있다. 전 세계적으로 학습 격차는 경제적 배경, 지역적 차이, 문화적 차이에 따라 크게 달라진다. 그러나 AI는 이러한 격차를 효과적으로 해소할 수 있는 혁신적인 방법을 제공한다. AI 기반 학습 시스템은 학습 자료와 피드백을 실시간으로 개인화하여 저소득층 학생이나 지역적 제약을 받는 학생들에게 동등한 교육 기회를 제공할 수 있다.

AI 학습 시스템은 또한 언어 장벽을 넘어서기 위한 강력한 도구가 된다. 다국어 지원이 가능한 AI 시스템은 비영어권 국가의 학생들이 다양한 교육 콘텐츠에 접근할 수 있도록 돕는다. 예를 들어, AI는 실시간 번역과 언어 이해를 통해, 다양한 국가의 학생들이 세계적인 교육 자원에 접근할 수 있도록 한다. 이로 인해 글로벌 교육 기회가 모든 학생에게 평등하게 제공되며, 지리적이나 경제적 제약을 받지 않는 공정한 교육 환경이 마련된다.

5) 창의적 접근 : AI와 학생의 감성적 학습 경험 연결

AI 기반 맞춤형 학습 시스템이 기술적 효율성에만 집중해서는 안 된다. 진정한 AI 학습 혁신은 학생들의 감성적 학습 경험과 연결될 때, 더욱 창의적이고 효율적인 학습을 만들어낸다. AI 학습 시스템은 학생의 감성적 상태를 모니터링하고, 학습 의욕을 높일 수 있는 방법을 제시하는 데 중요한 역할을 해야 한다. 예를 들어, AI 시스템은 학생의 피로도나 스트레스 수준을 실시간으로 분석하고, 학습 세션을 적절하게 조정하는 기능을 제공할 수 있다.

AI 기반 학습 시스템은 게임화 요소를 도입하여 학생의 학습 참여도를 높이고, 긍정적인 피드백을 통해 학습 의욕을 자극한다. AI는 학생이 목표를 달성할 때마다 즉각적인 보상을 제공하고, 학습 여정을 추적하여 긍정적 강화를 통해 학습의 즐거움을 높인다. 이 과정에서 학생은 자기 주도적인 학습을 할 수 있게 되며, 학습의 즐거움과 성취감을 경험하게 된다.

6) AI 기반 맞춤형 학습 시스템의 미래

AI 기반 맞춤형 학습 시스템은 기술적 혁신을 넘어, 교육의 본질적인 변화를 이끌어내는 혁신적 모델로 자리잡고 있다. AI 기술은 학생의 학습 진도와 개별 요구사항을 실시간으로 파악하고, 정확한 진단과 맞춤형 피드백을 제공함으로써 학생 개개인의 잠재력을 극대화하는 중요한 역할을 한다. 또한, AI는 교육 격차 해소와 공정한 교육 기회 제공을 통해 글로벌 교육 평등을 실현하는 데 기여한다. AI 기반 학습 시스템은 감성적 학습 경험과 기술적 효율성을 결합하여, 학생들이 스스로 학습 목표를 달성할 수 있는 환경을 제공하며, 미래 교육의 창의적 혁신을 이끌어갈 것이다.

(2) AI 튜터링 시스템

AI 튜터링 시스템은 개인화된 학습의 새로운 시대를 열어주고 있다. 21세기 교육에서 기술의 역할은 이제 단순히 디지털 교재나 온라인 강의에 그치지 않는다. AI 튜터링 시스템은 학생 개개인의 학습 특성, 속도, 수준을 실시간으로 파악하고, 이를 바탕으로 맞춤형 학습 계획을 제공하며, 효율적인 학습을 위한 최적의 경로를 제시한다. 이는 기존의 수동적 교육에서 벗어나, 학생 중심의 능동적이고 창의적인 학습으로의 혁신적인 전환을 가능하게 한다. AI는 단순히 정보를 제공하는 도구가 아니다. AI는 학생들이 더 나은 학습을 할 수 있도록 도와주는 동반자이자 문제 해결자로서, 학습 효율을 극대화하는 핵심적인 역할을 한다.

1) AI 튜터링 시스템의 기본 원리 : 개인화된 학습 경험

AI 튜터링 시스템의 가장 중요한 특징은 개인화된 학습이다. 각 학생은 자기만의 학습 스타일, 강점, 약점, 선호하는 학습 방법이 존재한다. 전통적인 교육 시스템은 모든 학생에게 동일한 학습 경로를 제공하였고, 이로 인해 개별 차이를 반영하는 데 한계가 있었다. 반면 AI 튜터링 시스템은 학생의 학습 데이터를 실시간으로 분석하고, 각 학생의 요구에 맞춘 맞춤형 교육 경로를 제공함으로써 학습의 효율성을 극대화한다.

이 시스템은 학생의 학습 진도와 반응을 실시간으로 추적하여, 학생이 어려움을 겪고 있는 부분을 빠르게 인식하고 즉각적으로 보완할 수 있는 자료를 제공한다. 예를 들어, AI 튜터는 수학 문제에서 학생이 자주 실수하는 유형을 감지하고, 그 문제를 다시 풀어보거나 비슷한 문제를 제공하여 학생의 이해도를 높일 수 있는 최적화된 방법을 제공한다. 이 과정은 학생이 스스로 학습할 수 있는 능력을 키울 수 있도록 돕고, 자기주도적 학습의 기반을 마련한다.

AI 튜터링 시스템은 또한 개인별 맞춤형 목표 설정을 통해 학습의 동기 부여를 강화한다. 학생은 실시간 피드백을 통해 자신의 진척 상황을 정확하게 파악할 수 있으며, 이는 자기 효능감을 높이고 학습에 대한 긍정적인 태도를 강화하는 데 기여한다.

2) 실시간 피드백과 데이터 분석 : 학습 효율을 높이는 핵심 요소

AI 튜터링 시스템은 단순히 정답을 맞히는 것을 넘어, 실시간 피드백을 제공하고 학습 데이터를 분석하여 효율적인 학습을 도와준다. AI는 학생이 문제를 풀 때마다 그 풀이 과정을 분석하여, 오답의 이유를 정확히 진단하고, 이를 즉각적으로 교정할 수 있는 맞춤형 피드백을 제공한다. 이 과정에서 중요한 점은, AI 시스템이 학생의 학습 스타일을 학습 데이터를 통해 지속적으로 학습하고 있다는 것이다. 즉, AI 튜터는 학생의 학습 방식을 점진적으로 최적화하여, 보다 효율적인 학습 경로를 제시할 수 있다.

예를 들어, 학생이 수학 문제에서 자주 실수하는 특정 유형의 문제를 풀었을 때, AI는 그 실수를 분석하고, 그 학생이 어려워하는 개념을 추출하여 맞춤형 연습문제를 제공한다. 이 연습문제는 학생이 부족한 부분을 채울 수 있도록 구성되며, 반복 학습을 통해 약점을 보완하는 데 도움을 준다. 또한, AI는 학생이 어떤 개념을 빨리 이해하고, 어떤 개념에 더 많은 시간을 소모하는지를 파악하여, 그에 맞는 학습 경로를 조정하고 효율적으로 학습할 수 있도록 돕는다.

이렇게 AI 시스템은 학습자가 실시간으로 피드백을 받으며, 자신의 강점과 약점을 인식하고, 지속적으로 학습 계획을 최적화하는 데 기여한다. AI 튜터링 시스템은 학습자의 피드백과 데이터를 기반으로 점차 학생의 학습 스타일에 적합한 개인화된 학습 경험을 제공하며, 이는 학습 효율을 극대화하는 가장 중요한 요소가 된다.

3) 창의적인 맞춤형 학습 경로 제시 : AI의 역할을 넘어

전통적인 교육 시스템에서는 학생들의 개별적인 차이를 반영하는 데 한계가 있었다. AI 기반 튜터링 시스템은 이러한 문제를 창의적으로 해결하며, 학생 개개인의 목표와 학습 스타일에 맞춘 경로를 제시한다. 하지만 여기에 그치지 않고, AI는 학생에게 끊임없이 새로운 학습 기회를 제공하는 역할도 한다.

AI 튜터링 시스템은 학습자의 흥미와 목표에 맞는 창의적 학습 콘텐츠를 제공하여, 학생이 주도적으로 학습에 참여하고 자기만의 학습 경로를 설정할 수 있도록 돕는다. 예를 들어, AI는 학생이 어려워하는 부분에 대해 독창적인 문제 해결 방법을 제시하거나, 학생의 관심사와 연관된 학습 자료를 제공하여, 학습의 동기 부여를 지속적으로 유지할 수 있도록 한다.

특히, AI 튜터링 시스템은 게임화 요소를 통합하여 학습의 재미와 도전 정신을 유도한다. AI 시스템은 학생의 학습 진척도를 게임처럼 점수화하고, 리더보드나 배지 시스템을 통해 학생의 경쟁심과 동기를 자극한다. 이러한 창의적 학습 방식은 학생에게 학습을 더 재미있고 몰입도 있게 만들어, 장기적인 학습 의욕을 유지하는 데 중요한 역할을 한다.

4) 사회적 교육 격차 해소 : AI와 공정한 학습 기회

AI 기반 튜터링 시스템은 단지 효율적인 학습을 넘어서, 사회적 교육 격차를 해소하는 중요한 도전이 될 수 있다. AI 시스템은 학생의 학습 능력을 정확히 평가하고, 이를 바탕으로 맞춤형 교육을 제공하는 시스템으로, 모든 학생에게 동등한 교육 기회를 제공할 수 있는 가능성을 열어준다.

예를 들어, AI 튜터링 시스템은 저소득층이나 시골 지역의 학생들에게도 최고의 교육 자원을 제공할 수 있도록 한다. 이 시스템은 다국어 지원을 통해 언어 장벽을 넘어서 세계 어디서나 고품질 교육을 받을 수 있도록 돕는다. 또한, AI는 학생의 학습 데이터를 바탕으로 적절한 교육 경로를 제시하여, 교육 불평등을 해결하고 공정한 교육 기회를 제공하는 데 기여한다.

5) AI 튜터링 시스템의 미래

AI 튜터링 시스템은 단순한 기술 혁신을 넘어서, 학생 개개인의 잠재력을 최대로 이끌어내고, 사회적 교육 격차를 해소하는 중요한 미래 교육의 방향을 제시한다. AI는 맞춤형 학습을 통해 학생 개개인의 성취도를 극대화하며, 실시간 데이터 분석과 정확한 피드백을 통해 지속적으로 학습 효율을 개선하는 개인화된 학습 경로를 제공한다. 또한, AI 시스템은 학습자의 동기 부여와 교육의 접근성을 높이는 역할을 하며, 모든 학생에게 동등한 교육 기회를 제공하는 중요한 사회적 기회로 자리잡을 것이다.

AI 튜터링 시스템은 학습 효율을 극대화하고, 학생들의 자기주도적 학습을 촉진하며, 공정한 교육 기회를 제공하는 창의적이고 혁신적인 시스템이다. 이 시스템이 발전함에 따라, AI 기반 교육 혁명은 미래 교육의 패러다임을 근본적으로 변화시킬 것이다.

2. 공교육 혁신 : AI와 EBS 플랫폼

(1) AI를 통한 공교육 질 향상

AI와 EBS+AI 플랫폼은 대한민국의 공교육 혁신을 가속화하는 핵심적인 열쇠가 될 것이다. AI 기술을 공교육 시스템에 효과적으로 통합하는 것은 단순히 기술적인 개선에 그치지 않는다. 이는 학생 개개인의 학습 잠재력을 극대화하고, 교육의 접근성을 확장하며, 학습 격차를 해소하는 중요한 기회를 제공한다. AI 기반 학습 플랫폼은 학생 맞춤형 학습과 효율적인 교육 자원 분배를 통해 공교육의 질을 근본적으로 변화시킬 수 있다.

1) AI와 EBS+AI 플랫폼의 통합 : 학생 맞춤형 학습의 시작

EBS+AI 플랫폼의 장점은 기존의 EBS 교육 콘텐츠와 AI 기술을 결합하여, 학생들의 학습 수준과 학습 스타일을 반영하는 맞춤형 학습 환경을 구축할 수 있다는 것이다. AI는 학생이 어려움을 겪고 있는 부분을 실시간으로 파악하고, 그에 맞는 추가 학습 콘텐츠와 개별 학습 경로를 제공함으로써 효율적인 학습 진도를 유지시킨다.

예를 들어, AI 시스템은 학생의 실시간 데이터를 분석하고, 학습 진도와 이해도를 바탕으로 맞춤형 문제를 제공할 수 있다. 학생이 특정 개념을 반복해서 틀린다면, AI는 그 개념에 대한 심화 학습 자료를 자동으로 제시하고, 기본 개념부터 다시 설명할 수 있도록 돕는다. 또한, AI는 학생의 학습 스타일에 맞춰 시각적, 청각적, 체험적 자료를 선택하여, 학습의 효과성을 극대화한다. 이렇게 개인화된 학습을 통해, 학생들은 자기주도적 학습을 할 수 있고, 수업 시간 외에도 지속적인 학습이 가능해진다.

2) AI와 공교육의 통합 : 교사와 학생의 상호 작용 향상

AI 기술은 교사와 학생의 상호작용을 더욱 효율적이고 동적으로 변화시킬 수 있다. AI 튜터는 학생의 질문과 반응을 실시간으로 분석하여, 교사에게 필요한 정보를 제공한다. 예를 들어, AI 시스템은 학생들이 수업 중 어려워하는 부분을 실시간으로 추적하고, 그 데이터를 교사에게 제공하여, 교사는 효율적으로 학생들에게 개별화된 피드백을 줄 수 있다.

이 시스템은 교사에게 실시간 학습 진척도와 학생의 이해도에 대한 종합적인 분석을 제공하여, 교사가 개별 학생에 맞는 지침을 제시할 수 있도록 한다. 이로 인해 교사는 학생들에게 보다 효과적인 수업을 제공하며, 학생들은 자기 주도적 학습을 할 수 있게 된다. 또한, AI 시스템은 교사의 부담을 덜어주고, 교사가 더 중요한 교육적 역할에 집중할 수 있도록 도와준다.

3) EBS 콘텐츠의 혁신 : AI와의 결합으로 교육의 범위 확장

EBS는 기존의 교육 콘텐츠가 방대한 양을 자랑하며, 모든 학생에게 균등한 교육 기회를 제공하고 있다. 그러나 EBS 콘텐츠를 AI 기술과 결합함으로써, 우리는 콘텐츠의 범위를 학생 맞춤형으로 더욱 확장할 수 있다. AI는 학생의 학습 진도와 관심 분야를 반영하여, EBS 콘텐츠를 학생 개개인에게 맞춤화하여 제공할 수 있다. 예를 들어, AI 시스템은 학생의 성과에 따라 다양한 주제의 EBS 강의를 추천하거나, 부족한 부분에 맞춘 심화 학습을 제공한다.

또한, EBS+AI 플랫폼은 학생들의 수준에 맞춰 개인화된 피드백을 제공하고, 그들의 학습 상태에 따라 추가 자료나 문제를 제공하여, AI가 학생의 학습 동기를 높일 수 있도록 한다. 이 시스템은 학생들이 자주 놓치는 개념이나 학습 성과를 자동으로 추적하고, 이를 AI 튜터가 적시에 피드백으로 제시하여, 학생이 느끼는 학습의 지루함이나 학습의 벽을 극복할 수 있도록 돕는다.

4) AI 기반 학습 데이터의 활용 : 교육 효과의 진단과 평가

AI 시스템은 학생들의 학습 데이터를 수집하고 분석하여, 정확한 진단과 학습 성과 평가를 제공한다. 기존의 교육 평가 시스템은 시험 성적이나 정량적인 평가에 의존하였으나, AI는 학생의 학습 패턴, 이해도, 상호작용 수준을 종합적으로 분석하여 학습 성과를 진단한다. 이는 교육자의 평가를 더욱 정교하게 만들어, 학생 개인의 학습 진척도와 문제 해결 능력을 평가할 수 있는 방법이 된다.

AI 기반의 학습 데이터 분석은 학생이 어디서 어려움을 겪고 있는지를 정확히 분석하고, 그에 맞는 심화 자료나 추가 학습 기회를 제공함으로써 효율적인 학습을 돕는다. 예를 들어, AI 시스템은 특정 과목에서 학생들이 자주 틀리는 문제 유형을 분석하고, 그에 맞는 학습 방법을 제시한다. 이는 기존의 정형화된 평가 방식을 넘어서, 학생이 진정으로 배우고 있는 내용을 파악할 수 있는 기회를 제공한다.

5) AI+EBS 플랫폼의 글로벌 확장 : 대한민국 교육의 세계화

EBS+AI 플랫폼은 한국 교육의 글로벌 모델로 확장될 수 있는 잠재력을 가지고 있다. 한국은 AI 기술과 EBS 콘텐츠의 결합을 통해, 세계 교육 시장에서 차별화된 경쟁력을 갖춘 교육 시스템을 구축할 수 있다. 예를 들어, AI 튜터가 다국어 지원을 통해 전 세계 학생들에게 한국 교육의 우수성을 제공할 수 있다. 이를 통해 한국의 교육 콘텐츠가 전 세계 학생들에게 다가가 교육 격차를 해소하고, AI 기반 학습이 전 세계로 확산될 수 있는 기회를 만든다.

또한, AI 기술을 기반으로 한 국제적인 교육 플랫폼은 다양한 문화적 배경을 가진 학생들에게 맞춤형 학습 자료를 제공하고, 언어 장벽을 넘어서는 글로벌 교육 환경을 구축할 수 있다. AI+EBS 시스템은 한국 교육의 글로벌화를 가속화할 수 있는 중요한 도전이며, 이는 한국의 교육 콘텐츠가 전 세계적으로 인정을 받을 수 있는 기회를 제공한다.

6) 결론

AI 기반 맞춤형 학습 시스템은 단순히 기술적인 혁신에 그치지 않고, 공교육의 질적 혁신을 일으킬 수 있는 창의적이고 혁신적인 접근이다. AI와 EBS+AI 플랫폼의 결합은 학생 개개인에게 맞춤형 교육을 제공하며, 학습의 효율성과 공정성을 극대화한다. 이는 단지 학습 성과의 향상뿐만 아니라, 학습 동기 부여, 자기주도적 학습, 교육 격차 해소에 큰 기여를 할 수 있다.

　AI+EBS 플랫폼은 학생 중심의 교육 시스템을 확립하고, 교사와 학생 간의 상호작용을 개선하며, 사회적 교육 평등을 실현하는 중요한 발판이 될 것이다. 대한민국은 AI와 EBS를 글로벌 교육 시스템에 연결하여, 세계 교육 시장에서 혁신적인 리더로 자리잡을 수 있는 잠재력을 지닌 교육 국가가 될 것이다.

(2) 학습 쿠폰 시스템과 공교육 지원 강화

　AI 기반 학습 쿠폰 시스템은 공교육의 혁신적인 접근법을 제시하며, 학생 개개인에게 맞춤형 학습 기회를 제공하는 중요한 도전과 기회가 된다. 기존의 교육 시스템은 대체로 일률적인 교육 방식에 의존하여 학생들의 다양성을 반영하지 못했다. 그러나 AI 기술과 학습 쿠폰 시스템의 결합은 학생 맞춤형 교육을 가능하게 하여, 교육의 공정성을 높이고, 학습 격차를 해소할 수 있는 혁신적인 방법을 제시한다.

1) AI 기반 학습 쿠폰 시스템 : 학생 맞춤형 교육의 첫 걸음

　AI 기반 학습 쿠폰 시스템은 단순히 교육비를 지원하는 차원을 넘어서, 학생 개개인에게 맞춤형 학습 기회를 제공하는 시스템이다. AI는 학생의 학습 스타일, 선호도, 진도를 실시간으로 분석하고, 이를 바탕으로 학생에게 적합한 교육 콘텐츠와 학습 경로를 제시한다. 이때, AI 학습 쿠폰은 단순히 금전적인 지원이 아닌, 학생의 학습 경험을 개인화하고, 최적화하는 중요한 도구가 된다.

　AI 시스템은 학생의 학습 진도와 필요한 학습 분야를 평가한 후, 그에 맞는 학습 자료나 맞춤형 학습 경로를 제시하며, 쿠폰 시스템을 통해 학생이 원하는 교육 자원을 자유롭게 선택할 수 있도록 한다. 예를 들어, AI 학습 쿠폰은 학생의 학습 수준에 맞춰 온라인 강의나 심화 문제집을 제공하거나, 선택된 과목에 대해 자체 제작된 맞춤형 학습 콘텐츠를 지원한다. 이렇게 AI는 학생 개개인의 학습 필요에 맞춘 최적의 교육 경로를 제시하여, 학생이 자기주도적 학습을 할 수 있도록 도와준다.

2) AI 학습 쿠폰과 공교육 자원의 효율적 활용

AI 학습 쿠폰 시스템은 공교육 자원의 효율적 활용을 가능하게 한다. 전통적인 교육 시스템에서는 학생 수가 많고, 교육 자원이 제한적이기 때문에 모든 학생에게 동일한 수준의 교육을 제공하는 데 한계가 있다. 하지만 AI 시스템은 학생 개개인의 학습 상태를 분석하여 필요한 자원만큼만 할당함으로써, 공교육 자원의 낭비를 최소화할 수 있다.

예를 들어, AI 시스템은 학생의 성취도에 따라 학습 자원을 조정할 수 있다. 고급 학습을 원하는 학생에게는 심화 학습 자료나 전문가와의 연계를 제공하고, 기초 학습이 필요한 학생에게는 기본 개념에 대한 집중 교육을 제공한다. 이 과정에서 AI 학습 쿠폰 시스템은 학생이 필요로 하는 자원을 정확히 선택할 수 있도록 해, 불필요한 교육 비용을 절감하고, 공교육 자원의 효율적 배분을 돕는다.

3) AI 학습 쿠폰 시스템과 학습 격차 해소

AI 기반 학습 쿠폰 시스템은 학습 격차 해소에 중요한 역할을 할 수 있다. 사회경제적 배경, 지역적 한계, 언어의 장벽 등으로 인해 기회가 불평등한 상황에서, AI 시스템은 모든 학생에게 동등한 학습 기회를 제공할 수 있는 방법을 제시한다. 특히, 저소득층이나 시골 지역의 학생들에게는 AI 시스템을 통한 맞춤형 교육이 학교 외부 자원으로 제공되어 교육 격차를 줄이는 데 기여할 수 있다.

AI 학습 쿠폰은 학생이 원하는 교육 콘텐츠를 자율적으로 선택할 수 있게 해, 학생 개개인의 필요를 충족시킬 수 있는 기회를 제공한다. 예를 들어, 저소득층 가정의 학생은 AI 기반의 무료 교육 콘텐츠나 공공 교육 자원을 AI 학습 쿠폰을 통해 제공받을 수 있으며, 이로써 경제적 여건에 상관없이 질 높은 교육을 받을 수 있는 기회를 제공한다. 또한, AI 시스템은 언어 장벽을 넘어서기 위해 다국어 지원을 제공하여, 다문화 가정의 학생들에게도 동등한 교육 기회를 제공한다.

4) 혁신적인 학습 경로와 맞춤형 피드백 제공

AI 학습 쿠폰 시스템은 학생 맞춤형 피드백을 제공하여, 학습자의 강점과 약점을 실시간으로 파악하고 효율적인 학습 경로를 제시한다. AI는 학생의 학습 패턴을 추적하고, 그에 맞는 개인화된 피드백을 제공함으로써 학습 성과를 극대화한다. 예를 들어, AI는 학생이 자주 틀리는 개념을 분석하고, 이를 반복 학습할 수 있도록 맞춤형 연습 문제를 제공하며, 그 주제에 대한 추가 설명을 제공할 수 있다.

이 개인화된 학습 경로는 학생의 학습 속도와 목표에 맞춰 실시간으로 조정된다. AI 시스템은 학생이 학습한 내용을 점검하고 그들이 어떤 부분을 놓쳤는지를 파악한 후, 다시 한번 학습할 수 있는 자료를 제시하여 학습을 더 효과적으로 유도한다. 또한, AI 학습 시스템은 학생의 이해도와 반응에 맞춰 실시간으로 피드백을 제공하여, 학생이 주도적으로 학습을 조정하고 문제를 해결하는 능력을 키울 수 있도록 돕는다.

5) AI 학습 쿠폰 시스템의 글로벌 확장성 : 한국 교육의 모델 수출

AI 학습 쿠폰 시스템은 국제 교육 시장에서도 확장 가능성을 가지고 있다. AI 기반 교육 시스템은 언어의 장벽을 넘어서, 세계 여러 나라의 학생들에게 맞춤형 교육을 제공할 수 있는 잠재력을 가지고 있다. AI 튜터링 시스템과 학습 쿠폰 시스템은 국제적으로 교육 자원의 격차를 해소하는 혁신적인 모델로 자리잡을 수 있다.

예를 들어, AI 기반 교육 플랫폼은 한국어뿐만 아니라 다국어 지원을 통해 다양한 국가의 학생들에게 맞춤형 학습 경로를 제공할 수 있다. 또한, AI 학습 쿠폰 시스템은 국가 간 협력을 통해 교육 기회를 확대하고, 각국의 교육 수준을 균등하게 만드는 데 기여할 수 있다. 한국은 AI 기술을 활용하여 전 세계에서 교육 격차를 해소하고, AI 기반 교육 혁명을 글로벌 차원에서 실현할 수 있는 선도적인 모델이 될 것이다.

6) AI 기반 학습 쿠폰 시스템의 지속 가능한 미래

AI 기반 학습 쿠폰 시스템은 학생 맞춤형 교육을 실현하는 중요한 도전이자 기회다. 이는 학생 개개인의 학습 스타일과 수준에 맞춘 최적화된 학습 경로를 제공하고, 학습 효율성을 극대화하는 강력한 도구로 자리잡을 것이다. 또한, 공교육 자원의 효율적 활용과 교육 격차 해소라는 사회적 목표를 동시에 달성할 수 있는 중요한 방법이 된다.

AI 학습 쿠폰 시스템은 학생 개개인의 성장을 도와주는 동반자로서, 학생 중심의 교육 환경을 만들어가며, 교육의 질을 높이는 혁신적인 모델로 발전할 것이다. 또한, 국제적인 확장성을 바탕으로, 글로벌 교육 혁명을 선도하는 창의적이고 지속 가능한 시스템이 될 것이다. AI와 학습 쿠폰의 결합은 미래 교육의 핵심으로 자리잡을 것이며, 모든 학생에게 동등한 교육 기회를 제공하는 데 기여할 것이다.

3. AI 교육과 평등한 기회 제공

(1) 기술을 통한 교육의 민주화

AI는 단순히 교육의 효율성을 높이는 도구를 넘어서, 모든 학생에게 동등한 교육 기회를 제공하는 사회적 혁신을 일으킬 수 있는 잠재력을 지니고 있다. 교육의 평등은 단순한 이상이 아니라, AI를 통해 실현할 수 있는 현실이 될 수 있다. 교육은 모든 아이들에게 공평한 기회를 제공하는 것이 기본적인 목적이며, AI는 학생 개개인의 특성과 필요에 맞는 맞춤형 학습을 제공함으로써 불평등을 해소하고 공정한 기회를 제공하는 중요한 수단이 될 것이다.

1) AI가 교육 평등을 실현하는 방법 : 맞춤형 학습의 시작

AI 교육 시스템의 핵심은 바로 학생 맞춤형 학습이다. AI 기술은 학생 개개인의 학습 수준, 진도, 강점, 약점을 실시간으로 파악하고, 이를 바탕으로 학생에게 최적화된 교육 콘텐츠를 제공한다. 이는 학생들의 개별 차이를 정확하게 반영하여, 모든 학생이 자신에게 맞는 교육을 받을 수 있게 한다는 점에서 매우 혁신적이다.

예를 들어, AI 학습 시스템은 기초가 부족한 학생에게는 기본 개념을 강화하는 자료를 제공하고, 우수한 학생에게는 심화 문제를 제공하여 개개인의 속도와 수준에 맞는 학습 경로를 설계한다. 이러한 시스템은 학생마다 다른 학습 스타일과 속도를 인식하고, 각자의 잠재력을 극대화할 수 있도록 지원한다. 학생들이 진정으로 필요한 교육을 제공하는 방식으로 교육을 변화시키며, 그 결과 학생들은 스스로 학습을 조절할 수 있게 된다.

따라서 AI 시스템은 학생들의 능력 차이를 감안하여, 모든 학생에게 효율적이고 공평한 교육 기회를 제공할 수 있는 유일한 방법이다. 학생 개개인의 특성을 반영한 맞춤형 학습을 통해, 학습 불평등을 해소하고, 학생들의 학습 성과를 향상시킬 수 있다.

2) 공교육의 혁신 : AI와의 통합으로 평등한 교육 자원 제공

AI 교육 시스템은 단지 효율성만을 추구하는 것이 아니라, 교육 자원의 평등한 분배를 가능하게 한다. AI는 교육을 스케일업하여, 교육 자원이 부족한 지역이나 저소득층 가정에서도 평등한 교육 기회를 제공할 수 있다. 예를 들어, AI 학습 시스템은 온라인 플랫폼을 통해 어떤 지역에서나 고급 교육 자원에 접근할 수 있도록 해준다. 인터넷만 있으면 누구나 최고의 교육 콘텐츠를 AI 튜터와 함께 이용할 수 있게 된다.

또한, AI 시스템은 저소득층 학생들에게도 맞춤형 교육을 제공함으로써, 학습의 격차를 줄여준다. AI 튜터는 학생이 어려움을 겪는 부분을 실시간으로 분석하여, 추가 학습을 제공하고, 그 학생이 효과적으로 학습할 수 있는 방법을 제시한다. 이로써, 저소득층 가정의 학생들이 경제적 제약에 관계없이 양질의 교육을 받을 수 있는 기회를 얻을 수 있게 된다. AI 학습 시스템은 교육 자원의 불균형을 해소하고, 모든 학생에게 동등한 기회를 제공하는 중요한 도전이 될 것이다.

3) 다문화 교육의 글로벌 확장 : AI가 언어 장벽을 넘다

AI는 언어의 장벽을 넘는 강력한 도구로서, 다문화 교육을 실현하는 데 중요한 역할을 할 수 있다. 다문화 가정의 학생들은 언어의 장벽으로 인해 학습에서 불리한 위치에 놓일 수 있지만, AI 시스템은 다국어 지원을 통해 이러한 문제를 해결할 수 있다. 예를 들어, AI 학습 시스템은 학생이 사용하는 언어를 실시간으로 인식하고, 다국어 번역 기능을 통해 언어의 장벽을 넘어서 교육을 제공한다.

AI 튜터는 학생의 언어 능력을 평가하고, 그에 맞는 학습 자료를 제공하여, 다문화 학생들이 효율적으로 학습할 수 있도록 돕는다. 또한, AI 학습 시스템은 학생의 학습 스타일을 고려하여 적합한 교육 콘텐츠를 추천하고, 이를 통해 학생이 쉽게 학습할 수 있도록 유도한다. 이러한 AI 기반 교육은 언어 장벽을 넘어서, 다문화 사회에서의 교육 평등을 실현할 수 있는 중요한 방안이 된다.

4) AI를 통한 교사 지원 : 교사의 역할 강화

AI 교육 시스템은 교사의 역할을 강화하는 중요한 역할을 한다. AI는 학생 개개인의 학습 상태를 실시간으로 추적하고, 그에 맞는 피드백을 제공하며, 교사에게 실시간 데이터를 전달하여 효과적인 교수 전략을 제시한다. AI 시스템은 교사의 부담을 덜어주고, 교사가 학생 개개인에 맞춘 교육에 더 많은 시간을 할애할 수 있도록 돕는다. 이를 통해 교사는 개별 학생의 학습 문제를 빠르게 파악하고, 그에 맞는 맞춤형 수업을 제공할 수 있게 된다.

AI 학습 시스템은 또한 교사와 학생 간의 상호작용을 강화할 수 있다. 교사는 AI 시스템을 활용하여 학생들의 학습 진도와 성취도를 분석하고, 그에 맞춰 교육 계획을 세운다. 또한, AI 학습 쿠폰 시스템을 통해 학생들이 필요한 교육 자원을 자율적으로 선택하게 하고, 그들이 진정으로 원하는 교육을 제공할 수 있게 된다.

5) AI 기반 교육 시스템의 사회적 책임 : 윤리적 교육과 공정한 기회 제공

AI 학습 시스템이 교육 평등을 실현하는 데 중요한 역할을 하지만, 윤리적 고려도 필수적이다. AI 시스템은 학생 개개인의 데이터를 수집하고, 학습 패턴을 분석하여 맞춤형 교육을 제공하지만, 그 과정에서 프라이버시와 데이터 보호가 중요한 문제로 대두된다. 또한, AI 학습 시스템은 AI 윤리 규범을 기반으로, 불공정한 차별이나 편향을 방지해야 한다.

따라서, AI 교육 시스템을 도입하는 데 있어, 투명하고 공정한 AI 모델을 개발하는 것이 필수적이다. AI 시스템이 제공하는 개인화된 교육은 학생들에게 공정한 기회를 제공해야 하며, 그 과정에서 성별, 나이, 경제적 배경, 인종 등과 같은 편향이 발생하지 않도록 철저히 관리해야 한다. AI 시스템은 학생의 교육 기회를 공평하게 제공하는 도구로서 윤리적인 기준을 준수하는 방식으로 운영되어야 한다.

6) AI 교육 시스템의 미래와 그 사회적 역할

AI 교육 시스템은 학생 개개인의 학습 잠재력을 극대화하는 중요한 도전이자 기회이다. AI는 학생의 학습 스타일과 진도를 실시간으로 분석하고, 맞춤형 학습 경로를 제공함으로써 교육 평등을 실현할 수 있는 핵심적인 도구로 자리잡고 있다. 또한, AI는 교사와 학생 간의 상호작용을 강화하고, 개인화된 교육을 제공함으로써 공교육의 질을 높이는 혁신적인 시스템이 될 것이다.

AI 기반 학습 시스템은 학생들에게 공정한 교육 기회를 제공하며, 교육 격차 해소와 다문화 교육의 확대를 가능하게 한다. 이를 통해 AI 학습 시스템은 사회적 평등을 실현하는 중요한 도전이자 기회로 자리잡을 것이다. AI 학습 쿠폰 시스템을 통해 모든 학생에게 동등한 교육 기회를 제공하는 것은 미래 교육의 핵심 목표가 될 것이다.

(2) 경제적 여건에 관계없는 교육 기회 보장

경제적 여건에 관계없이 모든 학생에게 동등한 교육 기회를 제공하는 것은 미래 사회의 핵심 가치 중 하나이다. 그러나 오늘날까지도 교육의 질과 접근성은 여전히 경제적 격차와 지역적 차이에 의해 좌우된다. AI(인공지능) 기술은 이러한 문제를 근본적으로 해결할 수 있는 혁신적인 열쇠가 될 수 있다. AI는 교육의 민주화를 실현할 수 있는 유일한 도전적 기회를 제공하며, 학생들이 경제적 배경에 상관없이 최상의 교육을 받을 수 있는 환경을 만들 수 있다. 이는 단순히 기술의 발전에 그치지 않고, 사회적 책임과 공정성을 실현하는 새로운 교육 시스템을 가능하게 만든다.

1) AI의 맞춤형 교육 시스템 : 경제적 격차를 넘어서는 개인화된 학습 경로

AI 기반 교육 시스템은 학생 맞춤형 학습을 통해, 경제적 배경에 관계없이 모든 학생에게 최적화된 교육을 제공할 수 있는 가능성을 열어준다. 전통적인 교육은 학생들의 학습 스타일, 속도, 이해도를 일괄적으로 다루는 경향이 있었다. 그러나 AI는 학생 개개인의 학습 특성을 분석하고, 이를 바탕으로 개인 맞춤형 교육 경로를 제시한다. 이는 학생들이 자신의 속도에 맞춰 학습할 수 있도록 돕고, 강점과 약점을 실시간으로 반영하여, 효율적인 학습을 지원한다.

예를 들어, AI 학습 시스템은 학생의 진도와 반응을 모니터링하고, 맞춤형 학습 콘텐츠를 제공한다. 이를 통해 학생 개개인이 어려움을 겪는 부분을 정확하게 파악하고, 그에 맞는 학습 자료를 제공할 수 있다. 또한, AI 시스템은 학생의 학습 성향과 진도에 따라 최적화된 경로를 제시하여, 학습이 효율적이고 지속적으로 이루어질 수 있게 한다. 이렇게 맞춤형 교육은 학생이 경제적 배경에 관계없이 자신의 수준에 맞는 교육을 받을 수 있도록 보장한다.

2) AI 학습 쿠폰 시스템 : 교육 비용의 벽을 허물다

AI 학습 쿠폰 시스템은 교육 비용이라는 큰 벽을 허물 수 있는 혁신적인 방법이다. 전통적으로 사교육은 경제적 여건이 좋지 않은 가정에서는 접근하기 어려운 사치로 여겨졌으며, 많은 학생들이 제한된 교육 자원에 의존해야 했다. 하지만 AI 기반의 학습 시스템과 학습 쿠폰의 결합은 이 문제를 해결할 수 있다.

AI 학습 쿠폰은 학생이 자기 주도적으로 학습을 할 수 있는 자원을 제공하고, 학생들이 필요한 교육 콘텐츠를 자율적으로 선택할 수 있도록 돕는 시스템이다. 예를 들어, 학생이 AI 시스템을 통해 자신에게 필요한 과목이나 개인 맞춤형 학습을 선택하면, 학습 쿠폰을 통해 그 비용을 지원받을 수 있다. 이렇게 되면 경제적 부담 없이 학생들이 다양한 교육 자원에 접근할 수 있으며, 교육의 평등성을 실현하는 데 기여할 수 있다.

또한, AI 학습 쿠폰 시스템은 학생이 고급 콘텐츠를 접근할 수 있도록 하여, 교육 격차를 해소하는 데 중요한 역할을 한다. 학생들이 자율적으로 학습 경로를 설계하고, 자기 주도적인 학습을 할 수 있는 환경을 제공함으로써, 경제적 배경과 사회적 조건에 상관없이 동등한 교육 기회를 받을 수 있게 된다.

3) 다문화 교육을 위한 AI 시스템 : 글로벌 교육 접근성 강화

AI 기술은 다문화 가정의 학생들에게도 균등한 교육 기회를 제공할 수 있는 중요한 도전 과제를 해결할 수 있다. AI 학습 시스템은 다국어 지원을 통해, 언어 장벽을 넘어서서 모든 학생에게 맞춤형 교육을 제공할 수 있다. AI 튜터는 학생의 언어를 자동으로 인식하고, 그에 맞는 교육 콘텐츠를 제공함으로써, 다문화 사회에서의 교육 격차를 줄이는 데 기여할 수 있다.

AI 시스템은 또한, 학생의 학습 스타일을 반영하여 시각적, 청각적, 체험적 학습 자료를 제공하고, 학생들이 어려움을 겪고 있는 부분을 실시간으로 분석하여, 보충 학습 자료를 자동으로 제공한다. 다문화 학생들이 언어적 문제나 문화적 차이를 극복하고 평등한 교육 기회를 얻을 수 있도록 하는 데 중요한 역할을 한다.

4) 경제적 격차 해소 : AI와 공교육의 결합

AI 기반 교육 시스템은 공교육과 결합하여 경제적 격차를 해소하는 중요한 역할을 한다. AI는 학생의 학습 데이터를 분석하여, 필요한 부분만 집중적으로 교육할 수 있게 하고, 학생이 필요한 자원만을 제공함으로써 공교육 자원의 낭비를 최소화할 수 있다. 이를 통해, 학교 교육 자원이 모든 학생에게 효율적으로 배분되고, 학생들에게 맞춤형 교육이 제공된다.

또한, AI 시스템은 공교육의 질을 높이는 데 기여할 수 있다. AI 튜터는 학생들의 실시간 데이터를 분석하여, 교사가 개별 학생에 맞는 피드백을 제공할 수 있도록 돕고, 학생 개개인의 학습 진도와 이해도에 맞춰 수업 자료를 동적으로 조정할 수 있게 해준다. 이는 학생들이 자신에게 필요한 학습을 받을 수 있도록 하여, 경제적 배경에 상관없이 모든 학생에게 동등한 교육 기회를 제공하는 중요한 방법이 된다.

5) AI가 여는 교육 평등의 새로운 시대

AI 교육 시스템은 학생 개개인의 학습 스타일과 진도를 실시간으로 분석하고, 맞춤형 교육을 제공하는 혁신적인 방법이다. 이를 통해 경제적 여건이나 사회적 배경에 관계없이 모든 학생이 동등한 교육 기회를 받을 수 있는 환경을 만들어갈 수 있다. AI 학습 쿠폰 시스템과 다국어 지원을 통해 언어 장벽을 넘어, 모든 학생에게 질 높은 교육 자원을 제공할 수 있다.

AI가 제공하는 맞춤형 교육은 학습 효율을 극대화하고, 학생들의 성취도를 향상시키며, 학습 격차를 해소하는 데 중요한 역할을 한다. 또한, AI 시스템은 공교육 자원의 효율적 배분을 통해 경제적 배경에 관계없이 모든 학생에게 동등한 학습 기회를 제공하는 중요한 역할을 한다.

AI를 활용한 교육의 평등화는 미래 교육의 핵심 목표가 될 것이다. 대한민국은 AI 기술을 활용하여 경제적 여건에 관계없이 모든 학생에게 동등한 교육 기회를 제공하는 혁신적이고 공정한 교육 시스템을 실현할 수 있는 중요한 기회를 맞이하고 있다. AI 교육 혁명은 단지 기술 혁신을 넘어서, 모든 학생이 꿈을 이루는 기회를 제공하는 사회적 책임을 다하는 도전이 될 것이다.

제5장

AI가 양극화와 초저출생 문제에 미치는 영향

1. AI와 경제적 양극화 해결

(1) 소득 격차 해소 전략

경제적 양극화는 산업화 시대와 디지털 경제의 발전 속에서도 여전히 해결되지 않은 중대한 사회적 문제로 자리 잡고 있다. 이는 부유한 계층은 더욱 부유해지고, 저소득층은 그 차이를 좁히기 힘든 현실을 의미한다. 이러한 소득 격차는 정치적 불안정과 사회적 갈등을 초래할 수 있으며, 경제 성장의 지속 가능성을 위협한다. 그러나 AI 기술이 발전하면서, 이 문제를 해결할 수 있는 혁신적 접근이 가능해졌다. AI는 경제적 양극화를 해결할 수 있는 강력한 도구로 자리잡을 수 있으며, 이를 통해 소득 격차 해소와 사회적 평등을 실현할 수 있는 새로운 길을 열어갈 수 있다.

1) **AI 기반 소득 분배 시스템의 혁신적 모델**

AI 기술은 소득 재분배를 위한 혁신적인 방법을 제공할 수 있다. 기존의 소득 재분배 시스템은 주로 세금과 복지 정책을 중심으로 설계되었지만, 이는 효율성과 정확성에서 한계가 있다. 그러나 AI 기반 시스템은 개인의 경제적 활동을 실시간으로 분석하고, 소득 수준에 맞는 맞춤형 복지 혜택을 제공할 수 있는 잠재력을 지니고 있다.

예를 들어, AI가 수집한 데이터를 활용해 개인의 소비 패턴, 저축 습관, 사회적 기여도 등을 실시간으로 분석함으로써, 소득 불평등 문제를 보다 정교하게 해결할 수 있다. AI는 소득 분배 정책을 개인 맞춤형으로 조정하여, 경제적 약자에게는 필요한 지원을 제공하고, 고소득층에게는 적절한 세금 부담을 부과할 수 있는 지능형 시스템을 구축할 수 있다. 또한, AI는 소득 격차를 해소하는 다양한 프로그램을 실시간으로 모니터링하고, 그 효과성을 평가하여 정책을 개선하는 데 중요한 역할을 할 수 있다.

2) AI와 직업 혁신 : 고용 창출과 노동 시장의 공정성 강화

AI 기술은 직업 창출에 중요한 역할을 할 수 있다. 전통적으로 기술 발전은 많은 일자리를 대체하는 부정적인 측면을 지닌다고 여겨졌지만, AI는 새로운 직업 분야를 창출하고, 노동 시장의 공정성을 강화할 수 있는 기회를 제공한다. AI는 반복적이고 위험한 작업을 대신하며, 그 자리를 창의적이고 혁신적인 직업들이 차지하게 된다. AI의 도입이 이루어질 수 있는 분야에서 기술 기반 일자리가 늘어나며, 이는 고용 불안정을 해소하는 데 기여한다.

AI는 기존 산업을 혁신하고, 새로운 산업을 탄생시킬 수 있는 잠재력을 지닌다. 예를 들어, 자율주행차, AI 의료, 로봇 공학 등은 새로운 분야로 성장하고 있으며, 이 분야는 고용 창출에 있어 매우 중요한 역할을 한다. AI 기술을 통해 효율적이고 공정한 직업 창출을 이루는 한편, 노동 시장의 불평등을 해소하는 데 기여할 수 있다. AI는 노동 시장에서의 공정성을 강화하고, 다양한 계층의 노동자들이 AI 기술의 혜택을 누리며 새로운 기회를 얻을 수 있는 환경을 만든다.

3) AI 기반의 새로운 교육과 직업 훈련 시스템

AI 기술을 활용한 새로운 교육 시스템은 경제적 양극화를 해소하는 데 중요한 기여를 할 수 있다. AI 기반 교육 시스템은 학생 개개인의 필요에 맞춘 맞춤형 교육을 제공하고, 저소득층 학생들에게도 동등한 학습 기회를 제공한다. 또한, AI는 직업 훈련의 방식을 혁신적으로 변화시킬 수 있다. AI 교육 시스템은 학습 진도, 기술 수준, 학습 방식에 맞춰 맞춤형 훈련 프로그램을 제공하여, 취업 시장에서 실제로 필요한 기술을 교육할 수 있다.

예를 들어, AI 교육 플랫폼은 고용 시장에서 요구되는 기술을 실시간으로 분석하고, 이에 맞는 직업 훈련을 제공한다. 기술의 변화에 따라 학습 콘텐츠도 지속적으로 업데이트되고, 학생들은 AI 시스템을 통해 시장에 적합한 직업 훈련을 받을 수 있다. 이로 인해 교육 격차를 해소하고, 사회적 계층에 관계없이 모든 사람이 자기 능력에 맞는 직업을 얻을 수 있는 공정한 기회를 얻게 된다.

4) 공정한 소득 분배를 위한 AI 기반 금융 시스템

AI는 소득 재분배와 경제적 평등을 위한 혁신적인 금융 시스템을 제시할 수 있다. AI 금융 시스템은 개인 맞춤형 금융 상품을 제공하고, 소득 수준에 맞춘 지능형 대출과 투자 전략을 추천할 수 있다. AI 기반의 금융 서비스는 저소득층에게도 합리적인 금융 상품을 제공하고, 대출 이자율이나 투자 리스크를 개인화된 데이터를 기반으로 정확하게 예측함으로써, 경제적 약자의 금융적 부담을 줄일 수 있다.

AI는 또한, 소득 재분배를 위한 공정한 금융 시스템을 구축하는 데 중요한 역할을 한다. AI 시스템은 소득 수준과 금융 거래 패턴을 분석하여, 고소득층에게는 합리적인 세금을 부과하고, 저소득층에게는 저리의 대출이나 저비용 금융 서비스를 제공함으로써 소득 격차를 줄이는 데 기여할 수 있다. AI 금융 서비스는 투명하고 공정한 방식으로 경제적 평등을 실현할 수 있는 중요한 도전 과제가 될 것이다.

5) AI와 소득 격차 해소를 위한 길

AI 기술은 소득 격차와 경제적 양극화를 해소하는 중요한 혁신적 도전이 될 수 있다. AI 기반 학습 시스템, 맞춤형 직업 훈련, 지능형 금융 시스템, 맞춤형 소득 재분배 시스템 등을 통해, AI는 경제적 격차를 줄이고, 모든 계층에게 공정한 기회를 제공할 수 있다. AI 기술은사회적 약자에게 필요한 자원을 제공하고, 경제적 불평등을 해소하는 중요한 수단으로 자리잡을 것이다.

AI 기반 시스템은 정확하고 효율적인 소득 분배와 교육 기회 제공, 직업 창출을 통해, 경제적 양극화를 해결할 수 있는 혁신적인 해결책을 제시한다. 이는 단기적인 경제적 문제뿐만 아니라, 장기적인 사회적 안정을 위한 중요한 요소가 될 것이다. AI는 단지 기술 혁신에 그치지 않고, 사회적 평등을 실현하는 중요한 도전과 기회를 제공할 것이다.

(2) 중산층 경제 활성화

AI 기반 경제 모델은 중산층을 경제의 중심으로 재건하고, 이들이 주도하는 경제 활성화를 실현할 수 있는 새로운 길을 열어준다. 전통적인 경제 모델에서는 대기업 중심의 경제 성장이 이루어졌고, 그에 따른 불균형이 심화됐다. 그러나 AI 기술의 발전은 중산층이 경제적 주체로서의 역량을 강화하고, 지속 가능한 성장을 이끌어가는 데 중요한 역할을 할 수 있다. AI를 활용한 경제 모델은 단순히 기술 발전을 넘어서, 사회적 불균형을 해소하고 중산층의 경제적 참여를 촉진하는 포용적이고 혁신적인 시스템을 구축할 수 있다.

1) 중산층 경제 활성화의 필요성 : 불평등 해소와 안정적 성장

중산층은 국가 경제의 핵심이다. 중산층의 활성화는 단순히 소득을 증가시키는 것을 넘어, 소비 확대, 경제적 안정을 이루는 중요한 역할을 한다. 중산층은 경제 성장의 기본 동력이자 사회적 균형을 잡는 중요한 계층이다. 그러나 현재 우리는 소득 불평등, 중산층의 경제적 압박 등 다양한 문제를 직면하고 있다. 이를 해결하기 위해 AI 기반 경제 모델이 핵심적인 역할을 할 수 있다.

AI는 경제적 불균형을 해소하고, 중산층의 경제적 역량을 증대시키는 데 중요한 도전 과제가 될 수 있다. AI 기술을 활용하면, 중산층이 보다 효율적이고 공정한 기회를 가질 수 있도록 돕는 새로운 경제 모델을 만들 수 있다. 특히, AI 경제 모델은 소득의 재분배를 보다 정교하게 실현할 수 있도록 도와주며, 중산층의 경제적 기반을 견고하게 구축할 수 있다.

2) AI 경제 모델 : 중산층의 소득 증가와 자산 축적

AI 기반 경제 모델을 통해 중산층의 소득 증가와 자산 축적을 도울 수 있는 방법은 매우 다양하다. AI는 중산층의 소득 증가를 이끌어내는 혁신적인 시스템을 제공한다. AI 기술은 업무 효율성을 극대화하고, 생산성 향상을 이끌어내며, 중소기업과 창업자들이 기술적 지원을 받을 수 있도록 돕는다.

AI 기반 자동화 시스템은 중소기업과 자영업자들에게 생산성을 비약적으로 향상시킬 기회를 제공한다. 예를 들어, AI 기술을 활용한 스마트 매장 시스템이나 자동화된 고객 관리 시스템은 중소기업의 운영 효율성을 크게 높일 수 있다. AI 기반 시스템은 비용 절감과 작업의 자동화를 통해 중산층이 소유한 사업이 보다 경쟁력 있게 성장할 수 있는 기반을 마련해 준다. 또한, AI 학습 시스템은 직업 훈련과 기술 학습을 통해 고급 기술을 습득할 수 있는 기회를 제공하며, 이는 소득 수준을 끌어올리는 데 기여한다.

3) AI 기술과 중산층의 창업 활성화

AI 기술을 활용한 창업 혁신은 중산층의 경제적 역량을 확장하는 또 다른 중요한 방법이다. AI 스타트업 지원 시스템을 구축하면, 중산층에게 창업 기회와 혁신적인 비즈니스 모델을 제시할 수 있다. 특히, AI 기반 창업 지원 시스템은 중산층이 기술적 장벽 없이 사업 아이디어를 실현할 수 있도록 돕는다.

AI 창업 지원 플랫폼은 중소기업이나 창업자들에게 AI 도구와 리소스를 제공하고, 기업 운영에 필요한 기술적 문제를 해결할 수 있도록 지원한다. 예를 들어, AI 마케팅 도구, 자동화된 고객 서비스, AI 기반 재고 관리 시스템 등은 중산층 기업이 높은 비용을 들이지 않고도 효율적이고 혁신적인 운영을 할 수 있도록 해준다. 또한, AI 학습 알고리즘을 통해 고객 행동을 예측하고, 맞춤형 서비스를 제공하는 창업 모델은 중산층의 창업 생태계를 디지털화하고, 글로벌 시장으로의 진출을 가능하게 한다.

4) AI 기반 금융 시스템 : 중산층의 자산 형성 지원

AI 기반 금융 시스템은 중산층이 재정 관리를 효율적으로 할 수 있도록 돕는 중요한 도전이다. AI 시스템은 중산층의 자산 관리를 혁신적으로 바꿀 수 있는 가능성을 지니고 있다. AI 금융 서비스는 맞춤형 재정 계획과 투자 조언을 제공함으로써 중산층의 자산 축적을 돕는다.

AI 금융 관리 시스템은 저소득층과 중산층이 투자 기회를 공정하게 접근할 수 있도록 지원한다. 예를 들어, AI 시스템은 개인화된 투자 계획을 제공하고, 위험 관리 및 수익률 최적화를 위해 실시간으로 데이터를 분석하여 투자 결정을 지원한다. 또한, AI 기반 대출 시스템은 소득 수준에 맞춘 대출 조건을 제공함으로써 경제적 자립을 돕고, 소득 불평등을 해소하는 데 기여할 수 있다. 이 시스템은 금융 서비스의 접근성을 높이고, 중산층이 자산을 형성할 수 있는 기회를 확대한다.

5) AI 기반 경제 모델로 중산층을 주도하는 경제 성장

　AI 기반 경제 모델은 중산층의 경제적 역량을 강화하고, 소득 불평등을 해소하는 데 중요한 역할을 한다. AI는 중소기업의 성장과 창업 활성화, 자산 축적을 돕는 혁신적인 도전과 기회를 제공한다. 또한, AI 금융 시스템은 중산층이 재정적으로 자립할 수 있는 기회를 제공하며, 소득 격차를 해소하는 데 중요한 기여를 한다.

　AI 기반 경제 모델은 디지털 경제에서 중산층이 핵심적인 경제 주체로 자리 잡을 수 있는 기회를 제공하며, 소득의 공정한 분배와 지속 가능한 경제 성장을 이끌어갈 수 있다. AI 기술을 통해 중산층의 경제적 활성화는 더 이상 꿈이 아니며, 지속 가능한 발전을 이끄는 중요한 힘이 될 것이다. AI를 활용한 경제 혁신은 중산층에게 새로운 성장 기회를 제공하고, 경제적 평등을 실현하는 중요한 열쇠가 될 것이다.

2. AI와 초저출생 문제 대응

(1) AI 기반 육아 지원 시스템

　초저출생 문제는 단순한 인구 감소가 아니라 국가의 존립과 미래 지속가능성을 위협하는 구조적 위기다. 출산을 기피하는 원인 중 가장 직접적이고 반복적으로 지적되는 문제는 양육의 부담과 불확실성이다. 과중한 경제적 비용, 육체적·정서적 스트레스, 경력 단절에 대한 우려, 사회적 고립감 등이 복합적으로 얽혀 있으며, 이 가운데 육아에 대한 부담은 부모 개인의 책임으로 전가되고 있는 구조적 문제가 자리하고 있다. 이러한 현실 속에서 AI 기술은 육아의 책임과 부담을 기술적으로 분산하고, 효율적이며 정서적으로 지지받는 양육 환경을 조성함으로써 실질적인 대안을 제공할 수 있다.

AI 기반 육아 지원 시스템의 핵심은 양육자의 삶을 전방위적으로 보조하는 지능형 종합 지원체계다. 첫째, 아기의 울음, 표정, 수면, 배변, 식사량, 움직임 등 생체 및 행위 데이터를 수집·분석하는 스마트 센서 기반 모니터링 기술이 대표적이다. 이러한 데이터는 AI가 아기의 현재 상태를 정밀하게 파악하고, 위험 징후가 포착되면 부모에게 실시간으로 경고한다. 예컨대, 열감지 센서나 울음소리 분석기를 통해 발열, 불편, 질병의 가능성을 조기에 감지할 수 있으며, 이는 신속한 대처로 이어져 영아 돌연사증후군(SIDS) 등 예방 가능성이 높아진다.

둘째, AI는 부모의 행동 패턴, 감정 상태, 수면 시간 등을 학습하여 맞춤형 육아 컨설팅을 제공한다. 예를 들어, 밤중 수유 빈도가 높은 가정의 부모에게는 수면 보충 시간대를 제안하거나, 아이와의 상호작용 부족이 분석되면 적절한 놀이 방법과 시간을 알려준다. 이와 함께 부모의 스트레스, 우울감, 육아 번아웃 증상까지 분석하여 필요한 경우 심리 상담 연계 서비스를 자동으로 추천하는 정서 관리 기능도 구현된다.

셋째, AI 기반 육아 플랫폼은 지역 기반 커뮤니티 데이터와 결합되어 부모에게 꼭 필요한 행정, 의료, 복지 정보를 적시에 전달한다. 예를 들어, 가까운 보건소의 예방접종 일정, 육아용품 지원 정보, 긴급 돌봄 신청 절차 등을 AI 챗봇이 24시간 안내한다. 특히 다자녀 가정, 한부모 가정, 외국인 부모 등 정보 소외 계층에게는 번역된 정보와 음성 안내까지 제공함으로써 접근성의 평등을 실현할 수 있다.

넷째, 이러한 육아 시스템은 단순한 가정 내 도우미 역할을 넘어서 국가적 데이터 기반 정책 설계 플랫폼으로 확장될 수 있다. 예를 들어, 전국 단위로 수집된 아동 건강 데이터, 발달 패턴, 육아 스트레스 지표 등을 통합 분석하면, 특정 지역의 보육 수요 예측, 의료 자원 재배치, 교육 격차 해소 정책에 대한 과학적 근거를 마련할 수 있다. 더불어 AI는 이러한 데이터를 기반으로 취약 계층 대상 맞춤형 육아 바우처 시스템과 탄력적 돌봄 시간 운영 모델도 설계할 수 있어 복지 행정의 효율성 또한 높아진다.

마지막으로, AI 기반 육아 지원은 일과 가정의 양립을 실질적으로 가능하게 하는 기반이 된다. 원격 근무 중에도 아이의 상태를 확인하고, 긴급 상황에 대응할 수 있는 기능은 육아로 인한 직장 내 불이익을 최소화한다. 특히 육아휴직 복귀 시기 조정, 근무시간 유연화 등에 AI의 예측 알고리즘이 기여함으로써, 고용주와 근로자 간의 상호 신뢰 형성에도 긍정적 영향을 미친다.

결국 AI 기반 육아 지원 시스템은 기술을 통해 육아의 불확실성을 줄이고, 부모에게 정보, 심리, 실질적 보조를 제공함으로써 아이를 낳고 기르는 일이 덜 고통스럽고 더 가치 있는 일이 되도록 만든다. 이는 초저출생 시대에 가장 근본적인 사회적 신뢰 회복이자, 인구정책의 혁신적 전환점이 될 수 있다.

(2) 보육 및 교육 효율성 향상

보육과 유아교육은 출산율 회복과 긴밀하게 연결된 핵심 영역이다. 부모가 아이를 안심하고 맡길 수 있는 신뢰받는 보육 환경은 출산 결정의 중요한 요인이며, 유아기의 질 높은 교육은 향후 사회적 이동성과 평등 기회 보장의 기초가 된다. 그러나 현재의 보육 시스템은 인력 부족, 시설 간 격차, 지역 불균형, 낮은 교사 처우, 행정 비효율 등의 구조적 문제에 직면해 있다. AI 기술은 이러한 병목현상을 해소하고, 보육 및 유아교육의 질과 효율성을 획기적으로 향상시킬 수 있는 새로운 동력을 제공한다.

첫째, AI는 아동 개별화 보육을 가능케 한다. 기존 보육은 동일한 시간표와 활동을 일괄적으로 적용해 왔지만, AI는 각 아이의 성향, 발달 속도, 학습 선호도를 분석해 맞춤형 돌봄과 교육을 제공한다. 예컨대, 언어 발달이 느린 아동에게는 음성 인식 기반 스토리텔링 콘텐츠를 반복적으로 제공하거나, 과잉행동 경향이 있는 아동에게는 신체활동 중심의 교육 콘텐츠를 우선 배치하는 방식이다. 이는 교사에게 정밀한 데이터 기반 판단 자료를 제공하며, 아동의 발달에 대한 비정형 정보의 객관화를 가능하게 한다.

둘째, AI는 보육시설의 운영 효율성을 높인다. 출결, 식단 관리, 건강 기록, 발열 감지, 활동 평가 등의 반복 업무는 AI 시스템이 자동으로 처리함으로써 교사는 교육과 돌봄에 집중할 수 있다. 또한 CCTV 영상 분석을 통해 실시간 안전사고를 감지하거나, 일정 이상의 소음, 울음, 이상행동 발생 시 교사에게 즉시 알림을 전송하여 안전관리 수준을 높이는 기능도 포함된다. 이는 보육시설의 신뢰도와 부모의 안심도를 동시에 향상시킨다.

셋째, AI는 부모와 보육기관 간의 상호작용을 실시간 양방향화 한다. 일일활동 보고서, 식사량, 수면시간, 정서 상태 등의 데이터를 부모가 앱을 통해 실시간 확인하고 피드백할 수 있는 시스템은 육아의 연속성을 강화하며, 부모의 참여율도 높인다. 특히 다문화가정, 맞벌이 가정, 조손가정 등 보육 커뮤니케이션이 단절되기 쉬운 가정에게는 이러한 시스템이 더욱 유용하다.

넷째, AI 기반 원격 보육 콘텐츠 플랫폼은 지역 간 보육격차 해소에 기여한다. 도시와 농어촌, 수도권과 비수도권 간 보육교사 질, 콘텐츠 수준, 학습자 환경의 차이를 최소화할 수 있으며, 소규모 보육시설에서도 AI 기반 커리큘럼을 통해 표준화된 교육을 제공받을 수 있다. 특히 장애 아동, 발달지연 아동 등을 위한 특수교육 보조 시스템도 함께 개발됨으로써 포괄적 보육 실현이 가능하다.

마지막으로, AI는 보육정책의 수립과 평가의 도구로서 역할을 수행한다. 아동 발달지표, 교사 업무량, 부모 만족도, 지역별 수요 등을 실시간으로 분석하고 예측함으로써, 예산 배분의 효율성을 높이고 정책 개입 시기를 앞당길 수 있다. 이는 중앙정부뿐만 아니라 지방자치단체의 맞춤형 보육정책 설계를 가능하게 하며, 지역 인구정책과 연계된 통합관리 체계로 발전할 수 있다.

결론적으로, AI는 보육을 단순한 위탁의 공간에서 미래를 설계하는 성장의 장으로 전환시키며, 교육을 보다 공정하고 정교하게 제공하는 국가적 역량으로 진화시킨다. 이러한 변화는 단순한 기술 도입이 아니라 국가의 철학과 정책 의지가 결합된 사회구조 혁신의 시발점이며, 아이를 기르는 일이 곧 국가의 경쟁력이라는 시대적 메시지를 담고 있다.

3. AI를 통한 고용 창출과 사회적 안정

(1) 창의적인 고용 혁명

AI 기술의 발전은 단순히 기술적 진보를 의미하는 것이 아니다. 그것은 산업, 경제, 사회 구조에 대한 근본적인 변화를 가져오며, 고용 창출과 사회적 안정을 위한 새로운 기회를 만들어 낸다. AI가 직업을 대체한다는 두려움은 이미 오래전부터 존재해왔지만, AI의 진정한 잠재력은 오히려 새로운 직업을 창출하고, 인간 중심의 노동 시장을 재구성하는 데 있다. 이를 통해 고용의 질을 높이고, 사회적 안정을 강화할 수 있는 창의적인 모델이 가능하다.

1) AI 기반 산업 혁신을 통한 새로운 직업군 창출

AI는 단순히 기존 산업의 효율성을 높이는 데 그치지 않는다. AI는 산업 혁신을 이끌어내고, 새로운 직업군을 창출하는 핵심적인 동력이 된다. 특히, AI 시스템은 인간의 반복적인 작업을 대신하면서, 창의적이고 고급 지식이 요구되는 분야에 대한 수요를 증가시킨다. 이는 기계적이고 단순한 작업에서 벗어나, 고차원적인 사고와 문제 해결 능력을 요구하는 직업이 급증하게 되는 구조를 만든다.

AI 기반 산업 혁신은 전통적인 직업군을 변형시키며, 새로운 직업군을 창출하는 중요한 역할을 한다. 예를 들어, 스마트팩토리나 자율주행 차량은 기존의 제조업이나 운송업에서 발생하던 직무를 자동화하면서, AI 시스템을 관리하고 운영할 전문가들이 필요하다. 이에 따라, AI 시스템 관리자, AI 알고리즘 전문가, 데이터 분석가 등과 같은 새로운 직업군이 생겨나게 된다.

이러한 직업군의 변화는 기술 발전에 따른 자연스러운 결과이지만, AI 기술을 활용한 창의적 접근법이 필요하다. AI 기반 산업 혁신을 통해, 일반 노동자가 고급 기술직으로 변환할 수 있는 기회를 제공하는 기술 훈련 시스템을 구축할 필요가 있다. 이는 산업 변화에 유연하게 적응할 수 있는 교육 시스템을 통해, 기술 발전에 뒤처지지 않도록 하는 중요한 전략이 될 것이다.

2) AI를 통한 고용의 재정의 : 기계적 업무에서 창의적 업무로의 이동

AI의 발전은 직무의 재정의를 가져온다. 기계적이고 반복적인 업무는 AI에 의해 대체되며, 그 자리에 창의적이고 혁신적인 업무가 자리잡게 된다. 예를 들어, 고객 서비스나 자료 분석 등의 직무는 AI 시스템을 통해 자동화될 수 있지만, 고객 맞춤형 솔루션을 제시하거나, AI가 만든 결과를 해석하고 의사 결정을 지원하는 전문가는 기존보다 더욱 중요한 역할을 하게 된다.

AI 기술은 고용의 질을 변화시킬 수 있는 잠재력을 가지고 있다. 기술적 자동화를 통해 사람들의 시간을 더 창의적인 업무에 할애할 수 있도록 돕고, 생산성 향상과 함께 창의적 문제 해결이 필요한 직무로 이동할 수 있게 한다. 이는 기계적 작업을 맡아왔던 사람들에게 기술적 교육과 훈련을 통해 새로운 고급 직업에 종사할 수 있는 기회를 제공한다. AI 시스템을 운영하는 AI 전문가나 AI 튜닝 엔지니어 같은 고급 직업들이 이 과정에서 필수적으로 등장한다.

3) AI 기반의 창의적 고용 모델 : 사회적 혁신을 위한 디지털 플랫폼

AI는 또한 사회적 혁신을 위한 디지털 플랫폼을 창출할 수 있다. AI 기반의 고용 모델은 플랫폼 경제와 디지털 노마드 시대의 도래를 가속화시키고 있다. 이 플랫폼은 개인의 기술적 특성에 맞춘 맞춤형 직업 기회를 제공하는 데 초점을 맞춘다. AI 기반의 직업 추천 시스템은 구직자가 자신의 능력과 흥미에 맞는 직무를 쉽게 찾아낼 수 있도록 돕고, 기업은 AI 추천 시스템을 통해 필요한 인재를 빠르고 정확하게 찾아낼 수 있다.

예를 들어, AI 기반의 직업 추천 시스템은 구직자의 기술력, 성향, 업무 스타일 등을 고려하여 그에 맞는 창의적 직무를 추천한다. AI 시스템은 기존의 직업 필터링 방식을 넘어, 구직자의 성격, 직무에 대한 이해도, 기술 습득 가능성 등을 종합적으로 분석하여 맞춤형 직업 경로를 제공한다. 이를 통해 사회적 통합을 이루고, 새로운 직업군을 창출하는데 필요한 디지털 플랫폼을 구축할 수 있다.

4) AI와 사회적 안전망 : 노동 시장의 미래를 대비하는 스마트 시스템

AI는 고용 시장의 변화에 대응하는 스마트 사회적 안전망을 구축하는 데 중요한 역할을 한다. AI 기반 시스템은 기술적 실업과 같은 사회적 문제를 해결하는 뛰어난 도전 과제가 될 수 있다. 예를 들어, AI의 발전에 따라 일자리가 사라지거나 변형되는 상황에서 사회적 안전망은 실업과 기술 재교육을 통해 사람들을 새로운 직업에 적응시킬 수 있도록 돕는 역할을 한다.

AI 시스템은 구직자가 새로운 직업을 찾을 수 있도록 지원하는 동시에, 고용주의 요구 사항을 정확히 파악하고, 필요한 역량을 갖춘 인재를 추천하는 시스템을 제공한다. 또한, AI 시스템은 직업 재훈련 프로그램을 통해, 기술 발전에 따른 사회적 변화를 최소화하고, 노동 시장에서의 안정성을 유지하는 중요한 역할을 한다. 이를 통해 AI는 직업의 재정의와 새로운 고용 창출을 위한 지속 가능한 사회적 모델을 구축할 수 있다.

5) AI로 여는 새로운 고용 혁명의 시대

AI 기술은 고용 창출과 사회적 안정을 위한 창의적인 도전을 가능하게 한다. AI 기반 경제 모델은 기존 산업의 혁신을 넘어 새로운 직업군을 창출하고, 중산층의 경제적 활성화를 이끌어내는 중요한 동력이 될 수 있다. 또한, AI는 플랫폼 경제와 디지털 노마드 시대를 여는 중요한 기술로, 기술적 실업과 직업 재정의에 대응할 수 있는 스마트 사회적 안전망을 제공한다.

AI가 창출하는 새로운 일자리는 기술적 혁신을 넘어서 사회적 책임을 다하는 방향으로 나아가야 한다. AI 기반 시스템을 통해 우리는 기술의 발전을 고용 창출과 사회적 평등을 실현하는 중요한 도전으로 만들 수 있다. 이 과정에서, AI는 사회적 통합과 지속 가능한 발전을 위해 중요한 역할을 하게 될 것이다. AI 기반 고용 창출은 단순한 기술적 혁신을 넘어, 사회적 변화를 이끄는 지속 가능한 혁신 모델로 자리잡게 될 것이다.

(2) 스타트업 지원으로 고용 확대

AI 기반 창업과 스타트업 지원은 고용 증대와 경제 성장의 중요한 동력으로 자리 잡을 수 있다. AI 기술은 기존 산업을 혁신하는 데 그치지 않고, 새로운 산업을 창출하며, 특히 중소기업과 스타트업 분야에서 급격한 성장을 가능하게 만든다. 전통적으로 고용 창출은 대기업 중심의 경제 모델에서 비롯되었지만, AI 기반 창업은 기술 혁신을 기반으로 창업 생태계의 지형을 새롭게 그리고 있다. AI 기술이 스타트업과 중소기업에게 제공하는 기회는 단순히 경제적 이익을 넘어서, 사회적 안정과 직업 창출을 위한 중요한 방법이 될 수 있다.

1) AI 기반 스타트업 창업 : 새로운 기회의 창출

AI 기반 창업은 기술 중심의 새로운 시장을 만들어내는 중요한 촉매 역할을 한다. AI 기술은 창업자에게 기술적 장벽을 낮추고, 혁신적인 비즈니스 모델을 창출하는 데 필요한 도구와 리소스를 제공한다. AI 창업자들은 기존의 복잡한 시스템을 AI 기술을 활용해 단순화하고, 효율성을 높여 시장에 새로운 가치를 창출할 수 있다. 이러한 창업 혁신은 기술을 잘 활용할 수 있는 창의적인 인재들에게 새로운 기회를 제공하며, 스타트업이 기술적 혁신을 통해 성장할 수 있도록 돕는다.

예를 들어, AI 창업자는 기존 산업의 문제점을 해결하는 혁신적인 비즈니스 모델을 제시할 수 있다. AI 기반 제품을 창출하거나, AI가 제공하는 맞춤형 서비스를 활용해 시장 점유율을 확대하는 스타트업은 기술 혁신을 통해 기존 산업 구조를 완전히 뒤엎을 수 있다. AI 스타트업이 기존 산업과의 차별화된 경쟁력을 갖게 되면, 고용 창출과 산업 혁신이 자연스럽게 이루어진다.

2) AI 창업 지원 생태계 : 스타트업을 위한 창의적 지원 시스템

AI 기반 창업의 성장을 위해서는 스타트업 생태계에 대한 포괄적인 지원이 필요하다. AI 스타트업 지원 시스템은 단순히 기술적 자원을 제공하는 것을 넘어, 비즈니스 모델 개발, 시장 진입 전략, 자금 지원까지 종합적인 지원을 제공해야 한다. AI 창업 지원 플랫폼은 AI 창업자들이 창의적인 아이디어를 실현할 수 있도록, 기술적 지원은 물론, 사업 아이디어에 대한 피드백과 시장 조사, 비즈니스 모델 구현까지 전방위적인 지원을 해야 한다.

특히 AI 창업 지원 정책은 스타트업의 성장을 위한 창의적인 인프라 구축에 집중해야 한다. 예를 들어, AI 창업자에게 자금 지원을 제공하는 AI 창업 펀드를 운영하거나, AI 기업들이 시장에 진입하는 데 필요한 법적 지원과 규제 완화를 통해 창업 장벽을 낮출 수 있다. 또한, AI 기술에 대한 교육과 훈련을 제공하는 AI 창업 아카데미나 멘토링 프로그램을 통해 창업자들이 기술적 어려움을 해결할 수 있도록 도와준다.

AI 창업 생태계는 창의적인 아이디어와 혁신적인 기술을 결합하여 새로운 일자리와 산업 혁신을 일으키는 데 중요한 역할을 한다. 이를 위해서는 창업자들의 혁신적인 아이디어가 시장에 진입할 수 있도록 하는 기술적, 재정적 지원이 반드시 필요하다.

3) AI 스타트업 지원 : 글로벌 시장 진출을 위한 전략적 접근

AI 스타트업의 글로벌 시장 진출은 단순히 국내 시장에 머무르는 것이 아니라, 세계 시장에서의 경쟁력 확보를 위한 중요한 단계이다. AI 기술은 국경을 넘어서 글로벌 경제에 통합될 수 있는 강력한 도구이다. 그러나 이를 실현하기 위해서는 글로벌 네트워크 구축과 국제적 협력이 필수적이다. AI 스타트업은 글로벌 진출을 위한 전략적 접근을 통해 국제적인 파트너십을 구축하고, 글로벌 시장에서 지속 가능한 경쟁력을 확보할 수 있어야 한다.

AI 스타트업의 글로벌 시장 진출을 위해서는 다양한 국가와의 협력을 통한 기술 교류가 중요하다. 예를 들어, AI 스타트업은 글로벌 AI 생태계와의 협력을 통해 국제 시장에 진입할 수 있는 기술력과 인프라를 갖출 수 있다. 국제 스타트업 네트워크나 AI 기술 혁신

센터와 협력하는 것은 AI 스타트업의 글로벌 진출을 위한 중요한 전략이 된다. 또한, AI 스타트업이글로벌 기업들과 파트너십을 통해 지속 가능한 경쟁 우위를 확보하는 것도 중요한 요소다.

4) AI 창업과 일자리 창출 : 기술의 발전을 인간 중심으로 이끌기

AI 기술은 새로운 직업군을 창출하고, 산업 구조의 혁신을 이끌어내며, 고용 시장의 구조적 변화를 가져올 수 있다. 그러나 AI의 발전이 기존 일자리를 대체하는 방향으로 가서는 안 된다. AI 기술은 기존 일자리의 형태를 진화시키고, 새로운 직업을 창출하는 역할을 해야 한다.

AI 기반 창업은 기술 혁신을 사회적 가치와 결합시킬 수 있는 중요한 고용 창출 모델이다. 예를 들어, AI 스타트업은 기술 기반 직업을 넘어서, 사회적 문제 해결을 위한 창업 모델을 제시할 수 있다. AI 기술을 활용해 사회적 문제를 해결하는 스타트업은 사회적 책임을 다하며, 동시에 고용 창출에 기여할 수 있다. AI 스타트업은 기술 혁신을 통해 사회적 가치를 창출하고, 새로운 일자리를 지속적으로 만들어가는 방향으로 나아가야 한다.

5) AI 창업과 고용 창출의 상호작용

AI 기반 창업은 고용 창출과 산업 혁신을 동시에 이루는 중요한 요소이다. AI 기술은 스타트업에게 새로운 기회를 제공하고, 경제의 혁신을 주도하며, 사회적 불평등을 해소하는 데 중요한 역할을 한다. AI 기반 창업을 통해 새로운 직업군을 창출하고, AI 기술을 사회적 책임과 결합시켜 사회적 가치를 실현하는 것은 미래 사회에서 가장 중요한 과제가 될 것이다.

AI 스타트업이 사회적 혁신을 이루어낼 수 있도록 하는 것은 단순히 기술적 성취를 넘어서, 인간 중심의 고용 창출과 사회적 안정을 위한 지속 가능한 전략이 필요하다. AI 기술이새로운 직업과 고용 기회를 창출하고, AI 기반 창업 지원이 글로벌 시장 진출과 산업 혁신을 이끄는 핵심 동력이 될 수 있도록 해야 한다. AI 기반 창업은 고용 창출과 사회적 가치를 실현하는 지속 가능한 모델로 자리 잡을 수 있을 것이다.

제6장
AI 산업의 윤리적 문제와 사회적 책임

1. AI 윤리와 기술의 책임

(1) 기술 혁신 속에서 인간의 가치

AI 기술은 현대 사회에서 최고의 혁신적 도전이자 중대한 기회를 제공한다. 그러나 기술적 진보와 사회적 책임은 동시에 균형을 이루어야 한다. AI는 단순히 산업 혁신의 도구가 아니라, 인류의 가치와 윤리적 기준을 고려한 방식으로 개발되고 활용되어야 할 강력한 힘을 가진다. AI 윤리는 기술 혁신의 진전을 넘어서, 사회적 신뢰와 개인의 권리 보호, 공정성을 실현하는 데 중요한 역할을 하게 된다.

1) AI 윤리의 중요성 : 기술의 영향력과 인간의 가치

AI 기술은 기계 학습과 자동화를 통해 우리가 상상할 수 있는 거의 모든 분야에 영향을 미치고 있다. 하지만 이러한 변화가 긍정적인 효과를 가져오는 한편, 윤리적 위험을 동반할 수 있다는 사실을 간과해서는 안 된다. AI 윤리는 단순히 기술의 선악을 판단하는 문제가 아니라, 기술이 사회에 미치는 영향을 전반적으로 평가하고,

그 사용과 개발에 대한 책임을 져야 한다는 인식에서 출발한다.

AI의 발전은 경제적 효율성과 편리함을 넘어, 인간의 삶에 깊숙이 영향을 미칠 수 있는 사회적 파급력을 가진다. 예를 들어, AI 기반의 자동화와 기계 학습 시스템이 사회적 계층과 노동 시장에 미치는 영향은 저소득층과 취약 계층에게 더 큰 불평등을 초래할 수 있다. 또한, AI 시스템이 잘못된 결정을 내리거나, 편향된 알고리즘이 적용될 경우, 인간의 권리와 자유가 위협받을 수 있다. 그러므로 AI 윤리는 기술 발전에 있어 인간 중심의 사고를 중심에 놓고, 기술적 책임을 다하는 중요한 과제가 되어야 한다.

2) AI의 윤리적 문제 : 투명성, 공정성, 그리고 책임의 문제

AI 기술이 사회에 미치는 영향은 단지 기술적 효율성에 그치지 않는다. 그보다 더 중요한 문제는 AI 시스템의 공정성, 책임성, 투명성이다. AI 시스템은 데이터를 학습하고, 이를 기반으로 결정을 내리며, 자동화된 의사결정 시스템으로 작동하는 경우가 많다. 이 과정에서 알고리즘의 투명성이 결여될 경우, 불공정한 결과나 편향된 결론을 도출할 수 있다.

AI 윤리는 알고리즘의 공정성을 보장하고, 그 결과에 대한 책임을 명확히 하도록 요구한다. 예를 들어, AI 채용 시스템이 특정 성별이나 인종에 대한 편향을 보인다면, 이는 평등한 기회와 사회적 정의를 위협하는 문제로 이어질 수 있다. AI 윤리는 이를 사전 예방하고, 알고리즘이 차별을 하지 않도록 설계하는 데 중점을 둔다. 또한, AI 시스템의 투명성을 높이기 위해, 그 알고리즘의 결정 과정과 데이터 활용 방식이 사회적 감시와 검증을 받을 수 있도록 해야 한다.

3) AI 개발과 사용에 대한 사회적 책임 : 인간 중심의 기술

AI 기술이 발전함에 따라 개발자와 기업은 기술적 책임을 다하는 것에 그쳐서는 안 된다. AI 윤리는 기술 개발의 사회적 책임을 강조하며, 사회적 가치와 공공의 이익을 우선시하는 방향으로 나아가야 한다. AI 기술 개발자와 기업은 그들의 기술적 선택이 사회적 결과에 미치는 영향을 심각하게 고려해야 하며, 기술 개발의 궁극적인 목표가 인류의 복지와 사회적 공정성을 증진하는 것임을 명확히 해야 한다.

예를 들어, AI 시스템이 사회적 약자에 불리하게 작용할 위험이 있다면, 이를 사전 조정하고, 윤리적 기준을 준수하는 방식으로 개발해야 한다. AI 윤리 위원회와 같은 독립적인 규제 기관을 통해 AI 시스템의 공정성과 투명성을 지속적으로 점검하고, 사회적 책임을 다하는 개발이 이루어지도록 해야 한다.

AI 윤리의 핵심은 기술이 인간 중심으로 발전할 수 있도록 하는 것이다. AI 개발자와 기업은 기술이 가져오는 변화에 대해 책임감을 가지고, 사회적 불평등과 차별을 예방할 수 있는 기술적 솔루션을 제시해야 한다.

4) AI 기술과 사회적 규제 : 기술 혁신과 사회적 책임의 균형

AI 기술이 사회적 책임을 다하는 방식으로 발전하려면, 규제와 법적 틀이 반드시 필요하다. AI 윤리 규제는 기술 혁신과 사회적 책임을 조화롭게 이끌어가는 중요한 역할을 해야 한다. AI 시스템의 공정성, 투명성, 책임성을 보장하기 위해서는 강력한 법적 규제와 함께 AI 개발자와 사용자가 그 책임을 다할 수 있는 사회적 합의가 필요하다.

AI 기술의 발전은 기업과 개발자의 의도뿐만 아니라, 사회적 감시와 윤리적 기준을 통해 조정될 필요가 있다. AI 윤리 위원회는 기술의 사회적 영향을 점검하고, 윤리적 표준을 세우는 규제 기관으로 기능해야 한다. 또한, AI 시스템의 사용자가 기술을 어떻게 사용할 것인지에 대한 명확한 지침과 규제가 있어야, 불법적이거나 윤리적이지 않은 사용을 방지할 수 있다.

5) AI 윤리와 기술의 책임

AI 기술의 발전이 가져오는 사회적 변혁과 기술적 혁신을 실현하려면, 윤리적 기준을 준수하고 책임감 있는 개발이 필수적이다. AI 윤리는 기술이 인간 중심으로 발전할 수 있도록 하는 사회적 책임의 핵심이다. 알고리즘의 공정성, 투명성, 책임성은 AI 기술을 발전시키는 데 있어 중요한 원칙이 되어야 하며, 그에 맞는 사회적 규제와 법적 틀이 필요하다.

AI 기술이 인간의 삶을 더 나은 방향으로 변화시키는 데 기여하기 위해서는, 사회적 가치와 공정성을 보장하는 동시에, 기술적 혁신을 이끄는 길이 필요하다. AI 윤리는 단순히 기술적 진보에 그치지 않고, 인류와 사회의 복지를 고려하는 중요한 기준이 되어야 한다. AI 기술을 책임감 있게 활용하고, 윤리적 기준을 지키는 방향으로 나아간다면, 이는 미래의 사회적 안정과 지속 가능한 발전을 보장하는 중요한 열쇠가 될 것이다.

(2) AI 공정성 보장

AI 기술은 이제 단순히 효율성과 편리함을 추구하는 도구를 넘어, 사회적 책임과 공정성을 보장하는 핵심 요소로 자리잡고 있다. AI가 전 세계적으로 산업과 사회에 미치는 영향력이 커짐에 따라, 우리는 이제 기술적 혁신과 사회적 책임을 동시에 고민해야 할 시점에 이르렀다. 기술이 발전함에 따라 그에 대한 사회적 책임도 함께 성장해야 한다는 명확한 인식이 필요하다. 이는 단순히 윤리적 문제에 그치는 것이 아니라, AI 기술을 사용하여 사회적 가치를 창출하고, 공정한 기회를 보장하는 데 필수적인 요소로 자리잡아야 한다.

1) AI의 사회적 책임 : 기술의 선용과 악용을 구별하는 기준

AI 기술의 가장 중요한 책임 중 하나는 사회적 악용을 방지하는 것이다. AI가 실시간 데이터 처리, 의사결정 지원, 자율 시스템 운용 등에서 무한한 가능성을 제공하는 한편, 이 기술이 잘못된 방식으로 사용되면 사회적 불평등과 차별을 심화시킬 수 있다. AI의 사회적 책임은 단순히 기술 개발의 윤리적 기준을 정하는 것을 넘어, AI 기술을 실제로 어떻게 활용할 것인지에 대한 전략적 접근이 필요하다.

AI의 공정성은 그 사용자가 의도한 바와 다르게 기술적 오용을 초래할 가능성이 있다. 예를 들어, AI 기반 채용 시스템이 성별, 인종, 학력에 따라 차별적인 결정을 내릴 수 있는 위험성을 내포하고 있다. 이는 AI 알고리즘의 훈련 과정에서 편향된 데이터가 반영될 때 발생할 수 있으며, 사회적 불평등을 심화시킬 수 있다. 이러한 편향을 해결하기 위해서는 AI가 훈련되는 데이터의 출처와 선택 방식에 대한 투명성을 보장해야 하며, 데이터의 공정성을 지속적으로 검토하고 개선하는 노력이 필요하다.

따라서, AI 기술의 사회적 책임은 기술 개발의 윤리적 방향을 설정하는 데 그치지 않는다. AI는 그 자체로 사회적 변화를 촉발할 수 있는 힘을 가지고 있기 때문에, 사회적 책임을 다하는 기술 개발은 사회 전반에 걸쳐 공정하고 정의로운 영향을 미칠 수 있어야 한다. 이를 위해서는 AI 기술의 사용 과정에서 발생할 수 있는 사회적 부작용을 미리 예측하고, 그에 대한 대응 방안을 마련하는 것이 중요하다.

2) 공정성 보장을 위한 AI 알고리즘의 투명성과 규제 필요성

공정성은 AI 기술의 핵심적인 윤리적 기준이다. AI 시스템은 의사결정 지원과 자동화된 업무를 수행하는 데 있어서, 기술적으로 공정한 판단을 내리도록 설계되어야 한다. 그러나, AI 시스템이 불공정한 결정을 내릴 수 있는 위험이 상존하고 있다는 점에서, 공정성 보장을 위한 AI 알고리즘의 투명성이 필수적이다.

AI의 공정성을 보장하는 중요한 방법은 데이터에 대한 투명성이다. AI 알고리즘은 대규모 데이터를 학습하여 의사결정을 내리는데, 이 데이터가 어떻게 수집되고 처리되는지에 대한 투명성을 확보하는 것이 중요하다. 데이터의 편향이나 불균형이 AI의 결정에 영향을 미치지 않도록, 데이터가 어떻게 선정되고 가공되는지에 대한 명확한 규정과 감독 체계가 필요하다.

또한, AI 알고리즘의 규제는 공정성을 보장하는 중요한 요소이다. AI 기술이 불공정하게 사용될 위험을 예방하기 위해서는, 알고리즘의 공정성을 지속적으로 모니터링하고, 편향된 결정을 피할 수 있도록 하는 법적 규제가 필요하다. 이는 AI 기술이 단지 기술적 효율성만을 추구하는 것이 아니라, 공정하고 정의로운 사회를 만드는 데 기여하도록 하는 중요한 방안이 된다.

3) 기술 혁신과 사회적 책임을 결합한 모델 : 인간 중심의 AI 개발

AI 기술의 사회적 책임을 다하기 위한 핵심 전략은 기술 혁신과 사회적 책임을 결합하는 것이다. AI 개발자와 기업은 기술 혁신을 인간 중심으로 이끌어가는 것이 필수적이다. AI 시스템은 사회적 가치를 반영하고, 인간의 존엄성을 최우선으로 고려해야 한다. 예를 들어, AI 시스템을 의료, 교육, 복지 분야에 활용할 때, 그 결과물이 사회적 약자에게 불이익을 주지 않도록 해야 한다.

AI 기술의 사회적 책임을 다하는 방법은 기술적 혁신을 인간의 가치와 윤리적 기준에 맞춰 조정하는 것이다. 예를 들어, AI 의사결정 시스템이 공정한 데이터와 윤리적 기준을 바탕으로 작동하도록 설계된다면, 이는 사회적 책임을 다하는 기술이 될 수 있다. 이러한 기술은 사회적 약자가 불이익을 받지 않도록 돕고, 기술이 인간의 가치를 훼손하지 않도록 보장한다.

4) 기술 혁신과 사회적 통합 : AI로 새로운 사회적 연결망 구축

AI 기술은 사회적 연결망을 형성하고, 사회적 불평등을 해소하는 데 중요한 역할을 할 수 있다. AI는 디지털 격차를 해소하고, 사회적 약자에게 기회 균등을 제공하는 중요한 도구가 될 수 있다. 예를 들어, AI 교육 시스템은 모든 계층의 학생에게 맞춤형 학습을 제공하고, AI 건강 관리 시스템은 의료 혜택을 받을 수 없는 계층에게 최고 수준의 치료를 제공할 수 있다.

AI 기반의 사회적 연결망은 사회적 통합을 이루는 중요한 역할을 할 수 있다. 예를 들어, AI 기술을 통해 사회적 격차를 줄이고, 사회적 약자에게도 공정한 기회를 제공할 수 있는 디지털 플랫폼을 구축할 수 있다. 이러한 플랫폼은 기술이 인간 중심으로 발전하며, 공정한 사회를 이룩하는 데 중요한 기여를 할 것이다.

5) AI와 사회적 책임, 공정성 보장의 새로운 시대

AI 기술은 사회적 책임을 다하는 방식으로 진화해야 하며, 공정성 보장은 그 기술 발전의 핵심 목표가 되어야 한다. AI 윤리는 기술 혁신을 넘어서, 인간의 가치를 존중하는 기술로 발전해야 하며, 사회적 책임을 다하는 AI 시스템을 통해 사회적 통합과 불평등 해소를 이뤄낼 수 있다. AI 기술은 산업 혁신을 이끄는 것뿐만 아니라, 공정한 사회를 만들어가는 중요한 도전과 기회를 제공할 것이다.

기술 혁신과 사회적 책임의 결합을 통해, AI는 미래 사회의 핵심으로 자리 잡을 수 있으며, 공정하고 투명한 AI 시스템은 사회적 정의와 경제적 평등을 실현하는 중요한 열쇠가 될 것이다. AI 기술의 사회적 책임은 그 발전의 중요한 기준이며, 이를 기술 혁신과 사회적 가치가 동시에 고려되는 방향으로 이끌어야 한다. AI 윤리는 미래의 사회에서 중요한 기준으로 자리잡을 것이다.

2. AI의 사회적 영향

(1) 인권 침해 문제 해결

　AI 기술이 우리의 삶 속 깊숙이 파고들며 그 영향력을 확장해가는 가운데, 인권 침해라는 새로운 사회적 문제에 직면하고 있다. AI의 사회적 영향을 논의할 때, 단순히 기술적 효율성과 편리함을 넘어서, 인간의 기본 권리와 사회적 정의를 어떻게 지킬 것인지가 가장 중요한 문제로 부각된다. AI는 그 잠재력으로 우리 사회를 혁신하고 있지만, 그 발전 과정에서 인권 침해의 위험도 존재한다. 이 글에서는 AI의 인권 침해 문제를 구체적으로 분석하고, 이 문제를 해결하기 위한 창의적인 접근법을 제시하고자 한다.

1) AI와 개인정보 보호 : 기술 발전과 개인의 권리 충돌

　AI 기술의 가장 큰 사회적 영향 중 하나는 개인 정보와 프라이버시에 미치는 침해이다. AI는 대량의 데이터를 기반으로 작동하며, 이를 통해 더욱 정교하고 효율적인 서비스를 제공하지만, 데이터의 남용이나 개인정보 유출이 발생할 위험을 내포하고 있다. 특히, AI의 알고리즘은 개인의 행동 패턴을 학습하고, 이를 분석하여 맞춤형 광고, 정치적 여론 조작, 사회적 분열을 초래할 수 있다.

　현재 많은 AI 시스템은 개인의 프라이버시를 고려하지 않고, 방대한 데이터를 수집하고 분석하여 맞춤형 서비스를 제공한다. 이 과정에서 개인의 동의 없이 정보가 수집되거나, 알고리즘이 불법적인 목적으로 데이터를 활용할 경우 개인정보 침해가 발생할 수 있다. 이러한 상황은 AI의 발전이 인간의 기본권을 위협하는 방식으로 이어질 수 있으며, 그로 인해 사회적 신뢰가 깨질 위험이 있다.

　AI 기술의 개인정보 보호에 대한 해결책은 투명한 데이터 관리와 명확한 규제에 달려 있다. 예를 들어, AI의 데이터 수집과 처리 과정에 대한 투명성을 보장하고, 개인 정보의 사용 목적과 저장 기

간을 명확하게 규정하는 법적 프레임워크가 필요하다. 또한, AI의 동의 기반 데이터 처리를 요구하고, 개인의 프라이버시 권리를 AI 개발 초기 단계에서부터 철저히 고려하는 법적 요구사항이 마련되어야 한다.

2) AI와 차별 : 알고리즘의 편향과 불공정성

AI의 또 다른 인권 침해 문제는 바로 알고리즘의 편향이다. AI 시스템은 훈련 데이터를 바탕으로 학습하고 결정을 내리기 때문에, 만약 훈련 데이터에 편향이 존재한다면, AI 시스템은 차별적인 결정을 내릴 수 있다. 이 문제는 특히 인종, 성별, 연령, 장애 등의 기준에 따라 불공정한 결정을 내리는 문제로 이어질 수 있다.

예를 들어, AI 채용 시스템이 과거의 인종적, 성별적 편향을 내포한 데이터를 학습한 경우, 그 결과로 채용에서 성별과 인종에 따른 차별이 발생할 수 있다. AI 시스템이 부정확한 데이터나 편향된 시각을 기반으로 결정을 내리면, 특정 사회적 그룹은 차별적인 대우를 받게 되며, 이는 사회적 불평등을 더욱 심화시킬 수 있다.

이 문제를 해결하기 위한 창의적인 접근은 AI의 알고리즘 투명성과 편향성 점검 시스템을 구축하는 것이다. AI 시스템이 어떤 데이터를 어떻게 학습하고, 그 결과를 어떻게 도출하는지에 대한 명확한 프로세스와 기준을 마련해야 한다. 또한, AI 개발자와 기술 제공자가 윤리적 책임을 지고, AI 모델에 다양한 사회적 배경을 반영할 수 있도록 해야 한다. AI 알고리즘의 공정성을 보장하는 방법은 다양성을 반영한 데이터셋을 사용하고, 알고리즘 편향을 교정하는 자율적 시스템을 구축하는 것이다.

3) AI의 결정권과 인간의 권리 : 결정 과정의 투명성 확보

AI의 결정 과정에서 인간의 권리가 침해될 가능성도 있다. AI가 자동화된 의사결정을 내릴 때, 그 결정이 인간의 자유와 권리를 직접적으로 제한할 수 있다. 예를 들어, AI 판결 시스템이나 자동화된 금융 시스템이 부당한 결정을 내리거나, AI의 판단이 불공정하게 작용할 경우, 개인의 권리는 침해될 수 있다.

AI의 결정이 사회적 영향을 미칠 때, 그 과정의 투명성과 책임을 보장하는 것은 필수적이다. 예를 들어, AI 기반의 재판 시스템이나 금융 서비스에서 AI가 내린 결정이 어떻게 이루어졌는지를 명확히 할 수 있어야 하며, 해당 결정에 대해 이의를 제기할 수 있는 시스템도 마련되어야 한다. 이는 AI의 인간 중심적 운용을 보장하는 한 가지 방법으로, AI 시스템의 판단 근거를 인간이 이해할 수 있는 형식으로 제공하는 것에 초점을 맞춰야 한다.

4) AI 기술의 사회적 책임 : 공동체의 가치와 사회적 신뢰

AI 기술이 인권과 사회적 가치를 보장하는 방식은 단지 기술적 규제와 법적 제한만으로는 한계가 있다. AI 기술의 사회적 책임은 사회적 가치와 인간의 권리를 기술 혁신의 중심에 두고, 기술과 인간 중심의 공동체 가치를 결합하는 방향으로 나아가야 한다.

AI 기술은 사회적 신뢰를 바탕으로 성장해야 하며, 기술적 책임은 인간의 존엄성을 최우선으로 고려해야 한다. AI의 사회적 책임을 다하는 방향으로 나아가려면, AI 개발자와 기업은 공동체의 가치를 반영하여, 기술 혁신과 사회적 평등을 동시에 실현할 수 있도록 해야 한다. 이는 AI 기술이 인간을 위한 기술로 발전하고, 사회적 신뢰를 유지할 수 있도록 하는 중요한 접근법이 될 것이다.

5) AI의 사회적 책임을 통한 공정하고 평등한 미래

AI 기술은 혁신적이고 획기적인 가능성을 제공하지만, 그 사회적 영향을 면밀히 살펴야 한다. AI 윤리는 단순히 기술의 선악을 판단하는 것이 아니라, 기술이 사회에 미치는 영향을 전반적으로 평가하고 책임지는 것이어야 한다. AI의 인권 침해 문제를 해결하기 위한 창의적 접근법은 기술의 공정성, 투명성, 책임성을 보장하는 것이며, 이를 위해 AI 기술의 윤리적 기준을 정하고, 사회적 책임을 다하는 기술 개발을 해야 한다.

AI 기술은 단순한 기술적 혁신이 아니라, 사회적 변화와 인간의 권리 보호를 위한 중요한 열쇠이다. 기술적 혁신과 사회적 책임이 조화를 이루는 AI 개발을 통해, 우리는 공정하고 평등한 사회를 만들 수 있을 것이다. AI 기술의 발전이 인류의 복지와 공정성을 보장하는 방향으로 나아갈 수 있도록, 우리는 그 책임을 다해야 한다.

(2) AI의 결정 과정의 투명성 확보

AI 기술의 빠른 발전은 우리의 일상뿐만 아니라 사회 전반에 걸쳐 다양한 변화를 일으키고 있다. AI 시스템은 자동화된 의사결정을 통해 수많은 분야에서 효율성을 높이고, 정확도를 개선하고 있으며, 사람의 개입을 최소화하는 방식을 통해 비즈니스 모델을 혁신적으로 바꾸고 있다. 그러나 AI 기술이 전방위적으로 확산됨에 따라, 그 결정 과정의 투명성은 점점 더 중요한 문제로 부각되고 있다. AI 결정 과정의 불투명성은 신뢰 부족과 윤리적 논란을 일으킬 수 있으며, 그로 인해 사회적 신뢰가 심각하게 훼손될 위험을 내포하고 있다.

1) AI 결정 과정의 불투명성 문제 : 누구의 결정인가?

AI 시스템이 의사결정을 내리는 과정은 일반적으로 알고리즘을 기반으로 한다. 그러나 대부분의 AI 시스템은 그 알고리즘의 작동 원리와 결정 과정이 검증되지 않은 상태로 존재한다. 예를 들어, AI 기반의 채용 시스템이나 AI 판결 시스템에서 AI가 내리는 결정이 어떻게 이루어졌는지에 대한 투명한 설명이 부족하다면, 불공정한 결정이나 편향된 결과가 발생할 수 있다. 이 과정에서 AI의 결정이 사람의 삶에 직접적인 영향을 미친다면, 그 결정의 이유와 기반이 무엇인지를 이해하고 검증할 수 있는 체계가 필요하다.

이 문제를 해결하기 위해서는 AI 알고리즘의 투명성을 보장하는 시스템을 구축해야 한다. 예를 들어, AI 시스템이 내리는 결정이 어떻게 이루어졌는지에 대한 설명 책임을 명확히 해야 한다. 이는 AI의 알고리즘이 왜 그렇게 결정을 내렸는지를 사용자나 사회가 이해할 수 있도록 하는 것이다. 결정 과정의 투명성을 확보하는 것은 단순히 기술적인 문제가 아니라, 사회적 신뢰를 구축하는 중요한 윤리적 요구이다.

2) 설명 가능한 AI(XAI) : '블랙박스'의 벽을 허물다

설명 가능한 AI(Explainable AI, XAI)는 AI 시스템이 어떤 데이터를 기반으로 어떤 방식의 결정을 내렸는지에 대한 명확한 설명을 제공하는 기술이다. 기존의 AI 모델은 종종 "블랙박스"로 불리며, 그 결정의 근거가 불투명하고, 알고리즘의 작동 원리를 이해하기 어려운 경우가 많다. 이로 인해 AI의 결정이 불공정하거나 차별적일 수 있는 위험이 존재하며, 이 문제를 해결하기 위해 XAI가 등장했다.

XAI는 AI 시스템의 결정 과정에 대한 직관적이고 투명한 설명을 제공함으로써, AI 시스템의 신뢰성을 높이는 데 중요한 역할을 한다. 예를 들어, AI 채용 시스템이 왜 특정 후보자를 채용하지 않았는지 또는 AI 의료 시스템이 어떤 기준에 따라 진단 결과를 도출했는지를 명확하게 설명할 수 있다면, 그 결정 과정에 대한 신뢰를 구축할 수 있다.

XAI의 구현은 단지 기술적인 진보만을 의미하지 않는다. 이는 AI 시스템의 공정성과 윤리적 책임을 보장하는 중요한 사회적 장치가 될 수 있다. 예를 들어, AI의 결정 과정에 대한 설명이 가능해지면, 알고리즘 편향이나 불합리한 판단을 사전에 차단할 수 있다. AI 기술의 투명성을 확보하는 것은 단순히 기술적 과제가 아니라, 사회적 책임을 다하는 길이기도 하다.

3) AI 결정의 책임 소재 명확화 : 기술 개발자의 역할과 사회적 책임

AI의 결정 과정의 투명성을 확보하기 위해서는, AI 개발자와 사용자의 책임 소재를 명확히 하는 것이 중요하다. AI 시스템이 내리는 결정이 인간의 권리나 사회적 가치에 영향을 미칠 수 있기 때문에, 기술 개발자는 그 기술의 결과에 대해 책임을 져야 한다. 예를 들어, AI 채용 시스템이 불공정한 결정을 내린 경우, 그 책임은 알고리즘을 개발한 개발자와 이 시스템을 사용하는 기업에 있다.

책임 소재 명확화는 AI의 신뢰성을 높이는 데 중요한 역할을 한다. AI 기술을 사회적 책임의 측면에서 접근한다면, 알고리즘 개발자는 자신이 만든 AI 시스템의 영향에 대해 철저히 고려해야 한다. 그들이 개발한 알고리즘이 사람들에게 미치는 영향을 정확하게 이해하고, 사회적 합의를 반영하여 개발해야 한다.

4) 규제와 법적 체계 : AI의 공정성과 투명성을 보장하는 법적 장치

AI의 결정 과정의 투명성을 보장하는 데는 규제와 법적 체계가 중요한 역할을 한다. AI 규제는 기술이 사회적 책임을 다할 수 있도록 유도하는 장치이며, 법적 체계는 AI의 사회적 역할을 정의하는 중요한 기준이 된다. 예를 들어, AI의 결정을 평가하고, 그 투명성을 검증할 수 있는 독립적인 기관을 설립할 수 있다. 이 기관은 AI 알고리즘의 공정성과 투명성을 점검하고, AI 시스템의 오용이나 차별적인 결정이 발생하지 않도록 하는 중요한 역할을 한다.

AI 규제는 기술적 진보와 사회적 책임이 균형을 이룰 수 있도록 하는 법적 장치가 필요하다. 이 장치는 AI 기술의 발전을 촉진하면서도, 사회적 신뢰를 훼손하지 않도록 보장해야 한다. 예를 들어, AI의 개발과 사용에 대한 법적 규정을 통해 AI 기술의 책임감 있는 발전을 도울 수 있다. AI 시스템이 사회적 책임을 다하는 방식으로 운영될 수 있도록 하는 법적 장치는 공정성과 투명성을 핵심으로 해야 한다.

5) AI 기술의 투명성과 공정성 보장을 위한 종합적 접근

　AI 기술의 발전은 사회적 혁신과 경제적 성과를 가져오지만, 그 결정 과정의 투명성과 공정성을 보장하는 것이 미래 사회의 필수적인 과제가 될 것이다. AI의 투명성 확보는 사회적 신뢰를 높이고, 윤리적 문제를 예방하는 중요한 단계이다. XAI와 AI 개발자의 책임, 법적 체계는 기술 발전과 사회적 가치가 조화를 이루는 중요한 요소가 되어야 한다.

　AI 기술이 인간 중심으로 발전하고, 사회적 책임을 다할 수 있도록 결정 과정의 투명성과 공정성을 보장하는 것이 미래 사회의 중요한 과제이다. AI 윤리와 법적 규제가 기술적 진보를 이끄는 동시에, 사회적 신뢰와 공정성을 지키는 방향으로 나아가야 한다. AI의 결정 과정이 사회적 책임을 다하는 방향으로 이끌어져야, AI 기술이 미래 사회에서 인류와 공존하며 긍정적인 영향을 미칠 수 있을 것이다.

3. AI 규제와 정책

(1) 글로벌 AI 규제 동향

　AI 기술의 발전은 기술적인 경계를 넘어서, 경제, 사회, 문화 전반에 걸쳐 깊은 영향을 미치고 있다. AI는 산업 혁명을 주도하며, 우리가 생활하는 방식, 일하는 방식, 배우는 방식, 그리고 의사결정을 내리는 방식까지 혁신하고 있다. 그러나 AI 기술의 발전은 단순히 효율성을 개선하는 차원을 넘어서 윤리적, 사회적 문제를 동반한다. 이는 AI의 결정 과정이 사회적 책임과 공정성을 반드시 고려해야 함을 의미한다. 그럼에도 불구하고 AI 기술의 속도는 기존의 규제 체계나 법적 장치를 추월하고 있으며, 그로 인해 AI 규제의 필요성은 그 어느 때보다 시급하게 다가오고 있다.

1) 글로벌 AI 규제 동향 : 세계 각국의 대응과 정책

　세계 각국은 AI 기술의 급속한 발전에 대응하기 위해 AI 규제에 대한 논의를 본격적으로 시작했다. AI 규제의 핵심은 기술 발전을 촉진하면서도, 윤리적 기준을 지키고, 사회적 책임을 다하는 AI 생태계를 구축하는 데 있다. 여러 나라가 AI 규제 체계를 마련하고 있으며, 그 중 몇 가지 주요 동향을 살펴보면 다음과 같다.

　유럽연합(EU)은 AI 규제에서 가장 선도적인 입장을 취하고 있다. EU의 AI 법안은 AI 시스템을 위험도에 따라 분류하고, 높은 위험을 동반하는 AI 시스템에 대해서는 더 강력한 규제를 시행하고 있다. EU의 접근 방식은 AI의 위험성을 평가하고, 사회적 영향을 최소화하는 것을 목표로 한다. 특히, AI 시스템이 불법적인 활동을 하거나 인권을 침해할 가능성이 있는 경우, 법적 책임을 명확히 하는 규제를 강조하고 있다.

　미국은 AI 기술의 발전을 매우 빠르게 추진하는 국가지만, AI 규제에 대해서는 유럽연합보다는 상대적으로 자유로운 시장 접근을 지향하고 있다. 그럼에도 불구하고, AI 시스템이 공정성과 투명성을 지키도록 하는 규제는 점차 강화되고 있다. 특히, AI의 공정성을 위한 윤리적 지침과 AI에 의한 차별을 방지하는 정책이 점차 강조되고 있다. 미국은 AI의 혁신을 촉진하면서도, 사회적 영향을 미칠 수 있는 시스템에 대해서는 윤리적 기준을 명확히 하려는 움직임을 보인다.

　중국은 AI 기술을 국가적 경쟁력으로 보고 AI 규제를 국가의 전략적 목표에 맞게 설정하고 있다. 중국은 AI 기술을 산업 발전과 경제 성장의 핵심 축으로 삼고 있으며, AI 개발에 대한 중앙 집중적 관리와 법적 규제가 특징이다. 그러나, AI 윤리와 관련된 논의는 상대적으로 부족하며, 개인 정보 보호와 같은 문제는 중국 내에서의 인권 논란을 일으킬 수 있는 잠재적 요인으로 작용할 수 있다.

2) 대한민국의 AI 규제 대응 : 혁신과 책임의 균형을 찾아서

대한민국은 AI 산업에 대한 국가 전략을 통해 AI 기술의 발전을 촉진하고 있지만, AI 규제의 필요성에 대한 인식도 점차 확산되고 있다. AI 기술의 발전은 경제 성장과 산업 혁신의 중요한 원동력이지만, 그에 따라 사회적 책임을 다해야 할 필요성도 커지고 있다. 대한민국의 AI 규제 정책은 기술 혁신을 촉진하고, 동시에 사회적 책임을 보장하는 방향으로 나아가야 한다.

현재 대한민국은 AI 기술에 대한 윤리적 기준을 마련하고 AI 시스템의 투명성과 공정성을 보장하기 위해 다양한 법적, 제도적 장치를 검토하고 있다. AI 윤리위원회와 같은 독립적 규제 기관의 설립과 AI 법안 제정 등이 진행 중이다. 대한민국 정부는 AI 기술 개발의 국가적 경쟁력을 강화하고자, AI 산업의 규제와 혁신을 균형 있게 조화시키기 위한 법적, 정책적 대응 방안을 적극적으로 수립해야 한다.

AI 규제를 위한 법적 프레임워크는 AI 기술의 개발과 사회적 책임을 동시에 충족시킬 수 있어야 한다. AI 산업이 사회적 불평등을 심화시키지 않도록, AI 개발에서부터 사회적 가치와 윤리적 기준을 반영하는 규제가 필요하다. 또한, AI 윤리와 관련된 법적 기준은 AI 기술의 부정적인 사회적 영향을 예방하는 역할을 하며, AI의 공정성, 투명성, 책임성을 보장해야 한다.

3) 창의적인 접근 : AI 규제와 기술 혁신의 공존

AI 규제는 기술 혁신과 사회적 책임을 조화롭게 이끌어내는 중요한 역할을 해야 한다. AI 기술의 발전을 막지 않으면서도 사회적 영향에 대한 책임을 다하는 균형 잡힌 접근이 필요하다. 그 해결책은 AI 기술 개발자와 정부가 협력하여 AI의 공정성과 투명성을 보장할 수 있도록 하는 것이다.

창의적인 접근은 AI 기술 개발 초기 단계에서부터 사회적 윤리를 반영하고, AI 시스템이 기술적 효율성뿐만 아니라 사회적 공정성을 고려하도록 하는 것이다. 예를 들어, AI 개발자는 사회적 책임을 다하기 위해, AI 시스템의 알고리즘 투명성과 데이터 윤리에 대한 규제를 사전에 고려해야 한다. 정부는 AI 기술이 공정하게 사용될 수 있도록 강력한 법적 규제를 마련하고, AI 윤리를 국가 정책에 통합시켜야 한다.

4) AI 규제와 글로벌 협력 : 국제적 차원의 협력 방안

AI 규제는 국가 차원의 노력만으로 해결될 수 없는 문제이다. AI 기술은 국경을 넘어 글로벌 시장에 영향을 미치고 있기 때문에, 국제적인 협력과 글로벌 규제 기준이 필수적이다. AI 기술의 국제적 협력은 공정한 AI 생태계를 구축하고, AI 기술의 글로벌 공정성을 보장하는 데 중요한 역할을 한다.

글로벌 협력을 위한 국제적 규제 체계는 AI 기술의 공정성, 투명성, 인권 보호를 보장하는 기준을 마련해야 한다. AI 기술이 사회적 책임을 다할 수 있도록, 국제적 합의를 통해 윤리적 기준을 설정하고, 이를 전 세계적으로 시행해야 한다. AI G3 강국으로 나아가기 위한 대한민국의 전략은 글로벌 협력을 통해 AI 규제와 기술 혁신을 동시에 이루어내는 것이다.

5) AI 규제의 미래 : 기술 혁신과 사회적 책임의 균형

AI의 사회적 영향을 최소화하고, 기술 혁신을 지속적으로 이끌어내기 위한 AI 규제는 사회적 책임을 다하는 중요한 기준이 되어야 한다. AI 기술의 투명성과 공정성을 보장하는 규제는 산업 발전과 사회적 가치를 동시에 실현하는 길이다. 대한민국은 AI 기술 개발의 선도국이 되기 위해, AI 규제를 혁신적으로 변화시키고, AI 기술의 사회적 책임을 다하는 글로벌 리더로 나아가야 한다.

(2) AI 기술의 올바른 사용을 위한 법적 체계

AI(인공지능) 기술은 이제 단순한 기술적 혁신을 넘어서, 사회 전반에 심각한 영향을 미치는 강력한 힘으로 자리 잡았다. AI 기술이 경제, 교육, 헬스케어, 심지어 정치적 결정에 이르기까지 다양한 분야에 적용됨에 따라, 그 법적 규제와 윤리적 기준을 마련하는 것이 점점 더 중요한 이슈가 되고 있다. 이 글에서는 AI 기술의 올바른 사용을 위한 법적 체계 정비에 대해 창의적이고 혁신적인 접근을 제시하고자 한다.

1) AI의 법적 체계 정비의 필요성 : 기술의 사회적 영향력

AI의 발전은 산업 혁명과 사회적 변화를 이끌고 있지만, 그 잠재적인 위험도 동시에 존재한다. AI 시스템이 인간의 의사결정을 보조하거나 대체하는 상황에서, 그 결정 과정은 법적, 윤리적 책임을 동반해야 한다.

AI 기술은 자동화된 의사결정을 통해 인간의 삶에 깊은 영향을 미친다, 예를 들어 AI 채용 시스템, AI 의료 진단, AI 자율주행차 등의 분야에서는 AI가 내리는 결정을 인간이 어떻게 이해하고 책임질 수 있을지에 대한 법적 쟁점이 존재한다. 따라서 AI 기술을 개발하고 사용할 때, 그 법적 책임과 사회적 책임을 명확히 규정하는 법적 체계의 정비가 필요하다.

AI 기술의 법적 체계는 단순히 기술적 규제를 넘어, 사회적 가치와 윤리적 기준을 반영해야 한다. AI의 결정은 단지 효율성만을 추구해서는 안 되며, 공정성과 책임을 동시에 지향해야 한다. 예를 들어, AI 채용 시스템에서 인종, 성별, 연령 등의 편향된 기준이 결정에 영향을 미치지 않도록 하는 법적 규정이 반드시 필요하다. AI 시스템이 내리는 결정의 공정성과 책임을 보장하는 법적 규제가 없다면, AI는 그 혁신적인 가능성보다 불평등과 차별을 심화시킬 위험이 있다.

2) 법적 체계의 혁신적 접근 : AI 윤리위원회의 법적 권한 강화

AI 기술의 법적 체계 정비를 위해서는 AI 윤리위원회와 같은 독립적인 규제 기관의 법적 권한 강화가 필요하다. AI 윤리위원회는 AI 기술의 윤리적 기준을 설정하고, 법적 검토를 통해 AI 시스템이 사회적 책임을 다하는지 평가하는 중요한 역할을 맡아야 한다. 그러나 현재의 윤리위원회는 법적 권한이 부족한 경우가 많고, AI 기술이 빠르게 발전하는 만큼 이를 따라잡기 어려운 상황이다.

따라서, AI 윤리위원회에 법적 권한을 부여하는 방안을 고려할 필요가 있다. AI 기술의 사용과 개발에 있어서 사회적 책임과 윤리적 기준을 강제로 준수하도록 하는 법적 장치가 필요하다. 예를 들어, AI 윤리위원회가 AI 시스템의 인간의 권리 침해 여부, 사회적 영향, 불법적 용도에 대한 법적 감시를 할 수 있도록 하는 법적 기반을 마련해야 한다. AI 윤리위원회는 AI 시스템의 안전성과 법적 책임을 보장하는 중요한 역할을 할 수 있으며, 이는 기술 혁신과 사회적 책임의 균형을 맞추는 중요한 장치가 될 것이다.

3) AI 기술의 법적 규제 : 전방위적인 법적 접근

AI 기술의 발전을 촉진하는 동시에, 사회적 책임을 다하는 법적 체계가 필요하다. 이를 위해서는 AI 기술의 모든 측면에 걸쳐 전방위적인 법적 규제가 필요하다. AI 시스템의 설계에서부터 배포, 운용, 사후 관리에 이르기까지 각 단계에서 법적 검토가 이루어져야 한다. AI 시스템의 개발자와 사용자가 그 책임을 명확히 하고, 사회적 가치와 윤리적 기준을 법적으로 강제하는 것이 필요하다.

또한, AI 기술의 사회적 책임을 다하기 위해서는 AI 법적 프레임워크 내에 공정성, 투명성, 책임성을 포함한 구체적인 규정을 설정해야 한다. 예를 들어, AI의 결정 과정을 투명하게 공개하고, 결정에 대한 이유를 명확히 설명하는 법적 의무를 부여하는 것이다. 이를 통해 AI 기술의 공정한 운영을 보장하고, 불법적 사용이나 차별적 결정을 예방할 수 있다.

4) AI 규제의 국제적 기준과 글로벌 협력

AI 기술은 국경을 넘어 글로벌하게 확산되고 있기 때문에, 국제적인 규제가 AI의 사회적 책임을 보장하는 중요한 요소로 떠오르고 있다. AI 규제는 각국의 법적 기준에 의존하는 것이 아니라, 글로벌 차원에서 공정성, 투명성, 책임성을 보장하는 국제적인 협력을 기반으로 해야 한다.

예를 들어, AI 기술의 윤리적 규제에 대한 국제적 협정을 체결하고, AI 시스템의 인권 보호와 사회적 영향을 고려하는 법적 체계를 글로벌 차원에서 수립할 수 있다. 이는 AI의 발전이 단지 기술 혁신에 그치지 않고, 글로벌 사회에서 공정하고 윤리적인 기술로 자리 잡을 수 있도록 하는 중요한 단계가 될 것이다.

5) AI 기술의 법적 체계 정비 : 창의적 접근을 통한 사회적 가치 실현

AI 기술의 발전은 더 이상 경제적 성과에만 국한되지 않는다. 그 기술이 사회적 책임을 다하고, 인간의 기본 권리를 존중하며, 공정한 결정을 내릴 수 있도록 하는 법적 체계가 필요하다. AI 윤리위원회와 같은 법적 장치를 강화하고, AI 시스템의 공정성을 보장하는 규제는 기술 혁신과 사회적 책임을 동시에 실현할 수 있는 창의적인 접근이 될 것이다. 이를 통해 AI 기술은 사회적 가치를 창출하며, 기술 발전과 사회적 책임이 조화를 이루는 미래 사회를 만들어 갈 수 있을 것이다.

AI가 인간의 삶의 질을 높이고, 사회적 평등을 촉진하는 방향으로 발전할 수 있도록, 우리는 그 법적 체계와 사회적 책임을 정비해야 한다. 이 모든 과정에서 AI의 사회적 책임을 다하는 법적 규제는 기술 혁신의 핵심 요소로 작용할 것이다.

제7장
AI 기반 경제 혁신과 지속 가능한 성장

1. AI 경제 구조 혁신

(1) 새로운 산업 모델과 일자리 창출

　AI 기술의 발전은 단순히 기술적인 혁신을 넘어, 경제적 구조의 근본적인 변화를 촉발하고 있다. AI 기반 경제 혁신은 우리가 기존에 알고 있던 산업 모델을 재구성하고, 새로운 산업 패러다임을 만들어가고 있다. 이는 기존 산업의 효율성을 증대시키는 데 그치지 않고, 새로운 일자리와 산업 생태계를 창출하는데 중요한 역할을 하고 있다. 그러나, 이런 변화를 단순히 기술의 도입으로 보지 말고, 산업의 근본적인 재구성과 사회적 가치의 재정립으로 이해해야 한다.

1) AI 경제 구조 혁신 : 단순한 자동화를 넘어서는 혁신

　AI가 경제 구조에 미치는 영향을 제대로 이해하려면, 기술 혁신의 기존 한계를 넘어서는 창의적인 접근이 필요하다. 과거 자동화 기술은 주로 반복적이고 규칙적인 작업을 기계로 대체하는 데 초점을 맞췄다. AI는 그 한계를 넘어서, 고급 의사결정과 창의적 작업에까지 영향을 미친다. AI 기반 경제의 핵심은 인간과 기계의 협업을 통해 업무의 효율성과 창의성을 동시에 극대화하는 것이다.

예를 들어, AI 기반 제조업 혁신은 기존의 스마트 팩토리 개념을 확장하여, 기계가 스스로 생산 계획을 세우고, 수요 예측을 바탕으로 생산량을 조정하는 방식으로 발전하고 있다. AI는 이제 단순히 제품을 생산하는 역할을 넘어서, 산업 전략을 재정의하고 산업 가치사슬의 전반을 혁신하는 역할을 하게 된다. 이를 통해, AI 경제구조 혁신은 산업의 효율성을 넘어서 새로운 가치를 창출하는 혁신의 기회가 된다.

2) 새로운 산업 모델 창출 : AI와 블록체인의 융합

새로운 산업 모델을 창출하는 데 있어 AI와 블록체인 기술의 융합은 중요한 전환점이 될 수 있다. 블록체인은 데이터의 투명성과 안전성을 보장하고, AI는 데이터 분석과 예측을 통해 산업의 효율성을 극대화한다. 이 두 기술의 결합은 산업의 근본적인 모델을 혁신할 수 있는 잠재력을 지닌다.

예를 들어, AI 기반의 스마트 계약과 블록체인을 활용한 자동화된 거래 시스템은 기존의 중개자 역할을 대체하고, 실시간으로 계약을 실행하며 중앙집중화된 시스템의 신뢰성을 떨어뜨릴 수 있다. 이는 금융, 물류, 에너지 등 여러 산업에서 중개인 비용을 절감하고, 거래의 효율성을 크게 개선할 수 있다.

AI와 블록체인의 융합은 또한 디지털 경제를 넘어서는 물리적 세계에서도 큰 영향을 미칠 수 있다. 예를 들어, 스마트 팩토리와 스마트 시티 시스템에서, AI가 실시간으로 생산, 유통, 소비 데이터를 분석하고, 블록체인을 이용해 데이터를 안전하게 기록하면서, 산업 모델의 신뢰성과 효율성을 동시에 강화할 수 있다.

3) AI 경제 모델의 일자리 창출 : 고급 기술과 인간 중심의 산업

AI 기술이 주도하는 경제 혁신의 핵심은 일자리 창출이다. AI

가 일자리의 많은 부분을 자동화할 수 있다는 우려가 있지만, 사실 AI 기반 경제는 고급 기술과 인간 중심의 산업을 창출하는 데 중요한 역할을 한다. 특히, AI 기술을 운용하고 혁신적인 비즈니스 모델을 개발할 수 있는 고급 인재와 창의적인 직무는 오히려 증가할 것이다.

예를 들어, AI 전문가, 데이터 과학자, AI 윤리학자, AI 기반 창업자와 같은 고급 직무는 AI 경제 혁명에서 가장 중요한 역할을 할 것이다. AI가 단순한 반복 작업을 대체할 때, 그 자리를 기술적 전문성을 갖춘 고급 직업들이 채울 것이다. 이와 동시에, AI의 도입이 기존 산업의 패러다임을 재구성하고, 기존 일자리를 더 높은 가치를 창출하는 직업군으로 전환시키는 과정이 필요하다.

또한, AI 창업과 스타트업 혁신은 새로운 일자리의 주요 원천이 될 수 있다. AI 기반의 창업은 단지 기술을 개발하는 것이 아니라, 사회적 문제를 해결하고, 혁신적 해결책을 제공하는 산업 혁신을 촉진하는 것이다. 예를 들어, AI 기반의 헬스케어 스타트업이나 AI를 활용한 재활용 및 환경 보호 스타트업은 AI 경제 모델을 확장하고, 사회적 가치를 창출하는 직업을 만들어갈 수 있다.

4) AI 기반 경제 모델 : 자율적이고 지속 가능한 산업 생태계

AI 기반 경제가 제대로 기능하려면, 지속 가능한 산업 생태계를 구축하는 것이 필수적이다. AI의 빠른 발전에 대응하기 위해서는, 산업이 자율적이고 지속 가능한 방식으로 발전할 수 있는 기반을 마련해야 한다. AI 시스템은 자율적으로 학습하고 적응하면서, 데이터와 연산 능력을 기반으로 효율적이고 지속 가능한 비즈니스 모델을 운영한다.

지속 가능한 경제 모델을 위한 AI의 활용은 친환경과 사회적 책임을 강조해야 한다. 예를 들어, AI 기반의 에너지 관리 시스템을 통해, 산업별 에너지 사용을 최적화하고, 지속 가능한 생산 방식을 도입할 수 있다. 또한, AI 시스템을 통해 공급망의 낭비를 줄이고, 효율적인 자원 배분을 할 수 있다. AI 기반의 스마트 농업은 농업 생산성을 높이고, 지속 가능한 식량 생산을 가능하게 하는 데 기여할 수 있다.

이러한 AI 기반 경제 모델은 단기적인 이익을 넘어서, 지속 가능한 발전을 목표로 해야 한다. AI는 산업의 효율성을 높이는 도구일 뿐만 아니라, 지구의 지속 가능성을 보장하는 혁신적인 방법을 제시할 수 있는 강력한 도구가 될 것이다.

5) AI 경제 혁신의 미래

AI 기반 경제 혁신은 기술적 진보를 넘어서, 사회적 가치와 산업 혁신을 동시에 추구하는 전방위적인 변화를 만들어가고 있다. AI 경제 구조 혁신은 산업의 효율성과 지속 가능성을 극대화하면서, 새로운 산업 모델과 고용 기회를 창출하는 중요한 요소로 자리 잡고 있다. 이 과정에서 중요한 것은 AI 기술이 기존의 산업 패러다임을 혁신하는 동시에, 사회적 책임과 윤리적 기준을 준수하는 것이다. AI 기술은 우리가 기존의 경제 모델을 넘어서는 혁신적인 경제 시스템을 구축하는 데 중요한 역할을 하며, 지속 가능한 발전을 위한 강력한 기반을 마련하는 것이다. AI 경제 혁신은 이제 단지 기술적인 문제가 아니라, 사회적 책임과 경제적 가치가 결합된 미래 비전으로 나아가야 한다.

(2) 디지털 전환 및 AI 통합

전통 산업이 디지털 전환과 AI 통합을 통해 혁신적인 변화를 이룩하는 과정은 단순히 기술적인 발전을 넘어, 산업의 패러다임 전환을 이끄는 중대한 순간이다. 전통 산업은 대부분 물리적인 자원과 절차에 의존하며 운영되어 왔다. 그러나 디지털 기술과 AI의 발전은 이러한 산업 구조의 근본적인 변화를 요구하고 있다. AI와 디지털 기술을 전통 산업에 통합하는 것은 산업 혁명을 의미하며, 이는 새로운 경제적 기회와 업무 방식의 혁신을 제공한다. 이 글에서는 전통 산업의 디지털 전환과 AI 통합의 핵심 전략을 창의적이고 혁신적인 관점에서 탐구할 것이다.

1) 디지털 전환의 본질 : 기술을 통한 산업 생태계의 혁신

디지털 전환이란 단순히 기술적인 도입을 넘어, 업무 과정의 근본적인 변화를 의미한다. AI와 디지털 기술을 통해 산업 생태계의 효율성을 극대화하고, 업무 처리 방식과 조직 구조의 근본적인 변화를 이루는 것이 디지털 전환의 핵심이다. 특히, 전통 산업은 AI와 디지털 기술을 접목시킴으로써, 기존의 비효율적인 절차를 자동화하고 최적화하며, 신속한 의사결정을 가능하게 만든다.

전통 산업의 경우, 기존의 생산 및 관리 체계는 수작업과 물리적인 프로세스에 크게 의존했다. 하지만, 디지털화와 AI 통합을 통해 데이터 기반의 의사결정, 예측 모델링, 자동화된 생산라인 등 혁신적인 방식으로 산업을 재구성할 수 있다. 예를 들어, 제조업에서 스마트 팩토리를 구현하면, AI와 IoT(사물인터넷) 기술을 이용해 실시간으로 데이터를 분석하고, 생산 공정의 문제를 즉시 해결하는 시스템을 구축할 수 있다. 이로 인해 생산성은 증가하고, 비용은 절감되며, 품질 관리는 더욱 정교해진다.

2) AI 통합을 통한 산업 맞춤형 혁신 : '맞춤형 자동화' 모델 개발

전통 산업의 디지털 전환을 이끄는 AI 통합의 중요한 측면 중 하나는 '맞춤형 자동화'이다. AI는 기계 학습, 예측 분석, 자율 학습을 통해, 기존 자동화 시스템의 한계를 뛰어넘는 혁신을 가능하게 만든다. 예를 들어, 제조업에서 AI 기반의 예측 유지보수 시스템을 도입하면, 기계의 고장을 예측하고, 고장이 발생하기 전에 수리를 할 수 있다. 이는 기계의 가동 시간을 최적화하고, 불필요한 생산 중단을 방지한다.

그러나, AI 통합이 중요한 이유는 일률적인 자동화 시스템이 아니라, 산업마다 특화된 맞춤형 AI 시스템을 도입할 수 있다는 점이다. 예를 들어, 자동차 제조업에서는 AI가 자동차 부품의 품질을 실시간으로 감지하고, 생산 공정에서의 오류를 즉시 수정하는 시스템을 제공할 수 있다. 이는 단순히 일반적인 자동화가 아닌, 각 산업에 맞춘 최적화된 AI 모델을 제공하는 것이다.

AI 통합을 통해 전통 산업은 스마트화가 가능하고, 이를 통해 생산성과 효율성을 높이며, 글로벌 경쟁력을 갖추게 된다. 맞춤형 AI 시스템은 산업 특성에 맞는 효율적인 방식으로 산업별 혁신을 이끌어낸다.

3) 전통 산업의 디지털 전환을 위한 정책적 접근 : 창의적 지원 방안

전통 산업의 디지털 전환을 촉진하기 위해서는 정책적 지원이 필수적이다. 그러나 기존의 AI 지원 정책이나 디지털 혁신 지원 정책은 종종 획일적이며, 각 산업의 특성에 맞춘 맞춤형 지원이 부족하다. 이를 해결하기 위해서는 산업별 디지털 전환 지원을 위한 창의적이고 특화된 정책적 접근이 필요하다.

AI 기반 디지털 전환을 추진하는 정책은 단순히 재정적 지원이나 기술적 지원에 그쳐서는 안 된다. 산업별 특화된 연구개발 지원, AI 전문 인력 양성과 같은 정책적 지원을 통해 산업의 특성에 맞춘 디지털 혁신을 촉진해야 한다. 또한, AI 생태계의 발전을 위해 AI 스타트업과 중소기업의 창업과 혁신을 지원하는 특화된 창업지원 정책이 필요하다. 예를 들어, AI 스타트업에 대한 세금 감면이나 창업 지원금을 통해, AI 기술의 상용화가 가능한 환경을 만들어 나가야 한다.

또한, 산업별 혁신을 위한 AI 테스트베드를 설계하고, 이를 공공기관과 민간 기업이 협력할 수 있도록 유도해야 한다. 예를 들어, AI를 활용한 스마트 농업에 대한 시범 프로젝트를 국가 차원에서 추진하여, 농업에 AI 기술을 통합하고, 이를 산업화하는 과정을 촉진할 수 있다. 이러한 방식은 AI 기술을 실질적으로 산업에 적용하며, AI 산업을 전방위적으로 확산시킬 수 있는 중요한 방법이 된다.

4) AI 기술을 통한 지속 가능한 산업 혁신

AI 기술은 단순히 효율성을 추구하는 것이 아니라, 산업의 지속 가능성을 극대화하는 데도 중요한 역할을 한다. 예를 들어, AI 기반의 환경 모니터링 시스템을 통해, 산업 활동이 환경에 미치는 영향을 실시간으로 분석하고, 지속 가능한 생산 방식으로 전환할 수 있다. AI는 탄소 배출, 에너지 소비, 자원 낭비 등을 줄이는 데 중요한 도구가 될 수 있다.

AI를 활용한 스마트 에너지 관리 시스템은 산업의 에너지 소비를 최적화하고, 친환경적인 생산 방식으로 나아갈 수 있도록 지원한다. AI 기반 스마트 팩토리에서 에너지 효율성을 높이는 기술이 산업의 환경적 책임을 다하는 데 중요한 역할을 하며, 지속 가능한 성장을 가능하게 만든다. AI 기반 산업 혁신은 경제적 효율성뿐만 아니라, 환경적 지속 가능성을 동시에 추구할 수 있는 중요한 방법이다.

5) 전통 산업의 AI 통합과 디지털 전환을 위한 창의적 접근

전통 산업의 디지털 전환과 AI 통합은 기술 혁신만이 아닌, 산업의 근본적인 패러다임 변화를 이끄는 중요한 과정이다. 이를 위해서는 산업별 맞춤형 AI 통합과 디지털 전환 전략을 구체적으로 수립해야 하며, AI와 블록체인의 융합과 산업 혁신의 상호작용을 극대화할 수 있는 정책적 지원이 필수적이다. AI 기반 경제는 지속 가능한 산업 혁신과 사회적 가치를 창출하는 동시에, 새로운 일자리와 산업 생태계를 만들어가는 중요한 기회를 제공한다. 이 과정에서 AI 기술의 특화된 적용은 산업 전반의 혁신을 이끄는 중요한 열쇠가 될 것이다. 전통 산업의 AI 통합은 단순한 기술적 진보를 넘어, 사회적 책임과 환경적 지속 가능성을 동시에 실현할 수 있는 미래 지향적 산업 모델을 창출하는 과정이다.

2. AI로 해결하는 사회적 문제

(1) AI 통한 환경 문제 해결

　AI 기술이 사회적 문제 해결에 중요한 역할을 할 수 있다는 것은 그 가능성을 한껏 확장시킨 사고의 전환이다. 특히, 환경 문제는 이제 더 이상 단순한 경제적 또는 정치적 과제가 아니라, 인류 생존과 지구의 지속 가능성에 직결되는 문제로 다가왔다. AI는 환경 문제를 해결하는 데 있어 중요한 기술적 해결책이 될 수 있으며, 그 활용 가능성은 거의 무한하다. 이 글에서는 AI 기술을 활용해 환경 문제를 해결하는 창의적이고 혁신적인 방법을 탐구해 보겠다.

1) AI를 통한 환경 모니터링 : 실시간 데이터 분석의 혁신
　환경 문제 해결의 첫 번째 단계는 환경 상태를 정확히 파악하는 것이다. 기후 변화, 오염, 자원 고갈 등 환경 문제는 종종 복잡하고 다양한 변수들이 얽혀 있기 때문에, 그 상황을 실시간으로 모니터링하고 정확한 데이터를 기반으로 대응하는 것이 중요하다. AI는 이를 효율적이고 정밀하게 분석하는 데 있어 혁신적인 기술로 자리잡고 있다.

　예를 들어, AI 기반의 환경 모니터링 시스템은 기후 변화를 예측하고 대기 질을 실시간으로 분석하는 데 매우 유용하다. 위성 이미지 분석이나 IoT 센서를 통해 수집된 데이터를 AI가 분석함으로써, 산업 지역의 오염물질 배출, 숲의 생태 변화, 수질 오염 등의 문제를 빠르게 감지하고, 이에 대한 대응을 자동화할 수 있다. AI는 단지 데이터를 수집하는 것에 그치지 않고, 예측 모델링을 통해 미래의 환경 변화를 예측하고, 선제적 조치를 취할 수 있도록 돕는다.

예를 들어, AI를 이용한 대기 질 예측 시스템은 도시의 공기 질을 실시간으로 추적하고, 오염도가 급증할 경우, 자동으로 경고 시스템을 발동하여 해당 지역의 공공 기관이나 시민들에게 정보를 제공한다. 이러한 AI 시스템은 환경 위험을 조기에 감지하고, 이를 효율적으로 대응할 수 있는 기반을 마련해준다.

2) AI 기반 스마트 에너지 관리 시스템 : 에너지 소비 최적화

에너지 소비는 환경 문제에서 가장 큰 비중을 차지하는 요소 중 하나다. 전 세계적으로 화석 연료의 과도한 소비와 그에 따른 온실가스 배출이 기후 변화의 주범으로 꼽히고 있으며, 이를 해결하기 위한 에너지 절약과 효율적인 에너지 관리가 시급하다. AI 기술은 에너지 관리 시스템을 스마트하게 만들어, 에너지 소비 최적화와 배출량 감소에 기여할 수 있다.

AI 기반의 스마트 에너지 관리 시스템은 실시간 데이터를 기반으로 에너지 소비 패턴을 분석하고, 효율적으로 에너지를 분배하여 불필요한 소비를 줄이는 역할을 한다. 예를 들어, AI와 IoT 기술을 이용한 스마트 그리드는 전력망을 실시간으로 분석하고, 전력의 흐름을 최적화하여 에너지 절약을 이룬다. 또한, AI는 재생 가능 에너지인 태양광과 풍력의 변동성에 맞춰 전력 수요를 예측하고, 저장 시스템을 통해 에너지를 효율적으로 저장하고 배분할 수 있다.

스마트 빌딩의 경우, AI는 건물 내 에너지 소비를 실시간으로 분석하고, 냉난방, 조명, 전력 사용을 최적화하여 에너지 비용을 절감할 수 있다. 예를 들어, AI 알고리즘은 사람의 활동 패턴을 분석하여 사람이 없는 공간에 대한 에너지 소비를 줄이고, 필요한 시간대에만 에너지를 효율적으로 사용할 수 있도록 조절한다. 이러한 시스템은 지속 가능한 에너지 사용을 가능하게 하며, 온실가스 배출 감소에 기여한다.

3) AI 기반의 자원 관리 : 자원 고갈 문제 해결을 위한 혁신적 접근

자원 고갈은 AI가 해결할 수 있는 중요한 환경 문제 중 하나이다. AI 기술을 활용하여 자원의 효율적인 사용과 재활용 시스템을 혁신적으로 개선할 수 있다. 예를 들어, AI 기반의 자원 관리 시스템은 폐기물 처리와 자원 재활용을 최적화하고, 자원의 낭비를 최소화하는 데 기여할 수 있다.

AI는 폐기물 관리에서 중요한 역할을 할 수 있다. AI 알고리즘은 폐기물 종류를 자동으로 분류하고, 이를 효율적으로 재활용하거나 재사용할 수 있는 방법을 제시한다. 예를 들어, AI 기반 로봇 시스템은 분리배출이 어려운 폐기물을 정확하게 분류하고 처리하여 재활용 가능 자원으로 변환하는 작업을 수행할 수 있다. 이는 폐기물 처리 비용을 줄이고, 자원의 효율성을 극대화하는데 큰 기여를 한다.

또한, AI와 빅 데이터 분석을 통해 광물 자원과 같은 자원 추출 과정에서의 효율성을 개선하고, 자원 고갈을 방지하는 방법을 제시할 수 있다. AI 시스템은 광물 자원의 수요와 공급을 분석하고, 채굴 과정의 최적화를 통해 자원의 지속 가능한 관리를 할 수 있도록 돕는다. 이는 산업 자원을 낭비하지 않고 효율적으로 관리하는 중요한 방안이 된다.

4) AI와 생태계 보호 : 생물 다양성 보존을 위한 AI 활용

AI 기술은 환경 보호의 중요한 도구로서, 생물 다양성과 생태계 보호에도 기여할 수 있다. AI는 환경 데이터를 분석하고, 생태계 변화를 추적하여, 멸종 위기종을 보호하거나, 서식지 변화를 예측하는 데 유용하다. 예를 들어, AI는 위성 이미지와 센서 데이터를 분석하여 서식지 파괴를 실시간으로 추적하고, 서식지 보호를 위한 정책을 제시할 수 있다.

AI는 또한 스마트 농업을 통해, 농업 생태계의 지속 가능성을 증대시킬 수 있다. AI 기반의 농업 관리 시스템은 농작물의 성장을 최적화하고, 자원의 효율적 사용을 돕는다. 또한, 농약 사용을 최소화하고, 친환경 농업을 촉진하는 데 중요한 역할을 한다. 예를 들어, AI 드론을 활용해 농약을 정확히 투입하고, 작물의 건강 상태를 실시간으로 모니터링하여 환경에 미치는 영향을 줄이는 혁신적인 방법을 제공할 수 있다.

5) AI 기반 환경 문제 해결의 미래

AI 기술은 환경 문제 해결의 중요한 동력이다. AI의 실시간 데이터 분석 능력, 예측 모델링, 자동화된 자원 관리 시스템 등은 환경 문제를 효율적이고 지속 가능한 방식으로 해결하는 데 큰 기여를 할 수 있다. AI 기술을 통해 기후 변화, 자원 고갈, 환경 오염 등의 문제를 해결할 수 있는 창의적이고 혁신적인 접근이 가능하다. AI는 단지 산업 효율성을 증대시키는 도구에 그치지 않으며, 지구의 지속 가능한 미래를 위한 중요한 파트너가 될 것이다.

AI 기반 환경 관리 시스템의 확장과 AI의 사회적 책임을 고려하는 법적 체계의 정비는 환경 문제 해결을 위한 중요한 전환점이 될 것이다. 앞으로 AI 기술은 환경 문제에 대한 해결책을 제시하며, 지속 가능한 발전을 위한 중요한 역할을 맡게 될 것이다. AI와 환경 보호의 융합은 단순히 기술 혁신을 넘어서, 미래 세대를 위한 지속 가능한 사회를 창출하는 데 중요한 기여를 하게 될 것이다.

(2) 공공 서비스 향상 : 교육, 복지, 의료

AI 기술은 더 이상 산업의 효율성만을 추구하는 도구가 아니다. 이제는 사회적 가치와 공공 서비스의 향상을 위한 핵심적인 도전과 기회를 제공하는 혁신적인 파트너로 자리 잡고 있다. 특히, 교육, 복지, 의료 등의 분야에서 AI는 기존 시스템을 근본적으로 변화시킬 수 있는 잠재력을 지닌다. 이 글에서는 AI 기술이 공공 서비스를 어떻게 혁신하고, 사회적 평등을 실현할 수 있는지에 대한 창의적이고 구체적인 접근을 제시하고자 한다.

1) AI 기반 교육 혁신 : 맞춤형 학습 환경의 구축

AI가 교육 분야에 미치는 영향은 단순히 학생들에게 더 나은 학습 기회를 제공하는 것에 그치지 않는다. AI는 개인 맞춤형 학습을 실현할 수 있는 강력한 도구로 자리잡고 있다. 기존의 일률적인 교육 시스템은 학생 개개인의 특성이나 학습 스타일을 고려하지 못하는 한계가 있었다. 그러나 AI 기반 교육 시스템은 각 학생의 학습 진행 상황을 실시간으로 파악하고, 개별화된 학습 경로를 제시하는 혁신적인 방법을 제공할 수 있다.

AI 튜터링 시스템은 학생의 강점과 약점을 파악하고, 그에 맞는 학습 콘텐츠를 제공하여 효율적인 학습을 돕는다. 예를 들어, 수학이나 언어와 같은 과목에서 AI는 학생이 학습한 내용을 분석하고, 더 나아갈 수 있는 수준에 맞춘 문제 풀이나 이론 강의를 제공하여, 학생 스스로 학습할 수 있는 환경을 만든다. 이는 교사의 역할을 보완하는 것이며, 학생이 스스로 학습을 주도할 수 있도록 돕는 도구로 작용한다.

AI 교육 플랫폼은 학생과 교사가 실시간으로 소통하고, 효과적인 피드백을 주고받을 수 있도록 돕는다. 예를 들어, AI 기반의 학습 진단 시스템은 학생의 학습 상태를 분석하여 교사에게 즉각적인 피드백을 제공하고, 교사는 AI 시스템을 통해 학생에게 맞춤형 지도 계획을 세울 수 있다. 이와 같은 AI 교육 혁신은 단지 개별 학습을 강화하는 데 그치지 않고, 교육의 질적 향상을 이끌어낸다.

2) AI와 복지 시스템의 혁신 : 공정한 자원 배분과 맞춤형 서비스 제공

AI 기술은 복지 시스템에서도 근본적인 변화를 이끌어낼 수 있는 잠재력을 가지고 있다. 기존의 복지 시스템은 일률적인 지원과 규모의 경제에 의존해 왔지만, AI를 활용하면 맞춤형 서비스 제공이 가능해진다. AI는 개인의 데이터를 바탕으로 보다 정교하고 개인화된 복지 정책을 설계하는 데 활용될 수 있다.

AI 기반 복지 시스템은 복지 대상자의 개인적 상황, 건강 상태, 경제적 여건을 분석하여, 그에 맞는 지원을 제공하는 방식으로 발전할 수 있다. 예를 들어, AI 알고리즘은 기존의 복지 시스템에서 놓칠 수 있는 미세한 사회적 문제들을 발견하고, 이를 바탕으로 대상자에게 최적화된 지원을 제공한다. 자동화된 데이터 분석 시스템을 통해 대상자의 취약성을 파악하고, 맞춤형 지원을 제공함으로써, 효율적이고 공정한 복지 서비스를 실현할 수 있다.

이와 같은 방식으로 AI는 복지 시스템을 한 차원 더 발전시킬 수 있다. 예를 들어, AI 기반의 자원 배분 시스템은 사회적 약자에게 빠르고 정확한 지원을 전달하는 데 중요한 역할을 할 것이다. AI 분석 시스템은 보건, 교육, 주거, 취업 등 여러 분야에서 필요한 복지 자원을 정확하게 예측하고, 미래에 필요할 자원의 분배를 효율적으로 조정할 수 있다. 이러한 AI 기반의 복지 혁신은 자원 낭비를 줄이고, 공정한 자원 분배를 보장할 수 있는 핵심적인 방법이 될 것이다.

3) AI와 의료 혁신 : 정확하고 효율적인 의료 서비스 제공

AI 기술은 의료 분야에서 그 가장 큰 혁신적 변화를 이끌어내고 있다. 기존의 의료 시스템은 진단과 치료에 있어 인간 의사의 경험에 크게 의존했으며, 그로 인해 의료의 질과 효율성이 제한적일 수 있었다. 하지만 AI 기술을 도입하면, 정확한 진단, 개인화된 치료법 제공, 의료 오류 감소 등의 다양한 의료 혁신을 이룰 수 있다.

AI 기반 의료 시스템은 의료 이미지 분석, 유전자 분석, 환자 데이터 처리 등을 통해 정확한 진단을 내리는 데 중요한 역할을 한다.

예를 들어, AI 영상 분석 시스템은 CT, MRI, X-ray와 같은 의료 이미지를 분석하여 암이나 심혈관 질환과 같은 치명적인 질병을 조기에 발견할 수 있다. 또한, AI 기반의 맞춤형 치료는 각 환자의 유전자 정보를 분석하여 개인화된 치료법을 제공하고, 효과적인 약물 처방을 할 수 있도록 돕는다.

AI는 의료 분야에서 효율성을 넘어서 의료의 질을 높이는 데도 중요한 역할을 한다. 예를 들어, AI 시스템은 환자의 병력을 기반으로 미래에 발생할 수 있는 건강 문제를 예측하고, 예방적인 의료 조치를 취할 수 있게 한다. AI 의료 시스템은 병원 운영에서도 중요한 역할을 하여, 진료 예약 시스템, 의료 자원 관리, 환자 흐름 최적화 등에서 효율성을 높인다.

4) AI 기술을 통한 공공 서비스 향상 : 지속 가능한 발전을 위한 비전

AI 기술은 공공 서비스를 더욱 효율적이고 지속 가능하게 만드는 데 중요한 역할을 할 수 있다. 교육, 복지, 의료와 같은 공공 서비스는 각기 다른 사회적 요구와 경제적 상황을 충족시켜야 한다. 그러나 AI 시스템을 통해 이들 각 분야에 맞춤형 서비스를 제공하고, 데이터 기반의 의사결정을 통해 자원의 낭비를 줄이며, 효율성을 높이는 방향으로 나아갈 수 있다.

AI는 정보의 접근성을 높이고, 사회적 약자에게도 평등한 서비스를 제공할 수 있는 혁신적인 기회를 제공한다. 또한, AI 기반의 데이터 분석을 통해 서비스의 격차를 줄이고, 지역 간 불균형을 해결하는 데 기여할 수 있다. 이와 같은 AI 기반 공공 서비스 향상은 공정하고 지속 가능한 사회로 나아가는 중요한 전환점이 될 것이다.

5) AI로 완성되는 공공 서비스의 혁신

AI 기술은 공공 서비스의 향상을 위한 혁신적인 도약을 이끌 수 있다. 교육, 복지, 의료 분야에서의 AI 통합은 단순히 효율성과 비용 절감을 넘어, 사회적 평등과 공정성을 실현할 수 있는 강력한 도전이 된다. AI는 각각의 분야에서 맞춤형 서비스와 정확한 의사결정을 통해, 공공 서비스의 질을 한 차원 끌어올릴 수 있다. 이 과정을 통해 AI 기술은 사회적 책임과 지속 가능한 발전을 함께 실현하며, 미래 지향적인 사회를 위한 중요한 기반을 마련해 나갈 것이다. AI와 공공 서비스의 융합은 단순히 기술 혁신을 넘어서, 인류 공동의 미래를 위한 공정하고 지속 가능한 사회를 구현하는 중요한 역할을 할 것이다.

3. 지속 가능한 AI 개발과 정책

(1) AI 발전의 경제적, 사회적 책임

　AI 기술은 오늘날 단순한 산업 혁신을 넘어서 사회적 책임과 환경적 지속 가능성을 고려하는 필수적인 요소로 자리 잡고 있다. 우리는 AI가 주도하는 경제 혁명과 사회적 변화를 경험하고 있으며, 이 과정에서 AI의 발전이 가져오는 환경적 그리고 사회적 책임에 대해 진지하게 고민해야 한다. AI 발전이 이끄는 변화는 그 자체로 기술적 성과뿐만 아니라, 인류와 지구에 미치는 영향을 종합적으로 고려해야 할 윤리적 측면을 포함해야 한다.

　하지만, AI 기술의 발전은 단지 효율성과 생산성 향상을 넘어서, 사회적 불평등과 환경적 문제를 해결하는 기회로도 작용할 수 있다. AI의 영향력을 지속 가능한 방식으로 활용하는 것은 기술 혁신을 넘어서, 지구의 미래와 사회적 책임을 동반한 발전을 이루는 중요한 과제가 된다. 이 글에서는 AI 발전에 따른 환경적, 사회적 책임을 어떻게 해결할 수 있을지에 대한 창의적인 접근을 제시하고자 한다.

1) AI와 환경적 책임 : 기후 변화와 자원 고갈에 대한 혁신적 대응

AI 기술은 기후 변화와 자원 고갈과 같은 지구적 문제를 해결하는 데 중요한 역할을 할 수 있다. 기후 변화는 이제 산업화 시대의 폐해로, 전 세계적으로 환경적 위기를 초래하고 있다. 이를 해결하기 위해서는 AI 기반의 스마트 환경 관리 시스템이 필요하다. AI는 실시간 데이터 분석과 예측 모델링을 통해 환경 변화를 정확히 파악하고, 조기 경고 시스템을 구현할 수 있다. 예를 들어, AI 시스템은 대기 질, 수질, 산림의 건강 등 다양한 환경 데이터를 분석하고, 미래의 환경 변화를 예측하여 정책적 대응을 제시할 수 있다.

하지만, AI 기술이 환경적 책임을 다하는 데 중요한 것은 단순히 환경 데이터를 분석하는 것에 그치지 않는다. AI는 실제로 자원을 절약하고, 효율적으로 배분할 수 있는 시스템을 구축하는 데 중요한 역할을 한다. 예를 들어, 스마트 에너지 시스템에서는 AI가 에너지 소비 패턴을 분석하고, 잉여 에너지를 저장하거나 필요한 시간대에만 소비할 수 있도록 조정한다. 이는 재생 가능 에너지의 효율적 사용을 극대화하고, 지속 가능한 에너지 시스템을 구축하는 데 기여한다.

AI와 블록체인의 융합도 중요한 역할을 할 수 있다. AI 기반 자원 관리 시스템은 산업 내 자원 소비를 실시간으로 추적하고, 블록체인을 통해 자원의 이동과 소비 기록을 안전하고 투명하게 관리한다. 이는 자원의 낭비를 방지하고, 공정한 자원 분배를 보장할 수 있는 중요한 시스템으로 발전할 수 있다.

2) AI와 사회적 책임 : 불평등 해소와 사회적 가치 창출

AI 기술은 사회적 책임을 다하는 데 중요한 도구가 될 수 있다. AI 기술이 갖는 잠재력 중 하나는 사회적 불평등을 해소하고, 모든 사람에게 공평한 기회를 제공하는 데 기여하는 것이다. AI

는 교육, 보건, 금융 등 사회적 약자가 더 큰 혜택을 누리도록 할 수 있는 혁신적인 기회를 제공한다.

AI 기반 교육 시스템은 교육의 격차를 줄이는 중요한 도구로 작용할 수 있다. 예를 들어, AI 튜터링 시스템은 학생의 학습 속도와 학습 스타일을 분석하여 개인화된 학습 경로를 제시하며, 교육 기회의 불평등을 줄이는 데 기여한다. 또한, AI 기술은 저소득층이나 농촌 지역에서 온라인 교육에 접근할 수 있는 학습 도구를 제공하여 교육의 기회를 평등하게 만든다.

AI 기반 보건 시스템도 사회적 책임을 다하는 중요한 역할을 한다. AI는 의료 자원을 효율적으로 분배하고, 의료 서비스의 접근성을 전 세계적으로 높이는 데 기여할 수 있다. 예를 들어, AI 영상 분석 기술을 통해 저개발 국가에서도 정확한 진단과 효율적인 치료 방법을 제공할 수 있다. AI는 병원의 효율성을 높이고, 의료 서비스의 질을 보장하는 동시에 사회적 약자에게 더 많은 기회를 제공하는 핵심 기술이 될 것이다.

3) AI 기술의 지속 가능한 발전을 위한 법적, 윤리적 체계 마련

AI 기술의 발전이 사회적 책임을 다하며 이루어지기 위해서는 윤리적 기준과 법적 체계가 필수적이다. AI 기술의 비윤리적 사용이나 사회적 불평등을 심화시키는 결과를 방지하려면, 투명한 규제와 사회적 합의가 중요하다. AI 기술을 사회적 가치와 지속 가능한 발전에 맞게 사용하기 위한 법적 체계를 마련하는 것이 필요하다.

AI 윤리법을 제정하여 AI 시스템의 투명성과 공정성을 보장하고, 기술의 악용을 방지해야 한다. 예를 들어, AI의 결정 과정이 투명하게 공개되고, AI 알고리즘이 불공정한 판단을 내리지 않도록 감시하는 기관을 설계하는 것이 중요하다. 또한, AI 기술이 사회적 책임을 다할 수 있도록, 윤리적 AI 개발을 위한 기준과 가이드라인을 설정하고 이를 강제적으로 실행할 수 있는 시스템을 구축해야 한다.

　AI 시스템은 인간의 가치와 권리를 존중하는 방향으로 설계되어야 한다. 이를 위해서는 AI의 결정 과정이 설명 가능하고, 공정성과 책임을 지는 방식으로 구현되어야 한다. 또한, AI의 사용에 대한 규제는 글로벌 기준과 일치하는 국제 협약을 통해 조정되어야 하며, AI 개발자와 사용자가 윤리적 기준을 준수하도록 강력한 감시 체계가 필요하다.

4) AI 기술을 통한 환경적, 사회적 지속 가능성

　AI의 발전은 환경적 지속 가능성과 사회적 책임을 동시에 실현하는 중요한 기회이다. AI는 단순히 효율성과 편리함을 제공하는 도구가 아니다. AI는 사회적, 환경적 문제 해결에 중요한 혁신적인 방법을 제공한다. AI 기술은 기후 변화나 자원 고갈을 예측하고, 지속 가능한 발전을 위한 해결책을 제시하는 데 핵심적인 역할을 할 수 있다.

　AI 기반의 환경 시스템은 기후 변화를 실시간으로 모니터링하고, 온실가스 배출을 줄이는 최적의 방법을 제시할 수 있다. 또한, AI 기술을 활용한 스마트 농업 시스템은 친환경적 생산 방식을 지원하고, 자원 효율성을 높이는 방향으로 산업을 혁신할 수 있다.

5) AI와 사회적 책임의 상호작용

　AI 기술의 발전은 사회적 책임과 환경적 지속 가능성을 실현하는 데 중요한 역할을 할 수 있다. AI는 기술적 진보에 그치지 않고, 사회적 가치와 환경적 보호를 함께 추구하는 혁신적이고 지속 가능한 솔루션을 제공한다. 이를 위해서는 AI의 윤리적 사용과 공정한 AI 개발을 위한 강력한 법적 체계와 사회적 합의가 필요하며, AI 기술은 기술 혁신을 넘어서 사회적 책임을 다하는 도구로 자리잡아야 한다. AI는 지속 가능한 발전과 사회적 평등을 실현하는 중요한 열쇠가 될 것이다.

(2) 기반 지속 가능한 성장 모델

AI와 데이터 기반 기술이 지속 가능한 성장 모델을 가능하게 만드는 핵심적인 동력으로 자리잡고 있다. 하지만, AI 기술의 발전이 단순히 경제적 이익을 추구하는 것에 그쳐서는 안 된다. 진정한 혁신적 발전은 환경적 지속 가능성과 사회적 책임을 동시에 실현하는 길에서 이루어져야 한다. 이 글에서는 AI와 데이터를 활용한 지속 가능한 성장 모델을 창출하는 과정에서 기존의 한계를 뛰어넘는 창의적 접근을 제시하고자 한다.

1) 지속 가능한 성장을 위한 AI와 데이터의 역할

AI와 데이터 기반 기술은 단순히 기존의 산업적 효율성을 높이는 데 그치지 않는다. 이 기술들은 지속 가능한 경제 발전을 실현하는 중요한 열쇠로 작용할 수 있다. 하지만 중요한 점은, AI와 데이터가 환경적, 사회적, 경제적 요인들을 조화롭게 결합하고, 지속 가능한 성장을 이끄는 구체적이고 혁신적인 방법을 제공해야 한다는 것이다.

AI는 대규모 데이터 분석을 통해 지속 가능한 자원 관리를 가능하게 한다. 데이터 분석과 AI 예측 모델링을 활용해 자원의 사용 패턴을 파악하고, 낭비를 줄이고 효율적인 자원 배분을 할 수 있는 시스템을 구축할 수 있다. 예를 들어, 스마트 농업에서는 AI와 데이터를 활용해 농작물의 성장 상태와 기후 조건을 실시간으로 분석하고, 자원의 사용을 최적화한다. 이를 통해 지속 가능한 농업을 실현할 수 있으며, 자원 낭비를 최소화하고 환경 친화적인 생산 시스템을 구축할 수 있다.

또한, AI는 전 세계적으로 분포된 데이터를 분석하고 다양한 사회적 문제를 해결할 수 있는 패턴을 식별한다. 예를 들어, AI 기반 예측 분석을 통해 기후 변화에 대응할 수 있는 구체적인 전략을 세울 수 있으며, 자원 고갈 문제를 해결하는 혁신적인 방법을 제시할 수 있다. 이와 같은 데이터 기반 예측 시스템은 지속 가능한 성장을 위한 글로벌 협력을 가능하게 만든다.

2) AI를 통한 지속 가능한 경제 전환 : 스마트 도시와 지속 가능한 산업 모델

AI 기술을 지속 가능한 경제 전환에 적용하는 것은 스마트 도시와 지속 가능한 산업 모델의 발전에 큰 기여를 할 수 있다. 스마트 도시는 단순한 기술적 혁신을 넘어, 인프라, 교통, 에너지 관리, 환경 보호 등 여러 분야에서 AI를 활용해 지속 가능한 삶의 환경을 만드는 것을 목표로 한다.

AI를 활용한 스마트 시티는 실시간 데이터를 수집하고 분석하여 에너지 소비를 최적화하고, 교통 흐름을 개선하며, 온실가스 배출을 줄이는 방향으로 작동한다. 예를 들어, AI 기반 교통 관리 시스템은 교차로의 차량 흐름을 실시간으로 분석하고, 혼잡 구간을 예측하여, 자동차 배기가스를 줄이는 방향으로 교통 신호를 조정할 수 있다. 또한, AI 기술을 이용해 에너지 소비 패턴을 분석하고, 스마트 전력망을 통해 재생 가능 에너지의 효율적 배분을 이끌어낼 수 있다.

스마트 팩토리와 같은 AI 기반 산업 혁신도 지속 가능한 성장을 위한 중요한 요소이다. AI와 IoT(사물인터넷)을 결합한 스마트 팩토리 시스템은 생산 공정의 효율성을 극대화하고, 자원 낭비를 줄이며, 생산성을 향상시키는 데 기여한다. 예를 들어, AI 기반의 예측 유지보수 시스템은 기계의 고장을 예측하고, 사전에 조치를 취하여 불필요한 다운타임을 방지하는 동시에, 에너지 소비를 최적화할 수 있다.

3) 데이터 기반의 사회적 가치 창출 : 공정한 자원 분배와 사회적 평등

AI와 데이터 기술은 사회적 가치 창출을 위해 강력한 도구로 작용할 수 있다. 공정한 자원 분배와 사회적 평등을 실현하는 데 있어 AI와 데이터 기반 정책은 중요한 역할을 한다. 예를 들어, AI 기반의 사회적 가치 분석 시스템은 사회적 약자에게 공정한 기회를 제공할 수 있는 데이터 기반 정책을 설계하는 데 활용될 수 있다. 이를 통해 불평등을 해소하고, 공정한 자원 배분을 실현하는 새로운 시스템을 구축할 수 있다.

AI 시스템은 사회적 약자나 저소득층에 대한 타겟팅 지원을 가능하게 한다. 예를 들어, AI 기반의 복지 시스템은 개인의 생애 주기를 따라 맞춤형 지원을 제공하고, 의료, 교육, 주거 등 다양한 분야에서 정확한 데이터를 바탕으로 공정하게 자원을 분배한다. 또한, AI 시스템은 경제적 약자에게 온라인 교육이나 원격 의료 서비스를 제공하여 사회적 평등을 실현하는 데 기여할 수 있다.

4) 지속 가능한 AI 발전을 위한 정책적 접근

AI 기술의 발전은 지속 가능한 성장을 이끌어낼 수 있는 중요한 기회이지만, 이 기회를 제대로 활용하기 위해서는 정책적 접근이 필수적이다. 현재 AI 기술은 매우 빠르게 발전하고 있으며, 그 적용 범위는 산업 전반에 걸쳐 확장되고 있다. 그러나 AI 기술의 발전이 사회적 책임을 다하는 방향으로 나아가기 위해서는 정부의 역할이 중요한 시점이다.

AI 기반 지속 가능한 성장 모델을 실현하려면 정책적으로 세심한 지원이 필요하다. 예를 들어, AI 기술을 지속 가능한 방향으로 적용할 수 있도록 AI 윤리법을 제정하고, AI 기술 개발이 환경 보호와 사회적 평등을 동시에 고려하도록 유도해야 한다. 또한, AI 개발자와 정책 입안자가 협력하여 AI 기술의 사회적 책임을 보장하는 시스템을 설계해야 한다.

AI 기반 정책은 환경과 사회적 책임을 동시에 고려하는 지속 가능한 모델을 제시해야 한다. 지속 가능한 AI 정책은 재생 가능 에너지와 친환경 산업 혁신을 지원하고, 사회적 약자에게는 AI 기술을 통한 기회를 제공하는 방향으로 나아가야 한다. 예를 들어, AI 기술을 활용하여 재활용률을 높이고, 탄소 배출을 줄이는 방안을 제시할 수 있으며, 사회적 가치와 지속 가능한 발전을 동시에 추구하는 정책을 통해 경제적, 환경적, 사회적 균형을 이룰 수 있다.

5) AI와 지속 가능한 성장의 결합

AI 기술은 지속 가능한 성장을 실현하는 데 필수적인 요소가 될 수 있다. AI는 환경 보호와 사회적 평등을 동시에 달성할 수 있는 잠재력을 가지고 있으며, 이를 위해서는 AI 기술의 적절한 규제와 정책적 지원이 필요하다. AI와 데이터 기술은 지속 가능한 경제 전환, 효율적인 자원 관리, 사회적 책임을 다하는 시스템을 통해 미래 지향적인 발전을 이끌어낼 수 있다. 이제는 AI를 사회적 가치와 지속 가능한 발전을 위한 핵심 도구로 활용하여, 지속 가능한 미래를 만들어 나가는 길에 나서야 한다. AI 기술은 단지 산업 혁신을 넘어서, 사회적, 환경적 책임을 실현하는 중요한 열쇠가 될 것이다.

제8장

AI를 통한 글로벌 리더십 확립

1. AI G3 강국의 위상 확립

(1) AI 기술로 글로벌 리더십 확보

　AI G3 강국으로 자리잡기 위한 여정은 단순히 기술 개발이나 산업 경쟁력 강화를 넘어, 국가의 위상을 재정립하고, 글로벌 리더로서의 역할을 수행하는 것을 목표로 한다. AI 기술은 이제 전 세계적으로 국가 간 경쟁의 핵심 요소가 되었으며, 그 활용과 발전 정도에 따라 국가의 경제적, 정치적 입지가 결정된다. AI G3 강국이 되기 위한 위상 확립은 경제적 패권을 넘어서 문화적 영향력, 사회적 혁신 그리고 지속 가능한 발전을 통해 이루어져야 한다. 이에 대해 보다 구체적이고 창의적인 AI 기반 글로벌 리더십을 어떻게 확립할 수 있을지에 대해 깊이 탐구해보자.

1) AI G3 강국의 개념과 글로벌 리더십 확보의 필요성

　AI G3의 위상은 AI 기술을 선도하는 국가들이 글로벌 경제, 산업, 외교, 정치에서 지배적인 영향력을 발휘하는 것을 의미한다. AI G3는 AI 기술을 산업에 효율적으로 적용하고, 사회적 가치를 창출하며, 지속 가능한 발전을 이루는 국가들의 네트워크를 말한다. AI G3 국가들은 기술 혁신, 경제 성장, 사회적 책임을 동시에 달성하면서, 국제 사회에서의 역할을 확립해 나간다.

AI G3 강국이 되기 위한 핵심 요소는 글로벌 경쟁에서의 우위를 확보하는 것이다. AI 혁신은 이제 산업 경쟁력을 넘어 국가의 정치적 입지, 경제적 리더십, 그리고 문화적 영향력을 주도하는 중요한 도전 과제가 되고 있다. AI 기술은 국가 간 경쟁력을 강화할 수 있는 도전이자, 동시에 국제적인 협력의 기회가 될 수 있다. AI 기술은 산업 구조를 혁신하고, 국제 경제에 새로운 질서를 창출하며, 정치적 안정을 꾀하는 전략적 자원으로 자리잡고 있다.

AI G3 강국으로 자리매김하려면 기술적 선도뿐만 아니라, AI를 통해 글로벌 파트너십을 적극적으로 확대해야 한다. AI G3 강국은 글로벌 리더로서 AI 기술을 활용하여 다양한 산업을 혁신하고, 지속 가능한 발전을 추구하는 모델을 제시할 수 있어야 한다. 이러한 역할을 통해 AI 기술은 경제적, 사회적 평등을 동시에 이룰 수 있는 전략적 자원으로 발전할 수 있다.

2) AI G3 강국으로 가는 길 : 기술 혁신과 글로벌 협력의 균형

AI G3 강국이 되기 위한 첫 번째 단계는 기술 혁신이다. AI 기술이 글로벌 리더십을 확보하는 데 중요한 역할을 하는 이유는, AI 혁신이 산업의 패러다임을 완전히 변화시키기 때문이다. AI G3 강국이 되려면, 국내 AI 기술 개발에 대한 지속적인 투자와 혁신적인 연구개발을 진행해야 한다. 특히, AI와 데이터를 융합하는 방식으로 산업 전반에 걸쳐 혁신적인 변화를 이끌어야 한다.

AI 기반 기술을 통해 자동화, 효율성, 정확성을 강화하는 스마트 제조업과 AI 기반의 혁신적 금융 서비스는 글로벌 경제에서 우위를 점할 수 있는 강력한 수단이다. AI G3 강국은 스마트 팩토리, AI 금융 서비스, 자율 주행 등 기술 혁신을 통해 국가 경제 성장을 도모하며, 글로벌 시장에서의 경쟁력을 확보할 수 있다. AI 혁신을 통해 산업 리더십을 강화하는 것은 글로벌 리더로 자리매김하는 중요한 초석이 될 것이다.

그뿐만 아니라, AI G3 강국은 글로벌 협력을 통해 AI 기술을 전 세계적으로 확산시키는 데 중요한 역할을 해야 한다. 예를 들어, 국제적인 AI 협력 네트워크를 구축하여, AI 기술을 통해 국제적 문제 해결에 기여하고, AI 기술이 사회적 문제를 해결하는 데 중요한 도전과 기회를 제공하도록 해야 한다. 이러한 글로벌 협력은 AI의 진정성과 지속 가능성을 확보하는 중요한 요소로 작용한다.

3) **AI를 통한 글로벌 리더십 확보의 창의적 접근 : 문화적, 경제적 파워로의 확장**

AI G3 강국은 기술적 우위를 넘어서 문화적 및 경제적 영향력을 글로벌 리더십으로 확장할 수 있어야 한다. AI 기술을 문화적 파워로 활용하는 접근이 필요하다. AI 기반 문화 산업의 발전은 국가의 문화적 영향력을 크게 확장할 수 있다. 예를 들어, AI 기반 콘텐츠 생성 시스템을 활용해 영화, 게임, 음악 등에서 글로벌 시장에 큰 영향을 미칠 수 있다. AI는 문화 콘텐츠의 생성과 분석을 통해 전 세계적으로 영향력 있는 콘텐츠를 만들어내고, 문화 산업을 새로운 수준으로 끌어올릴 수 있다.

AI G3 강국은 AI 기술을 사회적 가치를 창출하는 방법으로도 활용해야 한다. AI를 통한 글로벌 리더십을 확립하려면 국내 사회와 글로벌 사회에서 사회적 책임을 다하는 역할을 해야 한다. AI 기술은 기후 변화나 보건 문제와 같은 글로벌 이슈를 해결하는 데 중요한 역할을 할 수 있다. AI G3 강국은 AI를 활용하여 사회적 불평등을 해소하고, 전 세계적인 사회적 문제 해결을 위한 혁신적 기술 솔루션을 제공하는 데 주도적인 역할을 해야 한다.

4) AI를 통한 글로벌 리더십 확보의 새로운 패러다임

AI G3 강국의 위상 확립은 기술적 혁신, 글로벌 협력, 문화적 및 경제적 영향력을 통해 이루어져야 한다. AI 기술은 이제 국가 경쟁력의 핵심 요소가 되었다. AI G3 강국은 AI 기반 혁신을 통해 산업 리더십을 강화하고, 글로벌 사회에 대한 책임감을 실현하며, 지속 가능한 발전을 이끄는 중요한 역할을 할 것이다. AI 기술이 문화적, 경제적, 사회적 가치를 창출하는 핵심 도전으로 작용하는 글로벌 리더십은, AI G3 강국이 되고자 하는 모든 국가에 새로운 패러다임을 제시하는 길이 될 것이다.

(2) 외교 및 국방에서의 AI 활용

AI 기술은 산업과 경제에만 영향을 미치는 것이 아니다. 현재, AI는 국가 안보와 외교 정책에서도 혁신적 변화를 일으킬 잠재력을 지니고 있다. AI 기반 기술은 전투 전략에서부터 국제 협상, 국경 보호, 국제 평화 유지에 이르기까지 국방과 외교 분야에서 중대한 영향을 미친다. 하지만 AI의 활용은 단순히 기술적 차원의 발전을 넘어서, 정치적이고 사회적 맥락을 포함하는 전략적 접근을 필요로 한다. 이 글에서는 AI 기술이 외교 및 국방 분야에서 어떻게 글로벌 리더십을 구축하고, 평화 유지와 전략적 우위를 제공할 수 있는지에 대해 창의적인 발상을 제시하고자 한다.

1) AI를 통한 국방의 혁신 : 예측, 방어, 전술적 우위 확보

AI와 국방의 융합은 그 자체로 국가 안보를 재정의할 수 있는 전환점이다. AI 기반 기술은 실시간 데이터 분석, 고속 의사결정 시스템, 그리고 정밀 타격 등에서 전략적 우위를 제공하며, 군사력을 혁신적으로 변화시킨다. AI는 군사 작전에서 복잡한 전투 환경을 실시간으로 분석하고, 적의 움직임을 예측하여 군사 전략을 효율적으로 최적화할 수 있다.

예를 들어, AI 기반의 예측 분석 시스템은 적의 군사 동향을 실시간으로 분석하고, 침투 시나리오를 자동으로 생성하여 최적의 대응 전략을 제시할 수 있다. 이를 통해 군사 작전에서의 결정 시간을 단축하고, 위험 요소를 빠르게 식별하여 군사적 리스크를 최소화할 수 있다. AI와 데이터 분석의 결합은 군사 지도자들에게 정확한 전장 정보를 제공하고, 더 나은 전략적 선택을 하도록 돕는다.

또한, AI는 군사 무기 시스템에서 자율 시스템을 가능하게 한다. 자율 드론이나 AI 기반 로봇 전투 시스템은 반복적인 임무나 위험한 작전에서 인간의 개입을 최소화하고, 자율적으로 결정을 내리며 작전을 수행한다. AI 기술을 활용하여 전장 지능화와 자율적 작전을 확립함으로써, 군사 능력은 비약적으로 향상될 수 있다. 또한, 이러한 기술적 진보는 인명 피해를 줄이고, 효율적인 자원 운용을 가능하게 한다.

2) 외교 분야에서의 AI : 신뢰 구축과 협상의 새로운 패러다임

AI 기술은 외교 분야에서 국제 관계를 관리하고, 다자간 협상을 위한 새로운 패러다임을 만들어낼 수 있다. AI 기반의 분석 시스템은 글로벌 이슈와 관련된 데이터를 실시간으로 분석하여, 국제 협상에 필요한 정보를 제공하고 정확한 예측을 할 수 있다. 예를 들어, AI는 국제 분쟁이나 기후 변화와 관련된 다국적 협상에서 협상자의 입장, 정치적 뉘앙스, 각국의 이익을 분석하고, 협상의 최적 전략을 제시하는 데 중요한 역할을 한다.

AI 기반 시스템은 정치적 동향을 실시간으로 추적하여 국제 정치의 흐름을 빠르게 파악하고, 외교 정책의 방향을 제시한다. 이러한 AI 분석 도구는 외교 관료가 세계 여러 나라의 정책 변화나 협상 과정에서 발생할 수 있는 위험 요소를 미리 식별하고, 이를 예방적으로 대응할 수 있게 돕는다. 예를 들어, AI는 특정 국가의 정치적 변화나 외교적 결속을 예측하여, 불확실성을 줄이고 국제적 협력을 강화하는 데 기여할 수 있다.

AI는 국제 협정에서도 중요한 역할을 할 수 있다. AI 기반의 협정 검토 시스템은 국제 조약이나 협정의 세부사항을 빠르게 분석하고, 법적 허점이나 위반 가능성을 사전에 식별할 수 있다. 이를 통해 국제 협상에서 발생할 수 있는 법적 분쟁을 예방하고, 다자간 협상의 효율성을 높일 수 있다.

3) AI를 통한 국제 평화 유지 : 글로벌 안보의 새로운 질서

AI 기술은 국제 평화 유지와 안보를 위한 중요한 도구로 작용할 수 있다. AI 기반 기술은 국제 분쟁을 예방하고, 평화 유지를 위한 예측 시스템을 구현하는 데 중요한 역할을 한다. AI를 활용한 예측 분석은 국제적 갈등이나 무력 충돌을 사전에 예측하고, 위기 발생 전 대응을 가능하게 한다.

AI 기반 시스템은 전 세계적인 군비 경쟁과 무력 충돌의 위험을 줄이는 데도 중요한 역할을 할 수 있다. AI 기술은 국제 안보를 유지하기 위해 비밀 감시, 국경 감시, 해양 통제 등에서 정확한 데이터 분석과 실시간 대응을 가능하게 한다. 예를 들어, AI 시스템은 비행기나 배의 이동 경로를 추적하고, 국제 해양에서의 불법 활동을 탐지하여, 국제적 분쟁을 예방하는 데 중요한 역할을 할 수 있다.

또한, AI 시스템은 국제 기구나 다국적 평화 유지 임무에서 실시간 협력을 통해 효율적인 평화 유지 활동을 돕는다. AI 기반의 의사소통 시스템은 국제 기구와 다국적 평화 유지군이 실시간으로 정보를 교환하고, 위기 대응을 위한 공조 시스템을 만들어 평화 유지 활동을 강화할 수 있다. AI 기술은 다양한 국가와 국제 기구간의 협력을 원활하게 하고, 갈등 해결을 위한 새로운 지혜를 제공할 수 있다.

4) 창의적 접근 : AI와 국제적 법의 융합

AI 기술의 발전은 국제법과 외교 분야에도 혁신적인 변화를 불러일으킬 수 있다. AI와 국제법의 융합은 국제 안보와 국제 협력을 강화하는 중요한 방향이 될 수 있다. 예를 들어, AI 기반 법률 시스템은 국제법을 빠르게 분석하고, 국제 협정의 위반 가능성을 예측하며, 국제 법적 분쟁을 미리 예방하는 데 도움을 줄 수 있다. AI 시스템은 국제기구나 국제 법원에서의 법적 해석을 돕고, 갈등 해결을 위한 창의적인 방안을 제시하는 법적 도우미 역할을 할 수 있다.

5) AI 기술을 통한 외교와 국방 혁신의 미래

AI 기술은 외교와 국방 분야에서 전략적 우위를 확보하고, 국제 평화 유지를 위한 중요한 도전과 기회를 제공한다. AI 기반 기술은 실시간 데이터 분석, 국제 협력 강화, 전략적 예측 등에서 새로운 가능성을 열어준다. AI와 외교, AI와 국방은 단순히 기술적 혁신을 넘어서, 국제적 신뢰와 글로벌 평화를 구축하는 중요한 열쇠가 될 것이다. AI 기술을 통한 국가 안보와 국제 리더십 확립은 미래 사회에서 핵심적인 역할을 할 것이다. AI와 외교, 국방의 융합은 새로운 세계 질서를 만들어가는 전략적 기회가 될 것이다.

2. 글로벌 협력과 AI 기술의 국제적 리더십

(1) AI 기술 협력 및 국제적 파트너십

AI 기술의 발전은 국가의 경쟁력을 결정짓는 중요한 요소로 자리 잡았으며, 그 영향력은 국경을 넘어 전 세계적인 변화를 이끌어가고 있다. AI 기술이 각국의 산업 혁신, 경제 성장, 그리고 사회적 변화를 촉진하는 가운데, AI 국제 협력은 이제 단순히 기술적 교류를 넘어, 정치적, 경제적 그리고 사회적 협력을 위한 필수적인 요소로 떠오르고 있다. 글로벌 AI 협력은 각국이 기술 발전을 독점적으로 추구하는 시대에서, 상호 의존적이고 공동의 발전을 목표로 하는 미래 지향적 협력으로 변모해가고 있다. 그러나, 이러한 협력의 효과를 극대화하려면 창의적이고 혁신적인 접근이 필요하다. AI 기술 협력을 통해 국제적 리더십을 구축할 수 있는 방법을 창의적이고 깊이 있는 방식으로 탐구해보자.

1) 글로벌 AI 협력 : 미래의 경제 패러다임을 바꾸는 새로운 기회

AI 기술은 전 세계적인 협력을 통해 더욱 빠르게 발전할 수 있는 잠재력을 지닌 기술이다. 하지만 AI 개발이 글로벌 차원에서 성공을 거두기 위해서는, 각국이 AI 기술을 단순히 자국의 이익을 위해 개발하는 데 그치지 않고, 협력과 공동 개발을 통해 인류 전체의 이익을 위한 기술 발전을 이루어야 한다. AI 협력을 통해 국제적 리더십을 확립하려면, 국가 간 협력뿐만 아니라, 산업 간 협업을 통한 기술의 공정한 배분과 정책의 일관성이 필요하다.

AI 기술의 국제적 리더십을 구축하는 데 있어 중요한 것은 기술적 표준화와 데이터 교환에 관한 글로벌 규범을 설정하는 것이다. 예를 들어, AI 데이터의 표준화를 통해 각국의 AI 기술이 상호 운용성을 확보하고, 기술 개발 과정에서 발생할 수 있는 정책적 갈등을 최소화하는 것이 중요하다. 이는 AI 협력의 효과를 극대화할 수 있는 첫 번째 단계이다. AI의 발전은 특정 국가나 기업에 국한된 기술이 아닌, 인류 전체의 문제 해결에 기여하는 기술이어야 하며, 이를 위해 글로벌 AI 협력 플랫폼이 필수적이다.

2) 창의적 접근 : AI 협력의 새로운 패러다임

AI 협력에서 중요한 것은 기술적인 통합뿐만 아니라, 사회적 가치를 함께 창출하는 것이다. AI 협력은 산업 경쟁력 강화와 경제적 성장을 넘어서, 글로벌 사회 문제 해결을 위한 창의적인 기술 개발을 촉진할 수 있는 기회를 제공한다. 예를 들어, AI와 환경 기술을 결합하여 지구 온난화, 기후 변화 문제를 해결할 수 있는 창의적인 솔루션을 제공하는 것이다. AI와 지속 가능한 기술을 결합한 협력은 기후 변화 대응을 위한 AI 기반 예측 모델링을 통해 정확한 데이터 분석과 리소스 최적화를 가능하게 한다.

또한, AI 기술을 활용한 국제적 사회적 책임을 실현할 수 있는 방법도 있다. 예를 들어, AI가 의료, 교육, 에너지 관리 등 다양한 사회적 문제를 해결하는 데 중요한 역할을 할 수 있다. AI 기반 건강 관리 시스템은 저소득 국가에서도 정확한 진단과 치료 방법을 제공하고, AI 기반 교육 플랫폼은 디지털 격차를 해소하며 교육의 기회 균등을 제공할 수 있다. 이러한 AI 협력은 글로벌 리더십을 강화하는 중요한 수단이 될 것이다.

3) 글로벌 AI 협력의 구체적 모델 : 다자간 협력과 공동 개발

AI G3 강국으로서 글로벌 리더십을 확립하려면, 단순히 국가 간 기술 교류에 그치지 않고, 다자간 협력과 공동 개발을 통해 AI 기술의 공동 이익을 추구해야 한다. 다자간 협력의 핵심은 국제기구와 다양한 국가들이 AI 연구 개발에 대한 공동 투자를 통해 공동 목표를 달성하는 것이다. 이러한 협력은 기술적 우위를 넘어, 글로벌 AI 거버넌스를 구축하는 기회가 된다.

예를 들어, AI 연구소와 글로벌 기술 기업들이 AI 기술의 국제적 표준화를 위한 공동 개발 프로젝트에 참여하고, 이를 통해 AI 기술의 상호 운용성을 강화하며, AI 연구 개발에 필요한 기술적 인프라를 공동으로 구축할 수 있다. 또한, AI 기반 국제 데이터 플랫폼을 구축하여, 각국이 보유한 데이터를 효율적으로 교환하고, 데이터 활용을 통해 AI 기술의 발전을 촉진하는 방식이다.

이러한 다자간 협력 모델은 AI 개발 과정에서 발생할 수 있는 정치적 갈등을 줄이는 데 중요한 역할을 하며, AI 기술을 글로벌 공동 이익을 위한 도구로 활용할 수 있도록 한다.

4) AI 기술의 글로벌 리더십 확보를 위한 국가적 전략

AI G3 강국이 글로벌 리더십을 확보하기 위한 구체적인 전략은 기술적 선도와 사회적 책임을 동시에 실현하는 것이다. 국가적 차원에서 AI 정책은 기술 혁신뿐만 아니라, 사회적 가치와 국제적 협력을 염두에 둔 방향으로 나아가야 한다. 예를 들어, AI 기술을 사회적 약자와 기후 변화 문제 해결에 활용하는 공공의 이익을 우선시하는 전략은, 국제 협력에서 기술 리더십을 이끌어낼 수 있다.

또한, AI 기술의 글로벌 리더십을 확보하기 위한 외교적 전략은 AI 기술의 윤리적 사용을 강조하고, AI 거버넌스에서 국제적 기준을 확립하는 것이다. AI 국제 협력은 AI 기술이 산업 경쟁력을 넘어, 사회적 평등과 지속 가능한 발전을 동시에 실현하는 중요한 기회가 될 수 있다. 이를 통해 AI G3 강국은 글로벌 리더십을 AI 기술을 기반으로 강화하고, 국제 사회에서 중요한 역할을 맡을 수 있다.

5) AI 기술로 확립하는 글로벌 리더십

AI 기술은 글로벌 리더십을 구축하는 중요한 전략적 도구가 될 수 있다. AI 협력은 기술적 발전과 사회적 책임을 동시에 실현하는 방향으로 나아가야 하며, 국가 간 협력과 다자간 협력을 통해 AI 기술을 공동의 이익을 위한 도구로 활용해야 한다. AI G3 강국은 기술 혁신과 사회적 책임을 동시에 추구하는 방식으로 글로벌 리더십을 확립할 수 있다. AI 기술은 국제적 협력을 통해 사회적 평등을 이루고, 지속 가능한 발전을 이끌어내는 핵심 도전이 될 것이다.

(2) AI 글로벌 협의체 형성

AI 기술이 글로벌 경제와 사회를 변화시키고 있는 가운데, 각국의 AI 기술 경쟁이 날로 치열해지고 있다. 이는 국가 간 협력이 단순히 기술적 교류의 차원을 넘어, AI 기술의 사회적 책임과 지속 가능성을 위한 중요한 글로벌 과제가 되었음을 의미한다. AI 기술의 발전을 단순히 국가적 경쟁력 강화의 수단으로 보는 것에서 벗어나, 국제적 협력을 통해 글로벌 리더십을 확보하는 새로운 방향이 필요하다. 이를 위해서는 AI 글로벌 협의체의 형성과 국제적 협력 시스템을 구축하는 것이 필수적이다.

1) AI 글로벌 협의체 형성의 필요성

AI 글로벌 협의체의 형성은 기술 혁신뿐만 아니라, 사회적 가치를 창출하는 새로운 국제 협력의 틀을 만들어 가는 일이다. AI 기술은 그 자체로 각국의 산업을 혁신하고, 경제를 변화시키는 핵심적인 요소이지만, 그 기술적 발전은 사회적 책임과 윤리적 기준을 함께 따라가야 한다. AI 글로벌 협의체는 AI 기술 개발에 있어 상호 협력을 촉진하고, 공정한 기술 개발을 위한 공동 규범을 설정할 수 있는 플랫폼을 제공한다.

AI 글로벌 협의체는 단순한 기술 개발의 연대가 아닌, 지속 가능한 발전을 이끌어내는 중요한 기회를 제공한다. AI 기술은 그 특성상 국경을 넘어선 기술이기 때문에, 각국의 국가 이익만을 추구하는 경쟁적인 접근법에서는 한계에 봉착하게 된다. 글로벌 협의체는 이러한 경쟁적인 국지화를 넘어 지속 가능한 기술 개발을 위한 협력적인 접근을 가능하게 한다. 예를 들어, AI 윤리, 데이터 보호, AI 규제와 같은 문제는 국제적인 협정과 표준화를 통해 해결할 수 있다. 이를 통해 AI 기술이 글로벌 공공의 이익을 위한 도전으로 자리 잡을 수 있게 된다.

2) AI 글로벌 협의체의 목표 : 공정한 기술 개발과 사회적 책임

AI 글로벌 협의체의 핵심 목표는 AI 기술 개발의 공정성과 사회적 책임을 보장하는 것이다. AI 기술이 산업에서의 효율성을 높이고 경제적 이익을 추구하는 것에 그치지 않고, AI가 사회적 가치를 창출하는 방향으로 나아가야 한다. AI 글로벌 협의체는 기술의 사회적 영향을 고려한 전 세계적 규범을 정립하는 중요한 기구가 될 수 있다.

AI 기술이 사회적 책임을 다하는 방향으로 나아가기 위해서는, AI 개발 과정에서의 투명성과 AI의 윤리적 활용을 보장하는 것이 필수적이다. 이를 위해 AI 글로벌 협의체는 윤리적인 규범을 설정하고, AI의 사회적 영향에 대한 평가를 공동으로 실시하는 평가 시스템을 도입해야 한다. 예를 들어, AI 기술 개발에서 발생할 수 있는 편향 문제를 해결하기 위한 글로벌 표준을 설정하고, AI 윤리 교육을 개발자와 사용자 모두에게 제공하는 프로그램을 구축할 수 있다. 이러한 노력은 AI의 윤리적 사용을 보장하며, 사회적 신뢰를 쌓는 데 기여할 것이다.

3) 글로벌 협의체와 기술 표준화 : 상호 운용성 확보와 글로벌 협력 강화

AI 글로벌 협의체는 기술 표준화의 핵심적인 역할을 하여 글로벌 기술 경쟁의 우위를 선도할 수 있다. AI 기술은 그 본질적으로 국제적인 성격을 갖고 있기 때문에, 각국의 기술들이 상호 운용될 수 있도록 하는 표준화가 필요하다. AI 글로벌 협의체는 AI 기술이 다양한 국가와 산업 전반에서 효율적으로 적용될 수 있도록 기술적 기준을 설정하고, 각국의 정책과 기술이 상호 보완적으로 작동할 수 있도록 유도하는 중요한 역할을 한다.

기술 표준화는 AI의 상호 운용성을 보장하며, 글로벌 협력을 촉진하는 데 기여한다. 예를 들어, AI 데이터 공유를 위한 국제적 규범을 설정하고, 다국적 기업이나 국제 연구소들이 AI 기술 개발에 필요한 데이터와 인프라를 공유할 수 있도록 하는 플랫폼을 구축하는 것이다. 이를 통해 AI 기술이 국가 간 장벽을 넘어 글로벌 경제에서 중요한 역할을 할 수 있도록 할 수 있다.

4) 창의적인 접근 : AI 글로벌 협의체의 새로운 모델 제시

AI 글로벌 협의체는 단순히 기술 표준화와 윤리적 기준을 설정하는 것에 그치지 않고, AI 기술을 통해 사회적 가치 창출을 도모하는 혁신적인 모델을 제시해야 한다. 예를 들어, AI 기술을 지속 가능한 개발 목표(SDGs)와 통합하여, 기후 변화, 인류의 건강, 디지털 격차 해소 등 사회적 과제를 해결하는 데 초점을 맞춘 AI 기술 개발을 촉진할 수 있다.

이러한 AI 기술 개발은 글로벌 협력의 일환으로 이루어져야 하며, AI 글로벌 협의체는 이를 위한 구체적 전략과 협력 네트워크를 구축할 수 있다. 예를 들어, AI를 기후 변화 대응, 재생 가능 에너지 개발, 사회적 평등 증진과 같은 지속 가능한 목표와 결합하는 방식이다. AI가 사회적 가치 창출에 기여하는 방식은 단순히 기술적 혁신을 넘어서 사회적 혁신으로 이어질 수 있으며, AI 글로벌 협의체는 이러한 변화를 주도할 수 있다.

5) AI 글로벌 협의체가 만드는 새로운 시대

AI 글로벌 협의체는 AI 기술 개발을 통해 국제 리더십을 확립하고, 글로벌 협력의 새로운 모델을 제시하는 중요한 기구가 될 수 있다. AI 기술은 그 혁신적 잠재력을 통해 글로벌 경제, 사회적 평등, 지속 가능한 발전을 위한 중요한 도전과 기회를 제공한다. AI 글로벌 협의체는 기술 표준화, 윤리적 기준, 사회적 가치 창출을 통해 AI 기술이 전 세계적으로 상호 운용되고, 글로벌 리더십을 확립하는 데 중요한 역할을 할 것이다. 이러한 창의적인 협력 모델은 AI 기술을 글로벌 공공의 이익을 위한 도구로 활용하는 중요한 기회가 될 것이다.

3. AI를 통한 외교 전략

(1) AI 기반의 글로벌 리더십

AI는 이제 단순히 산업 혁신의 도구에 그치지 않는다. AI는 국제 외교 전략에서까지 중요한 역할을 하고 있으며, 국가의 외교 정책을 혁신하는 게임 체인저가 될 수 있는 잠재력을 지니고 있다. AI 기반 외교 정책 설계는 전통적인 외교 방식을 넘어, 데이터 분석, 예측 모델링, 국제 관계의 다차원적 분석을 통해 정교하고 신속한 의사 결정을 가능하게 한다. 이는 정책 입안자들이 빠르게 변화하는 글로벌 환경 속에서 보다 효과적이고 전략적인 결정을 내릴 수 있게 하는 강력한 도구가 된다.

　AI는 외교 전략 설계에 있어 새로운 통찰력을 제공하며, 각국의 정치적 동향, 경제적 이해관계, 문화적 차이 등을 빅 데이터와 정교한 알고리즘을 통해 분석할 수 있다. 그럼에도 불구하고, AI를 외교 정책에 활용하는 방식은 단순히 정보 수집과 분석을 넘어서, 국제 정치와 경제에 실질적인 영향을 미칠 수 있는 전략적 도전으로 자리 잡아야 한다. 이 글에서는 AI 기반의 외교 전략 설계가 어떻게 글로벌 리더십을 강화하고, 국제적 협력을 이끌어낼 수 있는지에 대해 창의적이고 혁신적인 접근을 제시하고자 한다.

1) AI와 외교 전략 : 데이터 기반 의사 결정의 혁명

　AI 기반 외교 전략 설계는 데이터 분석의 정확성을 극대화하는 동시에, 국제 정치와 경제적 환경에 대한 미래 예측을 가능하게 한다. AI는 지속적으로 변화하는 글로벌 환경 속에서 국제 관계의 다차원적 분석을 통해 상대방의 의도와 세계적 동향을 예측하고, 이를 외교 전략에 반영하는데 중요한 역할을 한다.

　AI 분석 시스템은 국제 뉴스, 소셜 미디어, 경제 지표, 정치적 동향 등의 데이터를 실시간으로 분석하여 국제적 사건이나 위기 상황을 빠르게 감지하고, 국가의 외교 정책에 즉각 반영할 수 있는 능력을 가진다. 예를 들어, AI 기반 예측 분석은 상대 국가의 외교적 태도 변화를 예측하고, 국제 회의나 협상에서의 전략적 접근을 미리 설계할 수 있도록 도와준다.

이를 통해, 외교 정책 입안자들은 AI가 제공하는 예측 데이터를 바탕으로 대응 전략을 신속하게 설계할 수 있다. 예를 들어, AI가 글로벌 무역 패턴을 분석하여 특정 국가의 무역 정책이나 경제 변화에 대한 예측을 제공한다면, 외교 정책은 단기적이 아닌 장기적인 전략적 접근을 통해 안정적인 외교적 관계를 유지하고 강화할 수 있다.

2) AI를 활용한 국제 협상 : 실시간 협상 지원과 전략 최적화

AI는 국제 협상에 있어서도 강력한 도구로 활용될 수 있다. AI 기반 협상 지원 시스템은 협상 과정에서 실시간으로 상대방의 의도와 논리적 흐름을 분석하고, 정확한 대응 전략을 제시한다. AI는 국제 협상에서 복잡한 다자간 협정이나 무역 협상을 보다 효율적으로 이끌어가도록 돕는다.

AI 시스템은 협상 테이블에서 각국의 이익, 정치적 우선순위, 경제적 요구 사항을 분석하여 공정한 협상을 이끌어낼 수 있는 전략을 제시할 수 있다. 또한, AI는 각국의 정치적 배경, 과거의 협상 기록, 문화적 차이를 실시간으로 분석하여, 협상자가 효과적으로 협상을 진행할 수 있도록 돕는다. 예를 들어, AI 기반 시스템은 협상 참가자들의 태도 변화를 추적하고, 각국의 협상 전략을 최적화하는 데 필요한 데이터를 제공합니다.

이 과정에서 AI는 협상 테이블에서의 상황을 실시간으로 모니터링하며, 협상 전략을 지속적으로 업데이트할 수 있도록 돕는다. 이를 통해, AI 기반 협상 시스템은 협상자들이 놓칠 수 있는 중요한 정보를 제공하고, 효과적인 전략 선택을 할 수 있도록 돕는다.

3) AI 기반 외교 정책 설계 : 글로벌 네트워크를 통한 협력 강화

AI 기술은 단순히 국내의 외교 정책을 최적화하는 데 그치지 않고, 글로벌 외교 네트워크를 통해 국제 협력을 강화할 수 있는 중요한 자원으로 활용될 수 있다. AI는 다자간 외교 협정을 체결하고, 국제 기구와의 협력을 효율적으로 관리하는 데 필수적인 도구가 될 것이다.

예를 들어, AI 기술을 활용하여 국제 기구 내 협력을 강화하고, 국제 분쟁 해결을 위한 데이터 기반 접근법을 제시할 수 있다. AI 기반 시스템은 국제 기구의 의사 결정 과정을 데이터 분석을 통해 최적화하고, 효율적인 의사 결정을 지원한다. 또한, AI는 다국적 기업이나 국제 기구와의 협력 네트워크를 관리하는 데 중요한 역할을 할 수 있다.

AI 글로벌 협의체를 구축하여, 국제 협력의 진전을 돕는 플랫폼을 만들 수 있다. 이는 국제적 협력을 AI 기술 기반으로 혁신하여, 글로벌 리더십을 확보할 수 있는 새로운 기회를 제공한다.

4) AI 기반 외교 전략 : 사회적 가치 창출을 위한 외교 정책 설계

AI 기반 외교 전략은 단순히 기술적 우위를 넘어서, 사회적 가치 창출에 기여하는 새로운 외교 정책 설계가 되어야 한다. AI는 사회적 문제 해결을 위한 중요한 도전과 기회를 제공하며, AI 기술을 통해 국제 협력을 증진시키는 새로운 모델을 제시할 수 있다.

예를 들어, AI 기반 협력 시스템은 기후 변화나 보건 문제와 같은 글로벌 이슈를 해결하는 데 중요한 역할을 할 수 있다. AI를 통해 국제 기후 협정을 추진하고, AI 기반 데이터 분석을 활용해 정확한 기후 예측과 효율적인 대응 방안을 제시할 수 있다. 또한, AI 시스템은 국제 보건 협정을 통해 지속 가능한 의료를 제공하고, 세계적 팬데믹 대응을 효율적으로 이끌어낼 수 있다.

5) AI 기술을 통한 외교 혁신의 미래

AI 기반 외교 전략 설계는 단순히 기술적 혁신을 넘어서, 국제 사회와 국가의 평화적 역할을 더욱 강화하는 기회를 제공한다. AI 기술을 활용하여 국제 협상과 외교 정책을 효율적으로 관리하고, 글로벌 리더십을 실현하는 것은 미래 지향적인 외교 전략이 될 것이다. AI 기반 외교 전략은 사회적 가치를 창출하고, 기술과 윤리를 결합하여 글로벌 평화와 국제 협력을 이끌어낼 중요한 도전과 기회를 제공한다. AI 기술은 국제 외교 전략을 새롭게 정의하고, 글로벌 리더십을 향한 혁신적인 발걸음을 내딛는 핵심적인 역할을 할 것이다.

(2) 글로벌 AI 시장에서의 전략적 포지셔닝

AI 기술은 오늘날 단순히 하나의 산업 도구를 넘어, 국가와 기업의 글로벌 경쟁력을 결정짓는 핵심 요소로 자리잡았다. 이는 AI 기술이 산업 혁신, 경제적 성장, 그리고 사회적 변화를 이끄는 중요한 동력이기 때문이다. 특히, AI 시장의 글로벌 경쟁에서 전략적으로 포지셔닝을 확보하는 것은 단순히 기술적 우위를 점하는 것이 아니라, 글로벌 리더십을 발휘하고, 지속 가능한 성장을 위한 전략적 거버넌스를 구축하는 과정이다. 이제 AI 기술이 디지털 전환을 이끄는 핵심으로 자리 잡은 이 시점에서, 글로벌 AI 시장에서의 전략적 포지셔닝은 그 어느 때보다 중요한 문제로 대두된다. 이 글에서는 AI 글로벌 시장에서 독창적인 전략적 포지셔닝을 구축하는 창의적인 방법을 제시하고, 그 중요성과 미래의 방향을 탐구하고자 한다.

1) 글로벌 AI 시장의 진화 : 기술 혁신을 넘어 사회적 책임과 글로벌 리더십 구축

AI 시장에서의 전략적 포지셔닝을 논할 때, 가장 중요한 점은 기술 혁신에만 집중하는 것이 아니라, 사회적 책임과 글로벌 리더십을 함께 고려하는 것이다. 기존의 기술 중심 전략은 단기적인 성과에 초점을 맞추지만, 글로벌 AI 시장에서의 성공적인 포지셔닝은 장기적인 사회적 가치 창출과 글로벌 협력을 포함한 전략적 비전을 필요로 한다.

AI 기술의 급속한 발전은 산업 경쟁뿐만 아니라 사회적 문제 해결에도 중요한 역할을 한다. AI는 기후 변화, 사회적 불평등, 보건 문제 등 글로벌 차원의 문제를 해결하는 데 기여할 수 있는 잠재력을 지니고 있다. 기술적 리더십을 구축하려면, 단순히 기술 개발에 그치는 것이 아니라, AI 기술을 사회적 가치 창출에 활용하는 글로벌 협력을 통해 지속 가능한 발전을 이루는 방향으로 나아가야 한다.

　예를 들어, AI 기반의 기후 예측 시스템이나 에너지 효율 관리는 기후 변화 대응을 위한 중요한 기술적 솔루션이 될 수 있다. AI가 사회적 문제 해결에 기여하는 방식은 단순히 기술 혁신을 넘어, 지속 가능한 글로벌 리더십을 발휘하는 중요한 전략으로 자리 잡을 수 있다.

2) 창의적인 포지셔닝 전략 : 기술 융합과 산업 간 협업

　AI 글로벌 시장에서 전략적 포지셔닝을 확립하려면, 기술 융합과 산업 간 협업을 통한 독창적인 모델을 제시해야 한다. 기존의 AI 기술은 특정 분야에 한정되지 않는다. AI는 제조업, 금융, 의료, 교통, 교육 등 모든 산업에 융합할 수 있는 가능성을 지니고 있다. 이를 통해 AI는 산업 간 경계를 허물고, 다양한 분야에서 혁신적인 솔루션을 제공할 수 있다.

　산업 간 협업을 통한 AI 기술 융합은 단순히 기술적 통합을 넘어서, 새로운 시장과 기술적 생태계를 만들어가는 중요한 접근 방식이다. 예를 들어, AI와 블록체인 기술의 융합은 보안과 투명성을 강화하는 새로운 산업 모델을 제공할 수 있다. AI와 IoT(사물인터넷)의 융합은 스마트 시티, 스마트 농업, 스마트 헬스케어 등 전방위적인 혁신을 이끌어낼 수 있다. AI와 5G의 결합은 초고속 인터넷과 실시간 데이터 처리를 통해 자율 주행차나 스마트 공장과 같은 혁신적인 시스템을 가능하게 한다.

이러한 기술 융합 전략은 AI 글로벌 시장에서 차별화된 경쟁 우위를 확보하는 중요한 요소가 될 것이다. 산업 간 협업을 통해 AI 기술을 다양한 산업에 적용하고, AI 혁신의 시너지 효과를 극대화하는 것이 중요하다.

3) AI 기술 혁신을 통한 글로벌 경쟁 우위 확보

AI 기술을 통한 글로벌 경쟁 우위를 확보하려면, AI의 핵심 기술을 선도할 뿐만 아니라, AI 개발의 미래 방향을 제시하는 글로벌 리더십을 구축해야 한다. AI 개발의 핵심 기술 중 하나는 자율 학습과 예측 분석이다. AI의 자율 학습 능력은 자체적으로 데이터를 학습하고 패턴을 인식하는 능력을 제공한다. 예측 분석은 AI가 미래의 트렌드나 상황 변화를 예측하고, 이에 따른 결정 지원을 하는 데 중요한 역할을 한다.

AI의 자율 학습은 개발자의 개입 없이 AI 시스템이 스스로 데이터를 학습하고 자체적으로 개선하는 능력을 의미한다. 이 자율 학습 능력을 통해 AI 시스템은 자기 최적화를 지속적으로 할 수 있으며, 미래 예측의 정확도를 높일 수 있다. AI 예측 분석은 산업 트렌드, 시장 변화, 소비자 행동 등을 분석하고, 전략적 결정을 돕는 중요한 도구로 활용될 수 있다.

이러한 핵심 기술을 바탕으로 AI의 글로벌 경쟁 우위를 확보하려면, AI 기술을 산업 전반에 널리 확산시키는 동시에, AI 기술 혁신을 통해 사회적 가치와 지속 가능한 발전을 추구하는 방향으로 나아가야 한다. AI 기술 개발은 단순히 국가의 경쟁력을 넘어서, 인류 전체의 발전을 위한 기술적 혁신이 되어야 한다.

4) 창의적인 글로벌 협력 모델 : AI 기술을 통한 사회적 가치 창출

AI 글로벌 시장에서의 기술적 리더십을 확보하려면, AI 기술이 사회적 가치 창출에 기여하는 새로운 협력 모델을 제시해야 한다. AI 기술이 경제적 성장과 산업 혁신에 기여하는 것은 물론, 사회적 평등과 지속 가능한 발전을 위한 중요한 역할을 해야 한다.

AI와 사회적 가치의 융합은 AI 기술이 공공의 이익을 위한 도구로 사용될 수 있다는 중요한 비전을 제시한다. 예를 들어, AI를 활용한 보건 서비스나 AI 기반 교육 시스템은 모든 사회 구성원에게 평등한 기회를 제공하는 중요한 역할을 한다. 또한, AI와 기후 변화의 결합은 지구 환경 보호를 위한 AI 기반 해결책을 제시할 수 있다.

AI 글로벌 협력 모델은 각국의 기술적 우위를 넘어서, 사회적 가치를 실현하는 공동의 목표를 추구하는 협력 네트워크를 구축하는 것이다. 이는 AI 기술을 사회적 책임을 다하는 도전적이고 창의적인 방식으로 활용하는 기회를 제공하며, AI 기술을 통해 글로벌 리더십을 확립할 수 있는 중요한 전략이 될 것이다.

5) AI 기술로 글로벌 리더십을 설계하다

AI 기술은 단순히 기술적 혁신을 넘어서, 글로벌 리더십을 구축하는 중요한 전략적 도구로 자리 잡고 있다. AI 기술을 산업 혁신뿐만 아니라, 사회적 가치 창출과 지속 가능한 발전에 기여하는 방식으로 활용하는 것이 핵심이다. AI 기술을 통해 글로벌 리더십을 확보하고, 글로벌 협력을 이끌어내는 것은 미래의 경쟁력을 확보하는 중요한 열쇠가 될 것이다. AI 글로벌 협력 모델을 통해 기술 혁신과 사회적 가치를 동시에 창출하는 방식은, AI 글로벌 시장에서 전략적 포지셔닝을 확립하는 가장 중요한 요소가 될 것이다. AI를 통해 글로벌 리더십을 구축하고, 사회적 책임을 다하는 혁신적 리더로 자리매김하는 것이 중요하다.

제9장
AI G3 강국을 향한 대한민국의 미래

1. 목표 달성을 위한 국가적 노력

AI는 이제 단순히 미래의 기술이 아니라 현재 우리의 삶과 경제, 사회를 혁신하고 있는 핵심적인 동력이다. 기술의 발전 속도가 초고속으로 가속화되고 있으며, 이는 세계 각국이 AI 경쟁에서 우위를 차지하기 위해 치열하게 싸우고 있다는 것을 의미한다. AI G3 강국으로 나아가기 위한 대한민국의 미래는 단순히 기술적 혁신에 그치지 않는다. 우리는 AI 기술을 통해 사회적 가치, 지속 가능한 발전, 그리고 글로벌 리더십을 동시에 이끌어낼 수 있는 창의적이고 혁신적인 전략을 수립해야 한다.

  AI G3 강국이 되기 위한 길은 기술적 진보, 경제적 성장, 사회적 평등을 동시에 해결할 수 있는 종합적이고 창의적인 비전이 필요하다. 대한민국은 AI 기술을 사회적 책임을 다하며, 글로벌 리더십을 발휘하는 AI 강국으로 거듭날 수 있는 독특한 기회를 가지고 있다. 하지만 이를 이루기 위해서는 지속 가능한 발전 모델, 글로벌 협력, AI 기반 산업 혁신, 그리고 AI 윤리를 핵심 원칙으로 삼아야 한다. 이는 단순히 AI 기술을 산업 발전에 적용하는 것을 넘어, 국가 경쟁력을 위한 사회적 책임을 다하는 방향으로 나아가야 함을 뜻한다.

(1) 창의적 전략을 통한 목표 달성

대한민국이 AI G3 강국으로 나아가기 위해서는 전통적인 산업을 넘어, AI 기반 혁신적 산업 모델을 구축하는 전략이 필요하다. AI는 이제 단순한 기술적 발전을 넘어서, 사회적 혁신, 산업 전환, 국제 협력을 위한 핵심적인 역할을 하고 있다.

AI 기술을 활용하여 기존 산업을 디지털화하고, AI 혁신을 사회적 가치 창출과 연결시키는 방식으로 산업 구조를 재편할 수 있다. 예를 들어, 스마트 팩토리와 같은 AI 기반 산업 혁신은 단순히 생산 효율성을 높이는 것에 그치지 않는다. AI는 산업 환경의 지속 가능성과 사회적 책임을 동시에 고려하며, 환경 친화적이고 공정한 경제 구조를 구축하는 데 중요한 역할을 한다. AI는 산업 경쟁력 강화와 사회적 평등 실현을 동시에 이루는 방향으로 나아갈 수 있는 유일한 기술이다.

이제 AI 기술은 데이터 분석, 예측 모델링, 자율학습을 통해 산업의 최적화를 넘어서, 사회적 가치를 창출하는 혁신적 기술로 자리 잡았다. 이러한 기술 혁신은 경제적 번영뿐만 아니라 국가적 경쟁력을 높이는 사회적 혁신을 이루는 중요한 전략이 될 수 있다.

(2) AI 글로벌 협력과 공동의 이익 추구

AI G3 강국이 되기 위한 전략에서 중요한 요소는 글로벌 협력이다. 대한민국은 AI 기술의 발전을 국가 경쟁력을 강화하는 차원을 넘어, 전 세계와 글로벌 협력을 통해 AI 기술을 인류 전체의 이익을 위한 도구로 활용해야 한다. 이를 위해 AI 글로벌 협의체를 구축하여 기술 표준화, 데이터 공유, AI 윤리 등 국제적 규범을 설정하고, 글로벌 협력을 강화할 수 있다.

AI 글로벌 협력을 통해, AI G3 강국은 국제적인 리더십을 확보할 수 있으며, 이를 바탕으로 사회적 평등과 지속 가능한 발전을 위한 국제적인 표준을 설정할 수 있다. 대한민국은 AI를 통한 사회적 가치 창출을 글로벌 협력의 중심으로 삼아, 기술적 리더십뿐만 아니라 사회적 책임을 다하는 AI 리더로 자리매김할 수 있다. 이러한 글로벌 협력은 AI 기술이 단순히 국가 이익을 넘어서, 인류 전체의 발전에 기여하는 방향으로 나아가는 중요한 기회를 제공한다.

(3) 창의적인 AI 기술 인프라 구축

AI G3 강국으로 나아가기 위한 창의적 기술 인프라 구축은 단순히 AI 연구소나 기술 기업에만 의존하는 것이 아니다. 대한민국은 AI 생태계를 산업 전반에 걸쳐 확산시키는 전략을 통해, AI 기반 인프라를 확고히 할 수 있다. 이를 위해서는 AI 스타트업에 대한 창의적이고 혁신적인 지원 정책이 필요하다.

AI 스타트업과 기술 기업들이 AI 기술을 사회적 가치 창출과 글로벌 협력의 중심으로 발전할 수 있도록 지원하는 전략적 인프라가 필요하다. 예를 들어, AI 연구 개발을 위한 산학 협력이나 기술 인프라 지원을 통해, AI 기술을 산업 전반에 확산시키는 효과적인 인프라 구축이 가능하다. 또한, AI 스타트업들이 글로벌 시장에서 경쟁력을 갖출 수 있도록 하는 창의적인 지원도 필요하다.

(4) AI 기술 윤리와 글로벌 리더십

AI 기술의 발전은 그 자체로 경제적이고 산업적인 발전을 이끌어 가지만, 윤리적 측면을 고려한 글로벌 리더십을 확보하는 것도 AI G3 강국의 중요한 목표이다. AI 윤리는 단순히 기술적 발전에 그치지 않고, 사회적 책임을 다하는 방향으로 나아가야 한다. 이를 위해 AI 글로벌 협의체와 협력하여 AI 윤리와 관련된 국제적 규범을 수립하고, 이를 글로벌 표준으로 자리매김해야 한다.

대한민국은 AI 기술 윤리를 기술 개발의 중심에 놓고, 글로벌 리더십을 강화할 수 있다. 예를 들어, AI 기술 윤리 교육을 전 세계 AI 기업과 개발자들에게 제공하고, AI 윤리적 개발을 위한 국제적인 인증 시스템을 구축할 수 있다. 이는 대한민국이 AI 윤리의 글로벌 리더로 자리잡을 수 있는 중요한 기회를 제공한다.

(5) 대한민국의 AI G3 강국 비전

AI G3 강국을 향한 대한민국의 목표는 기술적 혁신과 사회적 가치 창출을 동시에 이루는 종합적이고 창의적인 전략을 통해 실현할 수 있다. AI 기술은 단순히 경제 성장을 위한 도구가 아니라, 사회적 책임을 다하며, 지속 가능한 발전을 위한 중요한 역할을 하는 기술로 자리잡아야 한다.

AI G3 강국으로서의 대한민국은 글로벌 협력, AI 윤리, 사회적 가치 창출을 중심으로, AI 기술을 국가 경쟁력을 넘어서 인류 전체의 이익을 위한 도구로 활용해야 한다. 대한민국은 AI 글로벌 리더십을 확립하며, 사회적 가치와 지속 가능한 발전을 동시에 이루는 미래를 만들어 갈 수 있다. AI는 더 이상 단순히 기술적 도전이 아니라, 국가와 인류의 미래를 창조하는 혁신적 기회로 자리잡아야 한다.

2. 향후 비전과 발전 방향

AI(인공지능) 기술은 현재, 그리고 미래의 경제적, 사회적, 정치적 지형을 바꾸는 가장 강력한 촉매제로 떠오르고 있다. 21세기, 우리가 직면한 문제들은 그 어느 때보다 복잡하고 다차원적이다. 기후 변화, 사회적 불평등, 자원의 고갈, 빠르게 진화하는 기술에 대한 윤리적 고민 등, 이 모든 문제들은 단순히 기술적 발전만으로 해결될 수 있는 문제가 아니다. AI는 그 자체로 중요한 혁신적인 도전이지만, 이를 통해 인류가 미래를 어떻게 정의할 것인가는 훨씬 더 중요한 질문이다. 이제는 AI가 단순히 기술 혁신을 넘어서 사회적 혁신을 이끌어내고, 글로벌 리더십을 실현하는 도전으로 나아가야 한다. 그러기 위해서는 창의적인 접근이 필요하다.

(1) 기술 혁신을 넘어, 사회적 혁신으로 나아가다

AI의 미래 비전은 단순히 더 빠르고, 더 효율적인 기술을 만들어내는 데 그치지 않는다. AI는 인간과 사회를 이해하고, 사회적 가치를 창출하는 도구로 진화해야 한다. AI 기술은 경제적 효율성과 사회적 책임을 동시에 실현할 수 있는 중요한 역할을 할 수 있다. 하지만, 기술적인 발전은 반드시 윤리적 기반 위에서 이루어져야 하며, AI 기술이 공정하게 작동할 수 있도록 하는 사회적 장치가 필요하다.

AI 기술이 사회적 혁신을 이끌어내기 위해서는, 교육, 보건, 환경, 정치 등의 분야에서 AI를 활용한 창의적인 해결책을 제시하는 방법론이 필요하다. 예를 들어, AI 기반의 보건 시스템은 질병 예방뿐만 아니라, 개인화된 치료법을 제시할 수 있다. 더 나아가, AI 기반의 교육 플랫폼은 개인의 학습 스타일을 분석하여 맞춤형 학습을 제공하고, 사회적 평등을 이룰 수 있는 기회를 제공한다.

(2) 산업 혁신을 위한 전략적 접근 : 융합과 협력

　AI의 발전 방향은 산업 혁신의 핵심이 될 것이다. 산업 간 융합과 AI 기술의 전략적 활용을 통해 우리는 산업의 경쟁력을 강화하고, 새로운 산업 모델을 창출할 수 있다. AI와 블록체인의 결합, AI와 IoT의 융합은 기존 산업 구조를 재편하고, 스마트 팩토리나 스마트 헬스케어와 같은 AI 기반 산업 혁명을 이끌어낼 수 있다.

　그러나 AI 기반 산업 혁신은 단순히 기술 발전에 그쳐서는 안 된다. AI와 사람의 관계를 재정의하고, AI 시스템의 투명성을 보장하며, AI 기술이 인간 사회에 긍정적인 영향을 미칠 수 있는 방향으로 나아가야 한다. 이를 위해서는 AI 기술을 개발하는 사람들이 사회적 책임감을 가지고, 기술 개발과 산업 적용이 윤리적 기준에 부합하도록 해야 한다.

(3) AI 윤리 : 기술의 도덕적 책임을 강조하다

　AI가 미래 사회의 핵심 기술로 자리잡는 과정에서, 윤리적 논의는 필수적이다. AI 윤리는 단순히 기술의 효율성을 논하는 것이 아니라, AI 기술이 인간 사회에 미칠 영향을 고려하는 문제이다. AI는 개인화된 정보 제공, 자동화된 결정을 내리는 시스템 등에서 편향성이나 불공정성을 초래할 위험이 있다. 이 문제를 해결하기 위해서는 AI 윤리 규범을 명확히 설정하고, 이를 글로벌 표준으로 만들어야 한다.

　AI 윤리는 AI 기술의 투명성, 공정성, 책임성을 담보해야 한다. AI 시스템의 학습 과정에서 발생할 수 있는 편향 문제를 해결하기 위한 윤리적 프레임워크가 필요하다. AI 개발자는 시스템이 공정하게 작동하고, 인간의 권리를 존중하며, AI의 투명성을 보장하는 방식으로 기술을 설계해야 한다. 이를 위해 AI 윤리 교육을 전 세계 개발자에게 제공하고, AI 기술의 글로벌 규제를 설정하는 것이 필요하다.

(4) 글로벌 협력과 리더십 : 기술의 민주화와 공정한 분배

　AI 기술은 단순히 국내 경쟁력을 강화하는 것에 그치지 않는다. AI 글로벌 협력은 국제적 문제 해결과 글로벌 리더십을 구축하는 중요한 단계다. AI가 글로벌 리더십을 구축하는 과정에서 중요한 점은, AI 기술이 전 세계에 고르게 분배되어, 모든 국가와 모든 사람이 그 혜택을 누릴 수 있도록 하는 것이다.

　AI 기술의 민주화는 모든 국가와 모든 계층이 AI 기술을 공평하게 접근하고 활용할 수 있도록 하는 것이다. AI 글로벌 협의체를 통해 국제적으로 상호 협력하며, AI 기술의 글로벌 표준을 마련하고, 사회적 평등을 위한 AI 기술 활용 방안을 제시해야 한다. 특히, 저개발 국가나 개발도상국에게 AI 기술에 대한 접근성을 보장하는 것이 중요하다. 이는 AI 기술이 경제 성장뿐만 아니라, 사회적 가치를 실현할 수 있는 중요한 기회가 될 것이다.

(5) 창의적인 접근 : AI를 통한 사회적 가치 창출

　AI 기술의 진정한 가치는 기술적 혁신을 넘어서 사회적 가치를 창출하는 데 있다. AI를 통한 지속 가능한 발전, 환경 보호, 기후 변화 대응, 교육의 평등한 기회 제공과 같은 사회적 목표를 달성하는 데 AI가 핵심적인 역할을 할 수 있다.

　AI 기술을 통해 사회적 문제를 해결하는 방식은 매우 다양하다. AI를 활용한 기후 예측, 스마트 농업 시스템, AI 기반의 헬스케어 시스템 등은 AI 기술이 사회적 혁신에 기여할 수 있는 구체적인 예시이다. AI 기반 에너지 관리 시스템은 에너지 효율성을 높이고, 탄소 배출을 줄이는 데 기여할 수 있다. AI 기술이 사회적 책임을 다하며 발전할 때, 그것은 지속 가능한 성장을 위한 가장 중요한

도전과 기회로 작용할 수 있다

(6) AI 기술을 통한 새로운 시대의 개막

AI G3 강국으로서 대한민국의 미래는 기술적 혁신, 사회적 책임, 지속 가능한 발전을 아우르는 창의적 비전을 통해 실현될 것이다. AI는 더 이상 단순한 기술 혁신의 도구가 아니라, 글로벌 리더십을 구축하고, 사회적 가치 창출을 위한 핵심 요소로 자리잡을 것이다. 대한민국은 AI 기술을 통해 사회적 평등, 글로벌 협력, 지속 가능한 발전을 이루어내며, AI G3 강국으로서 새로운 글로벌 리더십을 선도할 수 있는 창의적이고 혁신적인 길을 열어갈 수 있다.

3. AI가 만들어갈 새로운 대한민국의 미래

(1) AI, 더 나아가 사회적 혁신의 중심이 되다

우리는 현재 AI라는 단어를 자주 듣는다. 산업 혁신, 경제 성장을 이끄는 주체로 자리 잡은AI 기술이 이제는 단순한 기술적 도전을 넘어서 사회적 혁신의 중심으로 자리 잡고 있다. AI 기술은 산업 효율화와 경제적 가치 창출을 넘어서, 사회적 문제 해결과 지속 가능한 발전을 이끄는 중요한 동력으로 작용할 수 있는 가능성을 지니고 있다.

AI가 만들어갈 새로운 대한민국의 미래는 기술적 발전에 그치지 않고, 사회적 가치와 공공 이익을 창출하는 방향으로 나아가야 한다. 대한민국은 단순히 AI 기술을 활용한 산업 경쟁력을 강화하는 수준에서 멈추지 말고, AI의 진정한 사회적 영향력을 통해 글로벌 리더십을 발휘할 수 있는 길을 걸어야 한다. 그 길을 가는 데 필요한 것은 창의적이고 혁신적인 사고, 그리고 AI 기술을 사회적 변화와 지속 가능한 발전을 이끄는 도전으로 바라보는 새로운 관점이다.

(2) 기술을 넘어서 사회적 가치 창출로의 도전

AI는 단순히 경제적 효율을 추구하는 기술로 머무르지 않는다. 그 능력은 사회적 불평등을 해소하고, 기후 변화와 같은 전 세계적인 문제를 해결하며, 교육의 평등한 기회 제공에 기여할 수 있는 강력한 도구가 될 수 있다. 대한민국이 AI를 통해 만들어갈 미래는 사회적 가치를 실현하는 AI 기반 시스템이 이끄는 시대가 되어야 한다.

예를 들어, AI 기반 기후 예측 시스템은 지구 환경을 보호하는 데 중요한 역할을 할 수 있다. AI는 기후 데이터를 실시간으로 분석하고, 탄소 배출을 줄이는 최적화된 정책을 제시할 수 있다. 또한, AI 기반 스마트 농업 시스템은 식량 문제 해결뿐만 아니라 농업 생산성 향상과 환경 보호를 동시에 달성할 수 있다. 이러한 기술들은 단순히 기술적 혁신을 넘어서, 사회적 책임을 다하는 혁신적인 시스템으로 자리잡게 될 것이다.

(3) AI와 공공 서비스 : 새로운 공공 가치 창출

대한민국의 미래는 AI가 공공 서비스를 혁신하는 방식에서 새로운 공공 가치를 창출하는 방향으로 나아가야 한다. 대한민국은 AI를 통한 공공 서비스 혁신을 통해, 모든 국민에게 평등한 기회를 제공하는 AI 기반 사회적 플랫폼을 구축할 수 있다. 그 예로 AI 기반 교육 시스템과 AI 헬스케어 시스템이 있다.

AI 기반 교육 시스템은 학생들의 학습 패턴을 실시간으로 분석하여, 맞춤형 교육을 제공한다. EBS와 AI 플랫폼의 결합을 통해, 모든 학생이 고급 교육을 공공 시스템 내에서 동일한 수준으로 받을 수 있도록 지원할 수 있다. 이는 교육 격차를 해소하고, 사회적 평등을 실현하는 중요한 기회를 제공한다.

AI 헬스케어 시스템은 맞춤형 치료와 예방적 건강 관리를 가능하게 한다. 의료 데이터를 분석하여 개인화된 치료법을 제시하고, 건강 관리를 예측하는 시스템을 구축함으로써, 의료 서비스의 효율성과 접근성을 개선할 수 있다. AI 기반 헬스케어 시스템은 단순히 의료 효율성을 높이는 것을 넘어서, 사회적 약자가 접근할 수 있는 공평한 의료 시스템을 구축하는 중요한 수단이 될 것이다.

(4) 창의적이고 지속 가능한 AI 스타트업 지원

대한민국의 미래를 이끌어 갈 또 하나의 중요한 축은 AI 스타트업의 혁신적인 발전이다. 현재 AI 스타트업들은 AI 기술을 기반으로 한 사회적 혁신을 이끄는 중요한 힘이 되고 있다. AI 기술을 활용한 창의적인 스타트업들이 대한민국의 글로벌 리더십을 강화하는 중요한 동력으로 자리 잡을 것이다.

그러나 AI 스타트업이 지속 가능한 성장을 하기 위해서는, 정책적 지원과 산업 간 협력이 필요하다. AI 스타트업을 위한 특화된 지원 시스템을 구축해야 한다. 예를 들어, AI 기술을 기반으로 한 벤처 투자와 산학 협력을 강화하고, AI 교육 시스템을 통해 스타트업에 필요한 인재들을 양성하는 시스템을 제공해야 한다. AI 스타트업들이 글로벌 시장에서 경쟁력을 갖출 수 있도록 지원하는 정책을 통해, 대한민국은 AI 혁신의 중심으로 자리 잡을 수 있다.

(5) AI 윤리와 글로벌 리더십

AI 기술이 글로벌 리더십을 갖추기 위해서는, AI 윤리가 중요한 기준이 되어야 한다. AI는 기술 혁신을 이끄는 도구이지만, 그 과정에서 발생할 수 있는 윤리적 문제를 해결하는 것이 미래 사회를 향한 중요한 과제가 된다. AI의 윤리적 기준은 공정성, 책임성, 투명성을 보장하는 데 필요한 규범을 포함해야 한다.

AI 윤리는 단순히 기술적 기준을 넘어, 사회적 책임을 다하는 방향으로 나아가야 한다. 예를 들어, AI 개발의 모든 과정에서 윤리적 원칙을 적용하여, AI 시스템이 사람들의 편견을 강화하지 않고, 공정하게 작동하도록 해야 한다. 또한, AI 기술이 사람들의 삶에 미치는 영향을 정기적으로 평가하고, 그 결과를 투명하게 공개하는 시스템을 도입해야 한다. AI 윤리는 글로벌 협력을 통해 국제적 표준을 마련하고, 사회적 책임을 다하는 AI 리더십을 구축하는 중요한 요소가 될 것이다.

(6) AI 기술을 통한 대한민국의 창의적 미래

AI G3 강국으로 나아가기 위한 대한민국의 미래 비전은 기술적 혁신뿐만 아니라, 사회적 가치 창출과 지속 가능한 발전을 위한 창의적인 전략을 수립하는 것이다. 대한민국은 AI 기술을 통해 사회적 혁신, 경제 성장, 글로벌 리더십을 동시에 이루는 독창적인 미래를 만들 수 있다.

AI 기술은 산업 혁신을 넘어, 사회적 가치를 실현하는 데 중요한 역할을 할 수 있다. AI를 통한 지속 가능한 발전, 사회적 평등, 글로벌 협력을 위한 도전이 시작되었다. 이제 우리는 AI 기술을 사회적 책임을 다하는 도구로 활용하며, 미래의 글로벌 리더로 자리매김할 수 있는 기회를 가지고 있다. AI 기반 사회적 혁신은 미래 대한민국의 핵심 성장 동력이 될 것이다. AI 기술을 사회적 가치 창출과 지속 가능한 글로벌 리더십을 위한 도전으로 활용하는 창의적이고 혁신적인 접근이 필요하다. AI가 만들어 갈 대한민국의 미래는 이제 우리가 AI를 어떻게 활용할 것인가에 달려 있다.

제2부 대한민국의 미래를 여는 AI 혁명

제1장
민생경제 및 지역화폐 정책

1. 디지털 화폐로 푸는 재원 조달의 열쇠

재원 조달, 디지털로 답하다
재원은 디지털, 해결은 하나로
복지+교육=디지털로 재원 완성

3회전 순환구조, 예산의 기적
화폐의 유통속도를 재설계하라
디지털화폐, 증세 없는 복지 열쇠

지금 대한민국의 정치·경제 담론에서 가장 자주 마주치는 질문은 "좋은 정책은 많은데, 재원은 어디서 마련하느냐"는 것이다. 복지 확대, 교육 개혁, 청년 지원, 지역 활성화 등 여야를 막론한 대선 후보들의 공약은 거창하지만, 실제 실행 단계에선 '재원 조달의 벽' 앞에서 무너지고 만다. 그러나 새로운 기술이 새로운 해법을 제시한다. 바로 디지털 화폐(디지털 지역화폐)를 활용한 '3회전 유통 전략'이 그것이다.

우선 이 모델의 전제는 간단하다. 디지털 화폐는 종이돈과 달리 유통 경로, 사용 시점, 수령자 정보가 모두 기록되는 데이터 기반 화폐다. 즉, 사용된 돈이 어디로 흘러갔고, 몇 번이나 거래되었는지를 실시간으로 파악할 수 있다. 이 특성을 활용해 '단일 예산으로도 3배의 경제효과'를 창출할 수 있는 유통 설계가 가능하다.

예를 들어 정부가 복지나 교육 예산 중 30조 원을 디지털 지역화폐로 지급한다고 가정하자. 이 화폐에 '1회 사용 후 다시 재사용해야 한다'는 조건, 즉 사용자의 재사용을 유도하는 디지털 규칙을 부여하면, 이 돈은 소비자 → 자영업자 → 도매업자 → 생산자로 최소 3단계를 거쳐 유통되게 된다. 이 과정에서 한 번의 예산 집행이 세 번의 소비를 일으키고, 세 번의 세수 기회를 창출하며, 세 번의 고용과 임금 흐름을 만들어낸다.

실제로 화폐의 유통속도는 경제 활성화의 핵심 지표다. 10조 원이 1년에 한 번 돌면 GDP에 미치는 영향은 10조 원이지만, 세 번 돌면 30조 원의 경제효과가 발생한다. 현재는 시중은행에서 대출이나 소비를 통해 자연스럽게 유통이 이뤄지지만, 디지털 화폐 시대엔 정부가 유통속도 자체를 정책적으로 설계할 수 있게 된다.

이를 위한 실천 전략은 다음과 같다.

첫째, 복지·교육 예산 집행 시, 디지털 지역화폐로 지급한다. 단, 해당 화폐는 등록된 가맹점에서만 사용 가능하며, 1차 수령자(예: 학부모)가 1차 사용 후, 그 돈을 받은 소상공인은 일정 기간 내 재사용해야만 잔액이 보존된다. 이러한 유통 조건은 블록체인 기반 스마트 컨트랙트로 자동화가 가능하다.

둘째, 3회전 달성 시 인센티브 제공한다. 예를 들어 화폐가 3회 이상 회전되면 참여자 모두에게 1~2% 추가 포인트를 지급하거나, 다음 차수의 디지털 화폐 배정 시 가산점을 주는 방식이다. 이는 지역 내 자발적 소비와 재투자를 유도한다.

셋째, 디지털 화폐에 사용기한 또는 감가 조건을 부여한다. 일정 기간 내 미사용 시 가치가 1~2%씩 감소하는 시스템은 유통을 지연시키는 심리를 억제하며, 조기 사용을 촉진해 경기 순환을 빠르게 만든다. 이러한 구조는 단순히 예산 절감만이 아니라, 사실상 증세 없는 복지와 내수 부양을 동시에 실현할 수 있는 혁신적 해법이다. 특히 소상공인·전통시장·지역 서비스업체와 같은 내수 기반 경제의 회복에 탁월한 효과를 가져온다. 실증적으로도 일부 지자체에서 시행한 지역화폐 유통 사례는 자금 회전율이 2.6~3.2배에 이른다는 분석이 나왔다.

무엇보다 이 모델은 정부가 중앙은행처럼 화폐의 '속도'를 조절할 수 있는 시대가 도래했음을 의미한다. 과거에는 금리나 세율처럼 간접적 조정 수단만 있었다면, 디지털 화폐 기반의 재정정책은 직접적이고 투명한 자금 유도와 회수를 가능하게 한다. 이는 한국형 복지국가의 지속가능성과 연결될 수 있다.

결론적으로, 디지털화폐 3회전 모델은 단순한 기술 아이디어가 아니라 예산의 패러다임을 전환시키는 새로운 통치 도구다. 같은 돈으로 세 번의 경제효과를 창출하고, 지역을 살리며, 민생을 순환시키는 이 전략은 이재명 정부가 말한 '민생 우선 경제'와 가장 정합적인 방향이기도 하다.

이제는 단지 돈을 '어떻게 모을 것인가'가 아니라, '어떻게 설계하고 회전시킬 것인가'의 시대다. 디지털화폐로 설계된 경제는, 우리에게 증세 없는 복지와 공정한 분배를 동시에 가능하게 만들 창의적 미래가 될 수 있다.

〈출처 : Naver Blog 2025. 6. 1〉

2. 30조 추경, 돌게 하라. AI 추경의 시대

추경 30조, 뿌리지 말고 AI로 돌려라
30조 추경, AI로 돈이 도는 순환경제
민생경제 살리는 AI 추경이 필요하다

지금 이 순간 우리에게 절실한 것은 오직 하나, 무너진 민생경제 회복이다. 가계 부채는 천정부지로 치솟고, 교육비·식비·주거비로 삶이 갈가리 찢기고 있다. 이런 상황에서 새 정부는 30조 원 규모의 추가경정예산(추경)을 예고하고 있다. 그러나 과거처럼 단순한 현금 살포식 추경은 민심도, 민생도 살리지 못한다. 추경의 효과는 "어디에, 어떻게 쓰느냐"에 달려 있다. 그간 역대 정부도 수차례 추경을 단행했지만, 대부분 단기부양·정치적 퍼주기·구조개혁 미흡이라는 비판을 받았다. 이제는 새 정부가, AI를 활용한 '국가예산 운영의 새로운 패러다임'을 열어야 한다. 다음의 네 가지 원칙이 그것이다.

첫째, 회전형 민생경제 복원을 위해 돈은 세번 돌려야 한다. 단발성 지급은 효과가 짧다. '3회전 지역화폐 시스템'을 도입해야 한다. 25만 원의 지역화폐를 지급하되, 1차 사용처는 전통시장, 2차는 동네 자영업, 3차는 지역 프랜차이즈로 제한해 동일 예산으로 3배의 소비 유도 효과를 낼 수 있다. 이런 구조는 AI·블록체인 기반 디지털화폐로 구현 가능하며, 부정 수급·과도한 누수도 실시간으로 차단된다. 돈이 돌고, 지역이 살아나고, 경제가 선순환하는 구조를 만드는 것이다.

둘째, 맞춤형 지급 체계를 위해 돈은 AI가 결정해야 한다. 이제는 '모두에게 똑같이' 줄 필요가 없다. AI가 소득 수준, 피해 정도, 지역 경기, 채무 상태, 자산 정보를 종합 분석해 '누가, 얼마나, 언제' 받아야 할지를 판단하고 배분해야 한다. 예를 들어 소득이 급감한 소상공인은 월별로 분할 지급하고, 고정비가 높은 청년 창업자는 일시금 지급, 노년층은 생계비 방식으로 맞춤 지원하는 구조다. AI가 가계 형편을 진단하고, 국가는 예산을 집행하는 시스템이다.

셋째, 전환 산업 중심의 투자 추경을 위해 돈은 미래에 투자돼야 한다. 30조 원 중 최소 70%는 미래형 산업 전환 기금으로 묶어야 한다. AI, 반도체, 바이오, 친환경 에너지, 디지털 플랫폼 인프라 등 산업 재구조화를 이끄는 혁신 영역에 선제 투자해야 한다. 미래의 먹거리를 위한 "미래 투자를 포함한 추경", 이것이 바로 경제 체질을 바꾸는 길이다. AI가 미래 산업 수요를 예측하고, 선별적으로 투자하면 사후 부채보다 선제 성장이 가능하다.

넷째, 가계에 직접 체감되는 '생활추경'을 위한 사교육비 절반 줄이기에 돈은 풀어야 한다. 추경은 국민이 "실질적으로 돈이 굳는 체감"이 있어야 효과가 있다. 그중 가장 절박한 분야가 교육비, 특히 사교육비 절감이다. 전체 가계 소비의 15~20%를 차지하는 사교육비는 중산층 붕괴의 주범이자 저출산의 원인이다. 이에 AI 맞춤학습 플랫폼을 전 국민에 무료 제공하고, 초·중·고의 학력 격차를 해소하여 사교육 의존도를 낮추는 방식이 필요하다. 예산은 플랫폼 구축 및 데이터 인프라에 투입되고, 학생은 개별 맞춤학습을 통해 학원 없이도 경쟁력을 갖게 된다.

이러한 방식은 AI 교사·AI 문제은행·학습 진단 알고리즘을 기반으로 이미 가능하다. 사교육비가 절반으로 줄면 가계는 월 수십만 원을 절약하고, 소비 여력은 늘어나며, 부모의 스트레스도 감소한다. 이것이야말로 가계에 체감되는 생활형 추경이다.

마지막으로 새 정부는 민생을 살리는 'AI 예산정책'의 시대를 열어야 한다. 우리는 지금 '세금으로 시간을 사야 하는 위기'에 처해 있다. 그러나 그 시간은 곧 '미래로 바꾸는 골든타임'이기도 하다.

추경은 단순한 지출이 아닌 시스템의 혁신 도구가 되어야 한다. 이제 정부는 추경을 'AI 기반 민생경제 시스템 전환의 시작점'으로 활용해야 한다. 그리고 국민에게 물어야 한다.

"당신의 삶에 직접 도움이 되는가?"라고.

그 대답이 "그렇다"가 되도록, 이번 추경은 반드시 다르게 설계되어야 한다. AI가 돈의 방향을 정하고, 국가는 돈으로 국민의 삶을 바꿔야 한다. 이제는 그렇게 해야 한다. 정말 그렇게 해야 한다.

〈출처 : Naver Blog 2025. 6. 1〉

3. 진통제가 아닌 생명줄, AI 지역화폐 3회전

3회전 지역화폐, 내수의 혈관 뚫는다
단발성 뿌리기에서, 3회전 체감 경제로
포퓰리즘 넘는 프로토콜로 설계된 정책

최근 대통령실 정책실장 유력 인사로 거론되는 A 인사가 "지역화폐는 진통제 같은 효과"라고 언급했다. 그러나 이 비유는 현 상황에 대한 인식 부족을 드러낸다. 국민은 한 번 맞고 끝나는 진통제를 원하는 것이 아니다. 지금 대한민국 경제는 단순한 통증이 아니라 만성질환에 이은 패혈증 상태에 가깝다. 추경을 통한 지역화폐가 잠시 혈류를 돌게 할 수는 있지만, 그다음 해법이 없다면 더 큰 쇼크를 맞을 수 있다. 지역화폐를 진통제에 비유한 것은 과거 경제학 관점에서 반복된 단기 처방적 사고를 보여준다. 그러나 AI 시대의 '3회전 지역화폐'는 진통제가 아니라 '회복 촉진제'이자 '경제 대사 시스템을 재가동하는 해독 주사'에 가깝다. 고통을 일시적으로 줄이는 것이 아니라, 그 고통의 원인을 찾아내고 순환을 복원하는 시스템적 처방이라는 점에서 차원이 다르다.

이제 경제 정책은 단기 처방을 넘어 지속 가능한 회복 시스템을 구축하는 방향으로 전환되어야 한다. 특히 AI 시대에 들어선 지금, 내수 살리기의 핵심은 과거의 화폐 공급이 아니라 소비 유도와 유통 구조 혁신, 그리고 데이터를 활용한 맞춤형 순환 설계에 달려 있다.

첫째, 지역화폐는 단발적 지급이 아니라 '3회전 구조'를 통해 동일 예산으로 3배 소비 효과를 창출해야 한다. AI가 실시간으로 사용 경로를 추적·분석해 소비→유통→생산의 경제 루프를 설계하고, 블록체인 기술을 통해 불필요한 누수를 차단함으로써 추경의 효율성을 극대화할 수 있다.

둘째, 내수는 '상품'이 아니라 '경험'과 '신뢰'에 의해 촉진된다. AI 기술을 활용한 맞춤형 소비 혜택 시스템을 구축하여 시민 개개인의 선호, 소비 패턴, 지역 상권 상태에 따라 지역화폐 보조 지급 구조를 설계하면 '뿌리는 돈'이 아닌 '쓰게 되는 돈'으로 바뀐다. 이 역시 AI 없이 실현이 불가능하다.

셋째, 이 모든 시스템은 기존 경제학 이론이 아닌 AI 기반 창의적 정책 설계자가 필요하다. 산업화 시대의 이론과 통계는 예측의 벽 앞에서 무너졌고, 전통적 경제 관료의 관성적 추경은 국민 체감과는 거리가 멀었다. 지금 필요한 것은 실험하고 조율하며 현장을 설계하는 실무형 전략가들이다. 정책은 말이 아니라 결과로 증명되어야 한다. 지역화폐는 진통제가 아니라 회복을 위한 생명줄이어야 한다.

이재명 정부가 진정한 민생 회복을 원한다면, AI 기술을 바탕으로 국민이 체감하는 정책 설계와 실행 구조를 혁신해야 한다. 단 한 번의 추경이 아니라, 반복 가능한 시스템으로써의 내수 전략. 그것이 AI 시대, 이재명 정부가 성공하는 유일한 길이다.

〈출처 : Naver Blog 2025. 6. 5〉

4. 세 번 도는 돈, 퍼주기를 넘는 재정 혁신 K-EIP

물가 상승과 경기 침체가 맞물린 복합 위기 속에서, 정부의 재정정책이 단순히 '돈을 퍼주는 것'으로 인식되곤 한다. 특히 국민에게 현금을 지급하거나 소비를 유도하는 정책은 퍼주기 논란에 휘말리기 쉽다. 그러나 이제는 그러한 낡은 프레임에서 벗어나야 할 때다. 재정은 단순한 현금 이전이 아니라, 사회 전체의 활력을 복원하고 미래를 준비하는 '공공 자산 순환 시스템'이어야 한다. 이와 같은 관점에서 'K-EIP(한국형 경제활성화 지원금)'은 새로운 재정 철학을 반영하는 시도다.

K-EIP(Korea Economic Impact Payment) 한국형 민생경제 활성화 지원금 시스템은 단순한 일회성 지원금이 아니다. 정부가 발행한 디지털 후불 지역화폐를 기반으로, 하나의 자금이 세 차례 순환 사용되도록 설계되어 있다. 예컨대 정부가 국민 한 사람에게 25만 원을 지급하면, 이 돈은 지역 소상공인 가게에서 사용되고, 소상공인은 다시 그 돈을 지역 내 자영업자나 협력업체에 사용하며, 마지막으로 세 번째 주체가 이 돈을 다시 지역 내 소비에 사용하면서 총 3회에 걸친 경제 효과가 발생한다. 이를 통해 동일한 예산으로 최대 세 배의 내수 진작 효과를 기대할 수 있다. 핵심은 '어떻게 쓰고, 어떻게 회수하느냐'이다. 지금까지의 재정 정책은 주로 지급에만 초점이 맞춰졌고, 그 자금이 어디로 흘러가는지에 대한 체계적

관리가 부족했다.

    K-EIP는 AI와 블록체인 기술을 기반으로 한 디지털 시스템을 통해, 자금의 흐름을 실시간으로 추적하고 순환 구조를 설계한다. 특정 지역, 업종, 계층에 맞춤형으로 투입하고 일정 시점 이후 회수하거나 재순환하도록 설계함으로써, 재정의 투명성과 효율성을 크게 높인다. 이러한 구조는 국민 개개인이 정책에 참여하고 그 효과를 체감하게 한다는 점에서도 의미가 있다. 단순히 돈을 받는 수혜자가 아니라, 경제 활성화의 주체로서 역할을 수행하게 되는 것이다. 지역화폐 형태로 설계되기 때문에 대기업이나 유통 대형 채널로의 자금 쏠림 현상도 막을 수 있다. 또한 후불형으로 설계된 만큼, 일정 기간 내 사용하지 않으면 자동 소멸되므로 예산 낭비도 최소화된다.

    AI 시대의 재정 정책은 단순한 분배를 넘어 '순환'과 '성과' 중심으로 설계되어야 한다. 국민이 피부로 느낄 수 있는 정책 효과, 지속 가능한 구조, 그리고 자금의 흐름을 투명하게 관리할 수 있는 시스템이 중요하다. 그런 점에서 K-EIP는 과거의 방식과는 전혀 다른 새로운 패러다임을 제시한다. 이는 '퍼주는 돈'이 아니라, 국가가 함께 성장하고 회복하기 위한 하나의 '경제 플랫폼'이자 '공공자산'에 가깝다.

    이제는 단순히 복지냐 아니냐, 퍼주기냐 아니냐를 따지기보다는, 어떻게 설계하고 어떤 효과를 내는가에 초점을 맞춰야 한다. 기술이 발전하고 사회가 복잡해지는 시대에, 정책 역시 더 정교하고 전략적으로 진화해야 한다. K-EIP는 그러한 미래형 재정 정책의 출발점이다. 재정의 정의는 더 이상 '지출'이 아니라 '디자인'의 문제이며, 국가의 비전과 역량이 집약된 시스템이어야 한다. K-EIP는 바로 그런 시스템의 첫걸음이다.

〈출처 : Naver Blog 2025. 5. 14〉

5. 비상경제 TF, AI 혁신을 통한 대한민국 경제 대전환

> 뉴 경제 패러다임을 위한 혁신적 접근
> 비상경제 TF의 핵심 전략과 조직 구성
> AI 기반 경제 혁신 25만 원 3회전 정책
> 사교육비 절반 줄이기. 가정경제 회복

2025년 대선이 다가오며, 대한민국의 경제와 정치 상황은 그 어느 때보다 불확실하다. 그러나 이 불확실성 속에서 기회가 존재한다. '비상경제 TF'를 제안하며, 이 조직은 단순히 경제 위기 대응을 위한 임시적인 조직이 아니라, 대한민국 경제를 한 단계 진화시키는 혁신적 전환점을 만들 수 있는 중요한 기구가 되어야 한다. 그리고 이 TF의 구성과 운영 목표는 기존의 틀을 넘어서는 창의적이고 비판적인 사고를 기반으로 해야 한다.

(1) 비상경제 TF의 조직 구성

비상경제 TF는 기존의 경제 부처를 단순히 총괄하는 기구에 그쳐서는 안 된다. AI와 데이터 기반 경제를 이끄는 새로운 형태의 경제 혁신을 위한 'AI 경제 위원회'를 중심으로 한 다차원적인 전문가 네트워크로 구성되어야 한다.

이 위원회는 경제학자, 산업 전문가, 데이터 과학자, 스타트업 CEO, 그리고 AI와 기술 전문가들이 서로 협력하여 데이터를 기반으로 한 정책을 제시해야 한다. 하지만 그 이상으로 중요한 것은 TF 내부에서 'AI 변혁 리더십'을 발휘할 수 있는 인재들을 선별하여, 각기 다른 분야에서 창의적인 혁신을 추구할 수 있는 환경을 만드는 것이다.

예를 들어, 각 분야의 전문가들이 자율적으로 활동할 수 있는 '혁신 워크숍'을 운영하여, 일상적인 회의보다는 혁신적인 아이디어가 자연스럽게 나올 수 있도록 해야 한다.

비상경제 TF 내부에서는 '불가능한 것을 가능하게 하는 프로젝트'를 중심으로 프로젝트 기반의 리더십을 강조하고, 중간 관리자 없이도 혁신이 촉진될 수 있도록 해야 한다.

(2) 운영 목표와 전략

비상경제 TF의 운영 목표는 단기적인 경제 회복뿐만 아니라, 대한민국 경제를 지속 가능한 성장 궤도에 올려놓는 것이다. 이를 위해서는 'AI 기반 경제 예측 시스템'을 도입해 각 산업과 경제 전반에 대한 예측을 실시간으로 분석하고, 정책 결정에 반영해야 한다. 기존의 경제 모델은 단기적인 문제에만 집중하는 경우가 많았고, 그 결과 시스템적으로 비효율적인 부분들이 많았다. AI 예측 시스템을 도입함으로써 경제적 변수들을 실시간으로 감지하고, 그에 맞는 대응책을 즉각적으로 마련할 수 있다.

이 AI 예측 시스템은 단순한 데이터를 제공하는 것이 아니라, 정부와 기업이 실시간으로 경제 상황을 분석하고 대응할 수 있는 정확한 '통합 경제 대시보드'로 작용해야 한다. 대시보드는 경제의 다양한 지표를 자동으로 분석하고, 정책 결정자들에게 실시간으로 최적의 대응책을 제시하는 역할을 한다. 이를 통해 비상경제 TF는 단기적인 경제 회복을 넘어서, 국가 경제를 미래 지향적으로 이끌어갈 수 있는 전략적 장기 계획을 수립할 수 있다.

(3) 창의적 대안 제시 : AI 기반 경제 모델 혁명

기존의 경제 모델은 자원의 한계와 인간의 감정적인 판단에 의존하는 경향이 있었다. 그러나 AI 기반의 경제 모델은 자원의 효율적 배분, 실시간 경제 분석, 그리고 예측적 조치를 가능하게 한다. 이는 정부의 경제 정책이 단순히 반응적인 형태에서 벗어나, 더욱 능동적이고 전략적으로 변화할 수 있게 만든다.

이제 우리는 'AI 기반 경제 혁명'을 이끌어야 한다. 구체적인 방안은 '3회전 경제활성화지원금'과 같은 새로운 재정 혁신 모델을 만들어, 동일한 예산으로 3배 이상의 경제적 효과를 낼 수 있는 AI 기반의 예산 혁명을 추진하는 것이다.

기존에는 '퍼주기'라는 비판을 받았던 재정 정책들이, AI 기술을 활용한 효율적 자원 배분과 경제 예측에 의해 대대적으로 변혁을 일으킬 수 있다. 이 혁신은 단기적인 효과를 넘어, 자영업자와 소상공인들에게 실질적인 경제적 안전망을 제공하며, 향후 예산 집행에 대한 새로운 패러다임을 열 수 있다.

또한, AI를 활용한 '사교육비 절반 줄이기' 프로젝트도 주요한 전략이 되어야 한다. AI를 활용하여 개개인의 학습 수준에 맞춘 맞춤형 교육 시스템을 구현하면, 학습 효과는 극대화되며, 가정에서 부담하는 사교육비를 대폭 줄일 수 있다. 이 프로젝트는 교육 평등을 실현하고, 경제적으로도 많은 가계에 실질적인 도움을 줄 수 있는 정책이 된다.

(4) 비상경제 TF의 진정한 가치

비상경제 TF가 단순히 일시적인 경제 위기 대응을 넘어서, 대한민국 경제를 혁신적인 방향으로 이끌어 가기 위해서는 '경제와 기술을 융합하는 리더십'을 갖춰야 한다. 대한민국은 단기적인 대응을 넘어서, AI와 디지털 기술을 바탕으로 한 경제 모델을 수립하고 이를 실현할 수 있는 비전과 실행력을 보여줘야 한다.

이러한 변화는 단지 경제적 성장에만 국한되지 않고, 사회적 평등과 환경적 지속 가능성을 함께 추구하는 새로운 패러다임을 창조하는 것이다.비상경제 TF는 'AI 혁신'을 중심으로 한 경제 혁신을 이끌어갈 수 있는 핵심 조직이다. 창의적이고 혁신적인 대안을 제시하여, AI 기술을 활용해 대한민국 경제를 지속 가능하고 혁신적인 방향으로 이끌어 나가는 중추적인 역할을 해야 한다.

　이를 통해 대한민국은 AI와 디지털 경제를 기반으로 새로운 경제 패러다임을 열고, 글로벌 경제에서 주도적인 위치를 차지할 수 있을 것이다.

〈출처 : Naver Blog 2025. 5. 26〉

제2장
국정기획·정부개혁 및 AI 행정

1. 국정기획위원회, 이번엔 진짜 다르게

과거 정부 위원회 실패와 단절 선언
국민체감 중심 둔 실행형 국정기획
실적 없는 위원회 가라, AI 실무정부

이재명 정부가 출범과 동시에 국정기획위원회를 신설하며 국정운영의 밑그림을 준비하고 있다. 그러나 우리는 지난 정권들의 교훈을 결코 잊어서는 안 된다. 과거 모든 정부는 정권 초기에 수십 개 위원회를 설치하고 수백 개의 과제를 나열했지만, 임기 말 국민이 체감하는 실질적 성과를 만들어낸 사례는 극히 드물었다.

문제는 방향이 아니라 구조였다. 위원회 공화국이라는 비아냥이 괜히 나온 것이 아니다. 회의 위주의 전시 행정, 교수형 전문가의 이론적 권고, 관료들의 기존 관성적 운영방식이 결합된 체계로는 한 번도 국민을 움직인 적이 없었다.

AI 시대로 접어든 지금, 단순히 전문가를 나열하고 '현장의 목소리'를 듣겠다고 선언하는 위원회 방식으로는 결코 국민 체감을 끌어낼 수 없다. 특히 정책의 속도, 예측, 연결, 유연성이라는 4대 요건을 동시에 충족하지 않으면 그 어떤 정책도 실행으로 이어질 수 없다. 이재명 대통령이 누구보다 실무를 중시하고 결과를 중시하는 대통령이라면, 이번 국정기획위원회는 반드시 구조부터 혁신해야 한다.

무엇보다 첫째, 기존 '계획 수립형' 위원회가 아닌 'AI 실행형 정책 랩(Lab)'으로 전환되어야 한다. 수많은 문건 작성과 중복 보고서 생산은 국민의 기대와는 거리가 멀다. 정책 기획은 이제 데이터를 기반으로 시뮬레이션되어야 하며, 수치와 알고리즘을 통해 효과성을 검증받아야 한다. 국정기획위원회 내에 AI 정책 시뮬레이션 전담 셀을 두고, 각 정책이 민생 현장에서 어느 정도의 체감을 낼 수 있는지 수치로 예측하는 구조가 필수다.

둘째, 민간·현장 전문가 참여를 선언하는 수준을 넘어, 민간과 현장이 직접 정책의 프로토타입을 테스트할 수 있어야 한다. 일례로 지역화폐 3회전 정책, AI 맞춤 교육, 디지털 복지 등은 메타버스 기반의 사이버 실험장 또는 로컬 테스트베드에서 검증된 후 채택되는 체계가 되어야 한다. 위원회의 기능은 권고가 아니라 실험 결과 분석이어야 한다.

셋째, 국정기획위원회는 '정책 리허설'이 가능한 플랫폼형 구조여야 한다. 이제는 국민이 보는 앞에서 어떻게 정책이 구현되는지 시각화해 설명할 수 있어야 한다. AI 기반 인터페이스를 활용해 "이 정책이 실행되면 나의 삶에 어떤 변화가 올 것인가"를 시민 스스로 체험하게 하는 가상 체험 콘텐츠가 필수적이다.

넷째, 위원회 운영의 인적 구조 자체도 혁신되어야 한다. 산업화 시대나 IT 성장기에 통하던 학자 중심의 정책 설계는 이제 한계에 도달했다. 이론적 권고는 넘치지만, 현장성과 속도는 뒷전이었고,

그 결과는 체감 없는 정책으로 이어졌다. 특히 AI 기반 경제사회로 전환되고 있는 오늘날, 정책 설계는 기술과 행정, 산업의 융합 지점에서 이루어져야 한다. 책상이 아니라 현장을 아는 실무형 정책 전문가가 중심이 되어야 하고, 기술을 이해하며 실행을 설계할 수 있는 사람만이 정책을 현실로 끌어낼 수 있다.

국민은 더 이상 '정책 방향'을 묻지 않는다. 이 정책이 언제, 어떻게, 얼마나 체감되느냐를 묻는다. 말이 아닌 실적, 구호가 아닌 결과가 필요한 시대다. 이재명 정부가 AI 시대의 첫 번째 국정기획위원회를 진정한 체감주의 행정의 시작점으로 삼는다면, 대한민국 행정사는 물론 정치사에도 한 획을 긋게 될 것이다. 이번에는 진짜 달라졌다는 평가를 받을 수 있는 유일한 기회가 지금이다.

〈출처 : Naver Blog 2025. 6. 5〉

2. 이재명 대통령의 첫 선택, K-Gov 프라이빗 AI

노무현 대통령의 e 지원시스템 행정혁신
GPT 시대, 이재명 대통령의 AI 정부개혁
K-Gov Private AI, 국가행정의 새로운 심장

이제 대한민국은 'AI가 곧 국력'이 되는 시대에 진입했다. 챗GPT로 대표되는 초거대 AI(인공지능)의 등장은 단순한 기술의 진보가 아니라, 행정과 민생, 산업과 안보까지 국가 운영 전반의 패러다임 전환을 요구하는 시대정신이 되었다. 수많은 민간 기업이 AI를 도입해 업무 효율을 혁신적으로 끌어올리고 있고, 전 세계는 AI 전환,

즉 'AX 시대'를 선점하기 위한 경쟁에 뛰어들고 있다.

하지만 문제는 여기서 시작된다. 민간 AI 서비스 대부분은 퍼블릭 기반으로 운영되고 있어 보안, 규제, 데이터 주권 측면에서 정부기관이나 공공 부문에서 직접 활용하기에는 치명적인 제약이 따른다. 특히 업무 처리 내용, 국가정책, 민감한 보안 자료 등이 외부 AI 서버로 유출될 수 있다는 점은 국가 차원에서는 결코 간과할 수 없는 위험이다. 실제로 정부부처 공무원들이 무심코 챗GPT에 올린 질문 하나가 국가 전략 기획이나 안보 관련 정보일 수 있다. 이런 누수가 실시간으로 세계 클라우드 서버에 기록되고 학습된다는 것은, 과거 어느 스파이 위협보다도 더 무서운 정보 유출일 수 있다.

이러한 현실에서 우리에게 필요한 것은, 정부와 공공기관 전용의 프라이빗 AI 시스템이다. 정부 폐쇄망 안에서 독립적으로 운영되며, 부처별 업무 특성과 데이터를 반영해 학습되는 'K-Gov Private AI'는 이제 선택이 아니라 국가 안보와 효율을 위한 필수 인프라다.

프라이빗 AI는 단지 AI를 '도입'하는 것이 아니라, AI 시대에 맞는 디지털 주권을 '확보'하는 전략이다. 전통적인 퍼블릭 AI는 혁신의 속도에서는 강점을 지니지만, 폐쇄된 환경에서의 데이터 보호와 도메인 최적화, 맞춤형 서비스 구현에는 분명한 한계를 갖는다. 반면 프라이빗 AI는 공공 데이터가 외부로 유출될 걱정 없이, 각 부처의 특화된 업무 문서와 지식을 기반으로 더욱 정밀하고 정확한 대응이 가능하다.

한국 정부가 수십 년간 축적해 온 방대한 정책자료, 법령 해석, 민원 대응 사례 등을 프라이빗 AI에 학습시킨다면 공무원들의 행정 역량은 물론, 국민에게 제공되는 서비스 품질 역시 획기적으로 높아질 수 있다.

프라이빗 AI는 단지 보안에만 강점이 있는 것이 아니다. 기존의 초거대 AI와는 달리, sLLM 기반으로 구축되어 경량화된 고성능 모델을 효율적으로 운영할 수 있다. GPU 자원을 과도하게 쓰지 않으면서도 도메인 특화에 집중할 수 있고, 한국어 최적화는 물론 부처 간 협업 기능도 강화할 수 있다. 이는 예산 효율성과 연동된 점에서도 큰 장점이다.

2003년, 노무현 대통령은 청와대의 행정 혁신을 위해 'e지원 시스템'을 전격 도입했다. 이는 종이 없는 청와대를 실현하고자 했던 디지털 행정의 출발점이었다. 당시 노 대통령은 모든 보고와 결재를 전산 시스템을 통해 처리했고, 이는 이후 각 부처로 확산되며 대한민국 전자정부 구축의 초석이 되었다.

e지원은 단순한 시스템 이상의 의미를 지녔다. 그것은 권한과 의사결정의 흐름을 디지털화함으로써 투명성과 효율성, 업무의 신속성을 확보한 상징적 사례였다.

이제 우리는 AI 시대로 진입하고 있다. 마치 과거 종이 대신 디지털 문서가 자리 잡았던 것처럼, 이제는 단순한 정보처리를 넘어 의사결정 보조와 문서 생성까지 수행하는 '프라이빗 AI'가 정부 행정의 핵심 인프라로 자리 잡을 시점이다.

단, 퍼블릭 AI는 보안상 치명적인 한계를 안고 있다. 행정 업무 중 생성된 민감한 보고서와 계획서, 회의록 등이 외부 AI 서버에 일시적으로라도 노출될 수 있다면, 이는 곧 국가 안보의 구멍이자 국민 신뢰의 위기다. 따라서 새 대통령은 노무현 대통령이 'e지원'으로 전산화를 선도했듯, 이제는 K-Gov 프라이빗 AI 시스템 구축을 통해 'AI 행정의 시작'을 열어야 할 때다. 이는 과거의 디지털 결재 혁신이 현재까지 행정의 기본으로 작동하듯, 프라이빗 AI는 향후 수십 년간 대한민국 정부의 데이터 주권과 업무 생산성을 동시에 지탱할 국가 인프라가 될 것이다.

이재명 대통령에게 제안 드린다. K-Gov Private AI는 정부의 모든 부처, 지자체, 공공기관이 각각의 데이터를 보안된 환경에서 활용해 업무를 자동화하고 민원 응대를 AI가 도와주는, 디지털 행정의 새로운 표준이 될 것이다. 각 부처의 법령 해석, 국민 제안 정책 분류, 예산 집행 추적, 재난 대응 시나리오까지 모든 행정 영역에 AI가 조력자가 되어줄 수 있다. 또한 정부의 주요 현안인 사교육비 절감을 위한 AI 기반 맞춤 학습 플랫폼 역시 프라이빗 AI로 구현해야 한다.

    국가가 책임지는 공공 AI 학습시스템을 구축하여 모든 학생에게 1대1 튜터를 제공한다면 사교육 의존도는 줄어들고, 교육 격차 해소는 물론 국민 체감형 민생 개선 효과가 크다. K-Gov Private AI는 단지 효율의 문제가 아니라, 주권의 문제이자, 미래 리더십의 핵심 경쟁력이다. 새 정부가 국민의 신뢰와 미래세대의 기대를 충족시키는 첫걸음은 AI를 누구보다 먼저 정확히 이해하고 제대로 준비하는 데서 시작될 것이다. K-Gov Private AI 구축은 대한민국이 진정한 AI 강국으로 도약하는 출발점이 될 것이다.

〈출처 : Naver Blog 2025. 6. 4〉

3. AI 시대의 국정 설계도
– 하나로 정부 실현 전략

    하나로 정부, 성공의 길
    실행 전략과 제도적 조건
    하나로 정부, 실천의 시간
    국정 다시 짜라, 5단계 전략

'하나로 정부'는 이재명 정부가 지향하는 국정 운영의 미래 비전이

자, AI 시대 대한민국이 선도 국가로 도약하기 위한 행정 혁신의 마스터플랜이다. 그러나 아무리 탁월한 구상이라 하더라도 실행되지 않으면 단지 구호에 그칠 뿐이다. 이 정책 제안은 하나로 정부를 실제로 작동하게 하기 위한 실행 전략과 제도적 조건을 구체적으로 제시하고자 한다.

우선 하나로 정부의 실행을 위한 5단계 로드맵은 다음과 같다.

첫 번째 단계는 대통령 직속 'AI 정부혁신 기획단'의 출범이다. 부처 이기주의를 넘어서기 위해, 이 기획단은 대통령 직속 체계로 설치되어야 하며 과학기술정보통신부, 행정안전부, 기획재정부, 국무조정실, 그리고 민간 기술 전문가와 공공행정 전문가들이 함께 참여하는 범정부 태스크포스를 구성해야 한다. 이 기구는 출범 100일 이내에 하나로 정부 실현을 위한 핵심 과제를 수립하고, 이를 대통령의 국정 1호 명령으로 공표함으로써 전 사회적 추진 동력을 확보해야 한다.

두 번째 단계는 'AI 행정 통합 플랫폼'의 시범 사업을 착수하는 것이다. 이를 위해 민원 수요가 가장 많은 복지, 취업, 창업 등 세 가지 분야를 중심으로 시범 통합을 실시하고, 수도권과 지방 중소도시 각 한 곳씩을 선정하여 실제 국민들이 이용할 수 있는 '하나로 플랫폼 앱'을 운영해 본다. 이를 통해 이재명 정부의 실행력과 혁신을 가시적으로 보여주는 상징적 효과를 동시에 확보할 수 있다.

세 번째 단계에서는 'AI 국민비서' 시스템을 전국적으로 확산하고, 한국형 ChatGPT와 연동하여 행정 포털 간 통합을 완성한다. 정부24, 국민신문고, 지자체 민원센터 등 분산된 포털들을 하나로 묶고, 국민이 질문 하나만으로 모든 정부 서비스를 응답받을 수 있도록 한다. 이를 위해 한국형 대규모 언어모델(LLM)의 언어처리 능력을 고도화하고, '하나로 AI'라는 브랜드로 앱, 음성비서, 키오스크 등 다양한 채널을 통해 보급한다.

네 번째 단계는 법·제도의 통합과 데이터 거버넌스 체계 구축이다. '하나로 정부 특별법'을 제정하여 행정데이터의 연계와 기관 간 책임 조정, AI 행정절차의 법적 근거를 명확히 하고, 개인정보 보호법, 전자정부법, 공공데이터법 등 관련 법률을 통합 정비해 'AI 행정 기본법' 체계를 완성해야 한다. 이와 함께 모든 부처의 정책 데이터를 API로 연동할 수 있도록 법적 의무를 부과해야 한다.

다섯 번째 단계는 '하나로 정부 2.0'으로 진입하는 시기다. 이 단계에서는 공공행정뿐만 아니라 국민이 일상적으로 사용하는 금융, 교통, 의료, 에너지, 교육 등 민간 서비스와의 연동을 추진한다. 예를 들어 병원 예약 시 국민건강보험 정보가 자동 연계되고, 취업 절차에서 주민등록초본 제출이 자동으로 이루어지는 방식이다. 이를 통해 디지털 라이프와 공공행정을 아우르는 '하나로 생태계'가 완성된다.

하나로 정부의 성공을 위해 반드시 갖춰야 할 조건들도 명확히 해야 한다.

첫째, 기술만으로는 부족하다. 정부의 존재 이유와 행정의 개념 자체를 '서비스 기업'으로 전환하는 철학적 변화가 필요하다. 관료주의적 보고와 문서 중심 문화를 탈피하고, 결과 중심의 사고방식을 도입해야 하며, 공무원에게도 국민이 중심이라는 인식을 심는 교육이 병행되어야 한다.

둘째는 규제보다 실험이다. AI 행정은 기존 법률이 상정하지 못한 다양한 상황과 문제를 수반하기 때문에, 'AI 행정 샌드박스'를 도입하여 시범 사업에 대한 규제 완화를 허용할 필요가 있다. 예컨대 개인정보 동의 절차를 간소화하거나 실명 인증을 자동화하는 실험적 정책들이 샌드박스를 통해 가능해진다.

셋째는 민간과의 파트너십이다. 정부는 '판'을 깔고, 민간은 '솔루션'을 채워야 한다. 이를 위해 정부는 AI 스타트업 및 기술 기업과 함께 '하나로 서비스 마켓플레이스'를 공동 구축하고, 1조 원 규모의 정부-민간 공동 투자 펀드를 조성하여 스마트 행정 기술 기업을 집중 육성해야 한다.

넷째는 공무원 조직의 변화다. AI 시대에는 전통적 공무원뿐 아니라 AI 코디네이터, AI 정책 설계자, AI UX 기획자와 같은 새로운 유형의 인재가 필요하다. 기존 공무원은 재교육을 통해 기술과 협업하는 관리자 역할을 맡고, 동시에 민간 전문가의 정부 진입 경로도 개방되어야 한다. 이제 공무원은 '국민의 AI 비서 관리자'라는 새로운 역할을 수행해야 할 시대가 된 것이다.

하나로 정부를 실질적으로 체감하게 하기 위한 상징적 조치도 함께 마련되어야 한다. 예컨대 'AI 생활행정의 날'을 제정해 매년 9월 첫째 주를 'AI 행정 주간'으로 운영하고, 전국 지자체에서 AI 비서 체험부스와 정책 시연 행사를 개최함으로써 국민의 참여를 유도할 수 있다. 또한 청년과 스타트업을 대상으로 한 '하나로 정부 챌린지'를 운영하여, AI 행정 아이디어를 공모하고 실제 정책에 반영하며, 우수 제안자에게는 공공기관 채용 가산점 등 인센티브를 부여하는 혁신 촉진 장치를 마련할 수 있다.

결론적으로 하나로 정부는 단지 기술 혁신이 아니라 '시민 주권의 플랫폼'이다. 그것은 이재명 후보의 정책 철학인 민생 우선, 실용주의, 디지털 민주주의가 통합된 국가 경영의 총체적 비전이다. 앞으로 국정 운영은 '통치'가 아니라 '플랫폼 제공'이 되어야 하며, 정부는 국민이 설계에 참여하고 직접 제안하는 새로운 형태의 민주 행정 플랫폼이 되어야 한다. 이재명 정부가 추진하는 하나로 정부는 행정을 단순한 정보 제공 기관에서 국민의 문제를 실질적으로 해결하는 실행 중심 정부로 탈바꿈시킬 것이다.

이제 국민은 복잡한 절차 속에서 문서를 찾는 수동적 존재가 아니라, 단 하나의 질문으로 정부 전체를 작동시키는 능동적 시민이 되는 것이다. 그 미래는 더 이상 멀리 있지 않다. 바로 지금, 우리 앞에 와 있다.

〈출처 : Naver Blog 2025. 5. 31〉

4. AI로 판을 바꾸자; 저성장을 깨우는 경제 대전환

저성장 탈출의 해법은 AI 경제
성장엔진은 AI 경제로의 대전환
0% 성장을 깨우는 한 방은 AI

지금 대한민국은 0%대 성장률이라는 저성장의 늪에 빠져 있다. 세계 경제는 이미 AI와 디지털 기술을 중심으로 신경제질서를 구축해가고 있는데, 한국은 여전히 '돈을 풀 것인가, 세금을 깎을 것인가'라는 낡은 프레임에서 벗어나지 못하고 있다. 이재명 후보는 재정을 투입해 경기를 살리겠다고 외치고, 김문수 후보는 감세와 규제 완화로 낙수효과를 기대한다. 이준석 후보는 현장의 감각과 소규모 정책 아이디어를 내세우고 있지만 모두 'AI를 기반으로 경제를 재설계하자'는 근본 전략이 빠져 있다.

노무라 그룹의 로버트 슈바라만 박사의 진단처럼, 건설 경기 침체, 정치적 혼란, 수출 둔화 등 복합적 원인으로 한국 경제는 1% 성장 전망이라는 위태로운 구간에 진입했다. 이런 상황에서 단순한 재정지출이나 감세만으로는 경제 회복을 견인하기 어렵다. 지금 필요한 것은 "돈을 얼마나 쓰느냐"가 아니라 "시스템을 어떻게 바꾸느냐"다.

한국이 저성장을 탈출하고 미래 먹거리를 확보하려면, AI 경제를 중심축으로 한 구조적 대전환 전략이 필요하다. 그것은 AI 기술을 '수단'이 아닌 '플랫폼'으로 인식하는 전환에서 출발한다.

첫째, 'AI 기반 거버넌스 경제'로 전환해야 한다. 지금의 재정 투입은 기계적인 추경에 그치지만, AI 기술을 활용하면 국민 수요 기반 실시간 예산 배분이 가능하다. 예를 들어 AI 예산 플랫폼을 통해 각 부처가 현장의 데이터를 분석해 예산 신청을 하고, 국민과 함께 우선순위를 조정하는 '참여형 예산 체계'를 만들 수 있다. 이는 단순한 재정 확대가 아니라, 예산의 효율성을 비약적으로 높이는 전략이다.

둘째, AI 기반 '산업 구조 재정렬'을 통해 고부가가치 신경제 영역을 창출해야 한다. 단순한 R&D 보조금이나 창업 지원금이 아닌, AI가 산업 간 융합지수를 분석해 어떤 기술, 어떤 지역, 어떤 인력이 어느 산업에 가장 효과적으로 배치되어야 하는지를 분석하고 실행하는 'AI 산업배치 플랫폼'을 가동할 수 있다. 이는 투자 대비 생산성과 일자리 창출 효과를 극대화하는 구조 개혁이다.

셋째, 'AI 일자리 수급 예측 및 역량 매칭 시스템'을 구축해야 한다. 지금 청년 실업과 중장년 구직 포기는 수요와 공급의 미스매치에서 비롯된다. 개인별 역량, 관심사, 노동시장 변화 트렌드를 AI가 분석해 직무 재설계, 교육 추천, 구직 연계까지 자동으로 수행하는 플랫폼이 필요하다. 국민이 스스로 자신의 가능성을 설계할 수 있는 'AI 기반 일자리 내비게이션'이 그것이다.

넷째, AI 경제를 받치는 법과 제도, 윤리 인프라가 뒤따라야 한다. AI 기술을 경제 전반에 도입하면 당연히 '데이터 윤리', '감시 리스크', '디지털 불평등' 등의 문제가 생긴다. 따라서 새 정부는 'AI 윤리 헌장'을 제정하고, 공공 데이터 개방 정책과 함께 AI 격차 해소를 위한 디지털 인권보장 프로그램을 병행해야 한다. 기술이 배제하는 사회가 아니라, 기술이 포용하는 국가로 나아가야 한다.

AI 경제란 기술이 아니라 철학이다. 지금 이 순간 필요한 것은 정부와 민간, 산업과 교육, 기술과 인권, 성장과 공정이 연결된 시스템이다. 이재명 후보가 말하는 '경제를 살리는 AI 전략', 김문수 후보가 강조하는 '활력을 높이는 규제개혁', 이준석 후보의 '현장 중심의 디지털 실험'이 하나의 거대한 구조 안에 통합되어야 비로소 진짜 해법이 된다. 2차 추경이든, 금리 인하든, 일시적 경기 부양책만으로는 한국 경제를 다시 일으킬 수 없다.

통화정책은 점차 여력이 줄어들고 있고, 글로벌 금융 시장의 유동성도 예전 같지 않다. 새 정부는 AI 기술을 경제의 중심축으로 삼고, 그 위에 국민 삶 전체를 설계해야 한다. 구조를 바꾸지 않으면 미래는 없다. AI로 경제의 판을 바꿔야 한다. 그것이 저성장 탈출의 유일한 길이다.

〈출처 : Naver Blog 2025. 5. 22〉

5. 실용주의를 넘어 체감주의, 이재명 정부 90일 전략

말이 아닌 성과로, 추석 전 증명
체감이 감동이 되는, AI 민생혁신
AI 만든 체감, 정책이 되는 감동
민생 닿는 AI, 감동이 되는 정책

대한민국 역대 정부들은 정책 실패로 인해 국민 신뢰를 상실하고 정권 운영에 어려움을 겪어왔다. 특히 명확한 실행 전략 없이 이상에만 치우친 정책, 민심과 괴리된 포퓰리즘, 성과 없는 복지 지출 등은 장기적인 국정 실패로 이어졌다. 경제를 살린다며 규제를 늘리거나, 평등을 외치며 경쟁을 억제한 정책들은 오히려 시장을 위축시키고 혁신을 방해했다. 결국 성과 없는 정책은 국민에게 외면받았고, 그 정권은 실패한 정부로 기억되었다.

이제 이재명 정부는 그러한 전철을 밟지 않아야 한다. 이를 위해선 AI 시대에 맞는 실시간 피드백 기반 정책 실행, 민간의 창의성을 촉진하는 네거티브 규제, 그리고 국민이 실제로 체감할 수 있는 단기 성과형 민생 정책에 집중해야 한다. 특히 추석 전까지 결과를 보여줄 수 있는 정책 설계가 필요하며, 이를 위해 디지털 기반 정책 컨트롤타워와 실행 중심의 인재 등판이 핵심이다.

이재명 정부는 역대 최다 득표라는 기록에도 불구하고, 과반을 넘지 못한 득표율이 말해주듯 '반쪽의 승리'에서 출발했다. 이는 정치적으로 대통합을 요구받는 동시에, 경제적으로는 단기간 내 성과를 보여줘야 하는 냉혹한 숙제를 부여받았다는 뜻이다. 특히 외환위기 이후 최대 혼란기라는 평가까지 나오는 현재 경제 상황은 더 이상 관료식 포퓰리즘으로 대응할 수 없다.

정책은 실적이 없으면 존재하지 않는 것이나 다름없다. 무엇보다 국민은 정책의 이상이 아니라 체감 효과를 원한다. 추석 전 3개월 이내에 국민이 실질적으로 혜택을 체감할 수 있는 성과가 반드시 요구된다. 이를 위해선 과거 정부의 발표 위주 국정기획과는 차별화된 접근이 필요하다. 지금 필요한 것은 "속도"이며, 속도를 가능케 하는 것은 AI와 데이터 기반의 정책 설계와 운영이다.

첫째, 대통령실 중심의 AI 기반 정책 컨트롤타워 신설이 시급하다. 이재명 대통령은 실무형 대통령을 자처한 만큼, 이제는 말이 아니라 성과로 그 비전을 입증할 때다. 각 부처에 퍼져 있는 산발적 정책 시도를 통합하고, 부처 간 정보 흐름을 하나의 데이터 레이어 위에 얹기 위해선 AI 전략본부 또는 디지털 정책기획실 같은 정책 데이터 분석 허브가 필요하다. 이곳은 기술 기반 민관협력을 주도하며, 기존 '교수형 자문'이 아닌 기업형 실무 인재 중심의 문제 해결형 조직으로 구성되어야 한다.

둘째, 국민 체감 민생 정책 중 가장 즉시 효과를 낼 수 있는 것이 바로 'K-EIP 지역화폐 3회전' 전략이다. 이 정책은 단순한 현금 살포가 아니라, AI와 블록체인 기술을 활용해 하나의 예산을 세 번 회전시키는 구조로 설계된다. 예컨대 25만 원을 지급하되, AI가 소비 경로를 분석하고 블록체인으로 사용처를 추적해 소비 → 유통 → 생산 단계로 이어지는 선순환을 유도함으로써 단기 경기부양 효과는 기존 재난지원금 대비 2~3배에 달할 수 있다. 무엇보다 지역경제와 소상공인이 직접 효과를 체감할 수 있어 추석 민심 회복에 핵심 역할을 할 수 있다.

셋째, 사교육비 절반 감축 정책 또한 AI 기술이 현실화시킬 수 있는 대표 사례다. 이재명 정부가 추진하는 'AI 맞춤 학습 국가책임제'는 교육 패러다임의 전환점이 될 수 있다. AI 튜터와 개인별 학습 진단 기술을 공교육에 도입하면, 중위권 이하 학생들의 성취도를 크게 높이는 동시에 학부모의 사교육 부담을 획기적으로 줄일 수 있다. AI가 과외교사 역할을 대체하는 시대에 정부가 나서서 이 시스템을 제공할 경우, 교육비 절감과 성적 향상이라는 체감형 이중 효과를 단기간에 실현할 수 있다.

넷째, 과거 정권들이 정책 설계와 실행 실패로 국민 신뢰를 상실했던 문제를 AI 기반의 예측력, 민감도 분석, 실행력 향상으로 극복하려는 전략적 시도이기도 하다. 특히 정책의 현실성과 기술성, 실행 속도를 동시에 확보할 수 있는 구조를 만드는 것이 이재명 정부가 성공하는 유일한 길이다.

 이 모든 전략의 핵심은 관료의 사고와 과거 방식으로는 절대 나오지 않는다. AI 기반 정책 설계는 속도와 정밀도, 그리고 예측력을 동시에 제공한다. 이재명 대통령이 진정한 실무형 대통령이 되고자 한다면, 지금 필요한 것은 창의적이되 즉시 실행 가능한 대안이며, 그것은 기술과 결합된 정책 실행력에서 나온다.

 기존의 복지 방식이 감성과 정치적 공감에 머물렀다면, 이재명 정부는 AI 시대의 실용주의 정부로서 철저히 데이터와 실행력에 기반한 '기술 민주주의'로 민생을 회복해야 한다. 그 첫걸음은 정책 컨트롤타워의 전면 개편이며, 그다음은 국민이 9월 추석 이전에 직접 지갑과 체험으로 확인할 수 있는 성과다. 민심은 숫자로 움직이지 않는다. 그러나 성과는 감동을 만든다. 지금 필요한 건 바로 그 '체감의 정권'이다.

〈출처 : Naver Blog 2025. 6. 5〉

제3장

교육혁명 및 창의인재 양성

1. 사교육비는 반으로, 민생경제는 두 배로

AI 튜터 쿠폰과 지역화폐 3회전
서민의 숨통 틔우는 투트랙 해법

새 정부가 출범하면서 가장 먼저 해결해야 할 과제는 단연 민생 회복이다. 이재명 대통령 당선자는 당선 직후 "1호 업무지시는 경제 상황 점검이 될 것"이라 밝히며, 국가경제 전반보다는 국민 삶의 최전선인 서민경제 회복을 우선순위로 삼겠다는 입장을 명확히 했다. 또한 그는 30조 원 규모의 대규모 추가경정예산(추경)을 신속히 편성해 위기에 처한 민생을 회복시키겠다는 강한 의지도 드러냈다.

그러나 30조 원의 추경이 투입된다 하더라도 단순한 일회성 소비 진작에 그친다면, 그것은 민심을 달래는 잠깐의 단비일 뿐 지속 가능한 민생 회복으로 이어지기 어렵다. 지금 서민들이 체감하는 경제 위기의 본질은 단순한 현금 부족이 아니라, 매달 반복되는 고정 지출의 압박 때문이다. 특히 사교육비는 서민 가정의 가장 큰 경제적 부담 중 하나로 자리잡고 있으며, 이는 단순한 교육 문제를 넘어 생활비의 문제, 나아가 양육 포기의 문제로까지 번지고 있다.

이런 맥락에서 민생을 살리는 지름길은 '지역화폐 3회전 정책'과 'AI 맞춤형 튜터 학습 쿠폰 지급'이라는 두 가지 투트랙 전략을 병행하는 데 있다.

첫째, 지역화폐 3회전 정책은 동일한 예산으로 3배의 소비 유통 효과를 만들어내는 경제 순환 시스템이다. 기존의 일회성 재난 지원금이 단기 소비로만 끝났던 반면, 지역화폐 3회전은 지급받은 소비자가 동네 상점에서 쓰고, 그 상점이 다시 협력업체에 쓰고, 또다시 지역 내 다른 소비로 이어지는 구조를 유도한다. 이를 통해 자영업자·소상공인의 매출 증가, 지역경제 활성화, 소비 진작이라는 세 마리 토끼를 동시에 잡을 수 있다.

둘째, 사교육비 절감에 직접적으로 기여할 수 있는 'AI 튜터 쿠폰' 지급은 민생 체감도를 가장 빠르게 높일 수 있는 정책이다. AI 튜터는 학생 개개인의 학습 수준과 스타일을 분석해 맞춤형 학습 콘텐츠와 피드백을 제공하는 지능형 학습 도우미이다. 이를 활용하면 별도의 고비용 사교육 없이도 성적 향상과 자기주도 학습이 가능해진다. 정부가 AI 튜터 이용권 혹은 교육 플랫폼 이용 쿠폰을 지급하면, 부모들은 학원비 부담을 덜고도 자녀 교육의 질을 유지할 수 있다. 이는 단순한 교육 보조 정책이 아니라, 실질적인 민생 지출 구조를 바꾸는 핵심 전략이 된다.

이 두 정책을 병행할 경우, 지역화폐 3회전이 내수경제의 외적 흐름을 살리고, AI 튜터 쿠폰이 가계의 내적 지출을 줄이는 역할을 하여, 경제 전체의 순환구조에 6배의 승수효과를 불러올 수 있다. 예산은 동일하지만, 효과는 배가 되는 구조다. 특히 학부모들에게는 체감도가 높고, 자영업자들에게는 직접적인 매출로 연결되며,

학생들에게는 실질적인 학습 효과를 제공한다는 점에서 정치적 지지도 확보에도 효과적인 전략이다.

  이재명 정부가 '민생을 살리는 대통령'이라는 정치적 정체성을 실현하려면 단기적 현금 살포를 넘어 중장기적 구조개혁과 경제순환의 체감도를 높이는 방향으로 추경을 설계해야 한다. 지역화폐 3회전과 AI 튜터 쿠폰 정책은 그 핵심이다. 현금은 한 번 쓰면 사라지지만, 구조는 반복될 수 있다. 민생을 살리는 지름길은 바로 반복 가능한 구조에 있다.

〈출처 : Naver Blog 2025. 6. 3〉

2. AI 공정평가국가, 교육이 바뀌면 미래가 달라진다

> 창의국가 대한민국, 평가부터 바꿉니다
> 공정한 AI 평가, 다시 살아나는 공교육
> AI 교육평가공사 설립 사교육을 이긴다

대한민국 교육의 핵심 위기는 단순히 대학수학능력시험에만 매몰된 구조에 있지 않다. 획일화된 객관식 평가 중심 체제와 줄 세우기식 입시 구조는 청년들의 사고력과 창의성을 억압하고, 학생들의 다양성과 주도성을 배제한 채 미래를 회색빛으로 가두고 있다.

  이러한 구조는 교육 본연의 목적을 훼손하며, 사회 전체의 혁신 역량마저 저하시키고 있다. 이를 극복하기 위해서는 평가 체계의 본질적 전환이 필요하며, 그 중심에 인공지능(AI)을 활용한 평가 혁신이 자리해야 한다.

우선, 교육과 평가의 분리가 시급하다. 지금까지 교사는 교육자이자 평가자의 역할을 동시에 수행해 왔으며, 이는 평가의 공정성과 교육의 질 양립이라는 두 마리 토끼를 모두 놓치게 만들었다.

교육의 질 향상을 위해 교사는 본연의 교육 활동에 집중해야 하고, 평가는 독립적인 전문 기관이 수행해야 한다. AI 기반의 공정하고 신뢰도 높은 평가 기관이 이를 담당한다면, 교사의 행정 부담은 줄고 학생 개개인의 역량에 맞는 학습도 가능해진다.

이러한 전환을 위해 '한국 AI 교육평가공사'의 설립이 필요하다. 이 기관은 기존 교육평가체계를 대체하거나 보완하는 것이 아니라, AI 기술을 접목해 평가 시스템 전반을 혁신하고, 교육의 질을 높이는 새로운 생태계를 구축하는 데 목적이 있다. 공사는 상법상 주식회사 형태의 공기업으로 설립되며, 정부가 주요 주주로 참여하되 독립성과 자율성을 바탕으로 운영된다. 이는 포스코가 국가 산업화를 견인했듯, 교육 분야에서도 'AI 포스코'로서의 역할을 수행할 것이다.

공교육이 이처럼 경직되고 변화에 둔감한 이유는 입시 중심 교육에 집중된 구조 때문이기도 하지만, 내부 교육자 집단의 보수성과 타성도 큰 원인이다. 반면, 사교육은 디지털 기술과 맞춤형 학습 방식으로 빠르게 변화해 왔다. 특히 대치동 학원가는 개인의 학습 수준과 스타일에 맞춘 1:1 코칭, 자기주도형 학습, 디지털 도구 활용 등으로 교육 수요자 중심의 모델을 구축하며 공교육을 대체하고 있다. 이러한 흐름은 단순한 학원 선택이 아니라, 공교육이 놓치고 있는 교육 혁신의 방향을 역설적으로 보여주는 사례다.

AI 교육평가공사는 평가의 공정성과 효율성을 동시에 확보할 수 있는 기술 기반을 갖출 수 있다. 특히 논·서술형 중심의 평가 방식은 창의력과 사고력을 중시하는 방향으로 전환할 수 있으며, AI 기반 자동 채점 시스템을 통해 채점의 신뢰성과 객관성을 확보할 수 있다. 학생의 답변을 단순히 정답 중심으로 판단하는 것이 아니라, 핵심 개념 이해, 논리 전개, 표현 능력 등을 종합적으로 분석하여 평가할 수 있는 체계가 마련될 수 있다.

운영 방식은 독립채산제를 원칙으로 하되, 정부의 초기 출자와 함께 학교, 기업, 학부모 등 다양한 수요자들의 참여로 수익을 창출하는 구조다. 대학 입시, 공무원 시험, 민간 기업의 인재 선발, 유학 시험 등 다양한 분야에서 AI 평가 시스템을 유료로 제공함으로써 지속 가능한 재정을 확보할 수 있다. 나아가 AI 기반 평가 시스템은 미국의 SAT, 영국의 A-Level, 중국의 가오카오 등 해외 입시 시장에도 수출 가능하여, 글로벌 에듀테크 플랫폼으로 확장될 수 있다.

무엇보다 이 시스템은 지역, 계층, 학교에 따른 평가 격차를 해소할 수 있는 기반을 제공한다. AI는 모든 학생에게 동일한 기준과 피드백을 제공할 수 있으며, 이는 공교육의 신뢰 회복과 교육 격차 해소에 결정적 역할을 할 것이다. 사교육에 의존하지 않고도 공교육 내에서 창의적이고 심화된 학습이 가능하다는 신호를 국민에게 줄 수 있으며, 이는 교육의 공공성과 경쟁력을 동시에 확보하는 전략적 수단이 될 수 있다.

결국 '한국 AI 교육평가공사'는 단순한 기술 기관이 아니라, 미래형 교육 체제로의 이행을 상징하는 제도적 기반이다. 포항제철이 대한민국 산업의 기반을 닦았듯, 이 공사는 교육 분야에서 창의국가로 도약하는 발판이 될 수 있다. '누가 더 많이 외웠는가'가 아니라 '누가 더 깊이 사고했는가'를 평가하는 시대, 그 문을 AI가 연다.

이재명 정부는 그 혁신을 주도해야 할 때다. 지금이 바로 대한민국 교육의 백년대계를 다시 설계할 시점이다.

〈출처 : Naver Blog 2025. 6. 2〉

3. '상상나무 스쿨',
AI 시대 상상력이 국가의 미래다

**교육을 다시 설계하다
정답을 넘어, 상상으로
한국교육 미래를 설계**

대한민국 교육은 지금 근본적인 전환점에 서 있다. AI(인공지능)가 지식 전달과 문제 풀이를 대체하는 시대, 우리의 교육은 여전히 '정답'과 '점수' 중심에 머물러 있다. 사교육비는 천정부지로 치솟고, 지방 아이들은 수도권 아이들보다 절반도 안 되는 기회를 누린다. 이러한 교육 시스템은 부모의 출산 의지를 꺾고, 교육 불신을 심화시키며, 결국 국가의 지속가능한 미래마저 위협하고 있다. 윤석열 정부가 도입한 '늘봄학교'는 이 문제의 대안이 되지 못했다. 강사 자격 관리의 허점, 민간 프로그램에 대한 검증 부재, 이념 편향 교육 논란은 공교육에 대한 신뢰를 더욱 떨어뜨렸다. 이제는 단순히 프로그램을 늘리는 것이 아니라, 교육의 본질을 다시 묻고 새롭게 설계할 때다.

새 정부가 제안하는 '상상나무 스쿨'은 그 전환의 출발점이다. 상상나무 스쿨은 AI 시대에 걸맞은 새로운 교육 철학에 기반한다. 기억과 계산은 기계가 담당하고, 인간은 상상하고 문제를 해결해야 한다.

이 플랫폼은 학생들에게 스토리텔링 기반의 프로젝트 수업과 지역 사회 문제 해결 중심의 과제를 제공하며, AI 도구를 통해 콘텐츠를 창작하고 발표하는 경험을 제공한다. 아이들은 더 이상 정답을 외우는 수동적 존재가 아니라, 자신만의 질문을 던지고 해답을 탐색하는 주체로 성장하게 된다.

이 프로젝트는 단지 몇몇 시범학교의 실험이 아니다. 교육부가 주도하고 시도교육청, 지자체, 민간 플랫폼이 함께 참여하는 공공 창의교육 생태계다. 각 지역에는 '창의교육 허브센터'가 설치되어, 지역 교사들이 AI 기반 교육 콘텐츠를 활용하고, 공교육이 지방에서도 균등하게 작동하도록 돕는다. 이동형 수업 플랫폼인 '상상나무 버스', 온라인 AI 멘토링 시스템도 함께 운영되어 농산어촌 학생들도 수도권과 동일한 학습 기회를 누릴 수 있다.

예산 또한 정교하게 설계된다. 단순히 인구 수에 따라 배분하는 것이 아니라, '창의력 격차지수'를 도입해 교육 소외 지역에 더 많은 자원이 투입된다. 어려운 지역일수록 교육이 희망이 되어야 한다는 원칙 아래, 이재명 정부는 창의력 분권을 국가 전략으로 추진한다.

상상나무 스쿨은 교사에게는 플랫폼 기반의 수업 혁신 도구를, 학부모에게는 공교육에 대한 신뢰 회복을, 학생에게는 미래 경쟁력을 제공한다. 그리고 국가에는 저출생 해소, 지역균형발전, 창의 인재 양성이라는 세 가지 전략 자산을 안겨준다. 이는 단순한 교육정책이 아니라 대한민국 사회 전반을 회복시키는 촉진제다.

지금 우리에게 필요한 것은 반복과 보존이 아닌 상상과 창조다. 상상나무 스쿨은 AI 시대를 살아갈 우리 아이들에게 공정하고 열린 미래를 제공하는 가장 현실적이면서도 혁신적인 대안이다.

새 정부는 더 이상 부모의 지갑이 아닌, 국가가 아이들의 상상력을 책임지는 교육을 약속한다. 이제 대한민국 교육의 중심은 '과거의 답을 맞히는 교실'이 아니라, '미래를 함께 설계하는 교실'이어야 한다. 그리고 그 교실의 이름은, 상상나무 스쿨이다.

〈출처 : Naver Blog 2025. 6. 1〉

4. AI 시대 창의력 중심 교육 개혁이 곧 저출생 해법

　　사교육 지옥이 출산을 막는다
　　이제는 암기가 아니라 창조다
　　창의력 교육이 출산 정책이다
　　이제는 국가가 나서야 할 때다

새 정부에, 국민이 가장 절실히 바라는 개혁 과제는 단연 교육 개혁이다. 그 이유는 단순하지 않다. 표면적으로는 입시와 사교육에 대한 피로가 누적되었기 때문이고, 본질적으로는 한국 교육의 방향이 시대 변화와 괴리되어 있기 때문이다.

　AI 시대가 본격화되는 지금, 기존의 암기형·주입식·점수 중심 교육 시스템은 더 이상 우리 아이들의 미래를 책임질 수 없다. 더 심각한 문제는, 교육이 단순한 제도를 넘어서 가정 경제 파탄, 교육 불평등, 지역 소외, 초저출생 같은 구조적 위기와 직결된다는 사실이다. 교육은 더 이상 교육부만의 과제가 아니라 국가 생존 전략이자 사회 통합의 핵심 축이 되어야 한다.

　첫째, 사교육비 부담은 가계 파탄 수준에 이르렀다. 통계청과 한국개발연구원(KDI)의 조사에 따르면, 2024년 기준 초중고 자녀 1인당 연평균 사교육비는 약 500만 원아 넘는다. 특히 서울 강남권에서는 1천만 원을 넘는다. '사교육 = 경쟁력'이라는 불안 심리 속에서 부모들은 삶의 여유를 포기하고, 아이의 성적에 모든 것을 걸고 있다. 이는 단순한 교육 문제가 아니라, 경제적 양극화와 출산 포기로 이어지는 복합적 사회 문제다.

　둘째, 교육 불평등과 지역 격차는 갈수록 심화되고 있다. 지방 소도시나 농산어촌의 교육 여건은 도심과 비교할 수 없을 만큼 열악하다. 우수 교사의 확보, 창의적인 콘텐츠 접근성, 학부모 참여 기회 등 거의 모든 측면에서 격차가 존재한다. 이로 인해계 층 이동의 사다리가 사라지고 있으며, 사회는 점점 더 고착화되고 정체되는 방향으로 흘러가고 있다.

셋째, 교육은 이제 초저출생 문제의 핵심 원인으로 떠올랐다. "아이를 키울 자신이 없다", "교육비 때문에 둘째는 포기했다"는 목소리는 더 이상 예외가 아니라 현실이다. 정부가 출산율을 높이기 위해 복지 정책을 확대하는 것도 중요하지만, 부모가 안심하고 아이를 낳고 기를 수 있는 신뢰할 수 있는 교육 생태계 없이는 출산율 반등은 요원하다.

이 모든 위기의 공통된 원인은 바로 '성적 중심, 경쟁 중심, 정답 중심'이라는 낡은 교육 패러다임이다. AI가 정보 저장과 계산을 인간보다 더 잘 수행하는 시대에, 인간에게 필요한 것은 창의력, 공감력, 협업 능력, 자기 주도성이다. 이제는 '기억의 시대'에서 '창조의 시대'로 교육의 철학이 전환되어야 한다.

새 정부는 교육의 본질적 철학부터 바꾸어야 한다. 교육을 '경쟁에서 이기기 위한 도구'가 아니라, '자기다움과 가능성을 꽃피우는 성장의 공간'으로 재설계해야 한다. 이것은 추상적인 구호가 아니라, 창의력 중심 교육 모델 도입, 사교육 의존도 감소를 위한 공교육 내실화, 지역 창의교육 인프라 확대, 가정과 학교 간의 협력 체계 구축, AI 기반 창의력 교육 플랫폼 지원 등 구체적이고 실행 가능한 정책을 통해 실현할 수 있다.

창의력 교육 플랫폼은 이러한 개혁 방향을 현실 정책으로 전환할 수 있는 강력한 도구이다. 정부는 이를 공교육 내 창의력 확산 전략의 핵심으로 채택해야 하며, 이를 통해 공교육의 신뢰 회복, 사교육비 절감, 출산 장려, 사회 통합이라는 네 가지 목표를 동시에 이룰 수 있다.

지금은 결단의 시점이다. 더 이상 아이의 미래를 부모의 주머니 사정에 맡겨서는 안 된다. AI 시대의 교육 개혁은 선택이 아니라 국가의 생존 조건이다.

국민은 이제, 시대정신에 부합하는 교육 개혁을 통해 희망을 품고 아이를 낳고 기를 수 있는 나라를 원한다. 그 변화의 시작은 바로 새 정부의 의지와 결단에서 비롯되어야 한다.

〈출처 : Naver Blog 2025. 5. 31〉

5. AI 시대 지방을 살리는 교육이 곧 대한민국을 살리는 길이다

　　이제는 교육도 분권이다
　　창의력 분권 국가로 가는 길
　　창의력으로 교육 양극화 해소
　　수도권 쏠림을 멈추고 창의력으로 교육 양극화를 뚫어라

AI 기술의 눈부신 발전은 기존의 교육 패러다임을 근본부터 재구성하고 있다. 그 중심에는 '창의력'이라는 키워드가 자리하고 있다. 그러나 창의력 교육은 더 이상 중앙집중형 구조로는 확산될 수 없는 국면에 도달하였다.

교육의 혁신은 '지방'이라는 공간적 기반 위에서 재정립되어야 하며, 각 지역의 교육 여건과 문화, 자원을 반영한 창의력 중심의 분권형 생태계 조성이 절실하다. 지금 대한민국 교육이 직면한 양극화 문제는 단순한 학업 성취도의 격차를 넘어 창의성의 기회 불균형으로 심화되고 있다.

수도권에 편중된 교육 인프라, 지역 간 콘텐츠 접근성의 차이, 교사 연수와 교육 질의 불균형은 모두 이 문제의 단면이다. 이러한 현실을 직시하고, 창의교육의 새로운 전환점을 지역에서 찾고자 한다.

(1) 지방 창의교육 인프라 구축 전략

먼저, 권역별 '창의교육 허브센터' 설립이 필요하다. 이는 각 시·도 교육청 산하에 설치되어 지역 창의교육의 거점으로 기능하게 된다. 해당 센터는 교사 대상 연수, 학부모 워크숍, 학생 참여형 공모전 등을 운영하며, 지역 단위 창의문화 생태계를 조성하는 데 중추적 역할을 한다.

다음으로, 지자체·교육청·민간이 함께 참여하는 삼각 파트너십 구조를 제안한다. 지자체는 예산 및 운영을 주도하고, 교육청은 제도적 기반을 지원하며, 민간 창의교육 전문 기업은 콘텐츠와 플랫폼을 제공하는 방식이다. 이 구조는 교육자치 실현과 행정 탄력성 강화라는 두 마리 토끼를 동시에 잡을 수 있는 전략이다.

또한, '마을과 함께하는 창의교육'이 현실화되어야 한다. 지역의 인물, 역사, 자연, 사회문제를 중심으로 한 로컬 기반 프로젝트형 학습(PBL)을 정규 교육과정에 통합하는 방식이다. 예를 들어, 지역 환경 문제를 해결하는 애니메이션을 제작하거나, 지역 어르신의 생애 이야기를 인터뷰하고 글로 엮는 활동이 이에 해당한다.

(2) 창의력 분권 정책 : 교육 양극화 해소를 위한 구조 혁신

지방의 자율성을 강화하기 위해서는 '창의력 예산'에 대한 시·도 단위 자율 편성 권한이 주어져야 한다. 중앙 정부는 일정 규모의 창의교육 예산을 마련하되, 지역별 여건에 따라 차등 배분하며, 특히 소외 지역에는 역진적 예산 배정을 통해 격차를 보완해야 한다.

이 예산의 사용 방식과 운영 계획은 해당 지역 교육청이 직접 설계하고 집행하도록 한다. 아울러, 중앙의 획일화된 학업 성취도 지표를 대신할 '지방 창의교육 지표(CC Index)' 개발이 필요하다.

이는 각 지역이 고유의 문화·환경적 특성을 고려하여 창의역량을 평가할 수 있는 맞춤형 기준이 되어야 한다. 이를 통해 지역 내 우수 사례는 다른 지역과 수평적으로 공유되고, 전국 차원의 창의교육 확산 체계가 마련된다.

특히, 창의력 교육에서 소외되기 쉬운 농산어촌, 낙후 지역, 다문화 밀집 지구에 대해서는 집중지원 프로젝트가 실행되어야 한다.

'찾아가는 창의력 버스'나 '비대면 멘토링 플랫폼' 같은 혼합형 교육 지원 체계를 통해 교육 접근성을 높이고, 현장과 온라인을 넘나드는 유연한 창의교육 경험을 제공할 수 있다.

(3) 기대 효과 및 정책적 파급력

이러한 분권형 창의교육 정책은 교육 양극화 해소에 실질적인 효과를 가져올 것이다. 수도권과 비수도권, 도심과 농산어촌 사이의 창의역량 격차는 완화될 수 있으며, 이를 통해 지역 간 교육 형평성이 회복된다.

더 나아가, 교육을 매개로 한 지역 균형발전도 가능하다. 창의교육을 통해 청년의 지역 정착을 유도하고, 지역 공동체의 결속력을 강화하며, 창의 인재가 지역 내에서 순환하는 구조가 형성된다. 또한, 이러한 분권적 창의교육 시스템은 지역 주민, 학교, 행정, 기업이 함께 참여함으로써 참여민주주의 기반을 강화하는 계기가 된다.

창의교육은 더 이상 전문가의 전유물이 아니라, 지역 사회의 공동 창작물이 되어야 한다.

(4) 정책제언

이를 제도적으로 뒷받침하기 위해 '지방 창의교육법' 제정이 요구된다. 이 법은 국가·지자체·교육청의 역할 분담과 예산 확보 체계를 명문화하여 정책 실현의 안정적 기반을 제공해야 한다.

교육부 내에 '창의력 분권기획단'을 신설하는 방안도 제안한다. 이 기구는 중앙과 지방 간 정책 조율, 예산 배분, 성과 관리 등을 전담하는 실무기구로서 기능하게 된다. 궁극적으로는 국회 차원의 '창의력 국가위원회'를 설치하여 지역 인재 육성과 창의교육 거버넌스를 초당적으로 이끌어갈 필요가 있다.

정권과 정당을 넘어 국가적 전략으로서 창의력 분권이 논의되어야 할 시점이다. AI 시대의 창의력은 더 이상 수도권에 집중되어서는 안 된다. 지금 필요한 것은 전국 분산형 창의력 네트워크의 구축이다. 이는 단지 교육정책의 하나가 아니라, 한국 교육의 구조적 양극화를 치유하고 미래를 준비하는 가장 실효성 있는 해법이다.

"지방을 살리는 교육이 곧 대한민국을 살리는 길이다."

창의력이 서울에만 머물러서는 안 된다. 전국 어디서든 아이들이 상상하고 도전할 수 있는 나라, 그 길의 이름은 바로 '창의력 분권 국가'이다. 이제는 결단할 때다.

〈출처 : Naver Blog 2025. 5. 31〉

제4장
사회·경제·미래전략 및 생존 정책

1. 호텔경제론 여는 새로운 경제혁명

호텔 경제 프레임과 120원 논란
잘못된 비방 vs 창조적 파괴 반박
경제 회복의 핵심은 창의적 접근

4당 후보는 최근 "호텔 경제"라는 프레임을 통해 유력 후보의 순환경제를 공격하고 있다. 그러나 호텔 경제'라는 슬로건은 단지 유력 후보의 경제 정책을 비아냥거리는 악의적인 프레임에 불과하다. 유력 후보의 경제학은 결코 '호텔 경제'나 '순환경제'에 한정된 것이 아니며, 이는 진정한 경제 혁신을 가로막는 구태의연한 비방에 불과하다.

(1) 커피 120원, 과거 상인의 설득에서 왜곡된 논리

또한 커피 120원 논란도 4당 후보의 잘못된 해석이다. 유력 후보는 예전에 한 상인에게 "백숙을 팔지 말고, 부가가치가 높은 커피를

팔면 어떻겠냐"고 제안한 적이 있다. 그 당시 120원은 커피 원가가 아니라 백숙을 팔던 상인에게 새로운 사업 아이디어를 제시하며, 기존의 방식에서 벗어나 '가치를 창출하는 방법'을 모색하라는 뜻이었다. 이를 120원이라는 원가에 집착하며 '원가도 모른다'고 공격하는 것은 정치적으로 상대를 깎아내리기 위한 구태적인 방식이다. 유력 후보는 단순히 커피 원가를 논한 것이 아니라, 경제적 가치를 창출하고 산업의 구조를 혁신하는 아이디어를 제시한 것이다.

유력 후보의 말은 '가치 창출'과 '창조적 변화를 요구하는 메시지'였다. 그런데 이를 '120원'이라는 단편적인 숫자로 왜곡하고 공격하는 것은 정치적 공격이 목적인 잘못된 접근법에 불과하다. 4당 후보가 커피 원가를 문제 삼는 것은, 경제에 대한 깊은 이해나 미래에 대한 비전이 부족한 전형적인 구태 정치인의 모습이 아닐 수 없다.

(2) 창조적 파괴, 유력 후보의 리더십

유력 후보는 이러한 구태 정치에 굴복하지 않고, '창조적 파괴'라는 경제학적 슘페터의 개념을 바탕으로 미래 경제를 여는 리더로서 신뢰를 쌓아가야 한다. '창조적 파괴'는 슘페터의 경제 이론으로, 기존 경제 구조를 무너뜨리고 새로운 경제 질서를 만들어 가는 혁신적인 방법론이다.

유력 후보가 주장하는 경제 정책은 바로 이러한 '창조적 파괴'를 통해 경제 구조를 혁신하고, AI 기반 경제, 디지털 경제와 같은 미래형 산업을 창출하는 것이다. AI 경제, 디지털 경제 등의 혁신적인 산업 발전을 이끄는 리더십이 필요하다. 이제는 정치적 공격이나 감정적 대응에만 치중해서는 안 된다.

유력 후보는 기존 경제 체제를 혁신하고 미래 산업을 선도하는 창조적 아이디어를 구체적 실천 계획으로 제시해야 한다. 'AI 경제', '디지털 전환', '스마트 경제'를 구체적으로 추진하는 정책으로,

대한민국을 'AI G3 강국'으로 도약시킬 수 있는 비전이 필요하다.

(3) 레인건 vs 카터, 부시 vs 클린턴의 대선 이야기 : 경제가 핵심

이제 그 유명한 1979년 레이건과 카터의 대선을 떠올려 보자. 당시 카터는 농장주이자 경제적 전문성을 내세웠으나, 레이건은 '경기 회복'을 핵심으로 내세우며 승리했다. 그는 "경제는 나의 이웃이 실업자가 되지 않으면 나도 실업자가 된다"라는 말을 통해, 실업과 경기 침체가 개인의 문제를 넘어 국가의 문제로 확대된다는 점을 강조했다.

레이건의 승리는 단순히 경제의 회복을 외친 것이 아니었다. 그는 사람들의 심리적 불안과 불황 속에서의 생존 문제를 파고들었고, 경제를 개인화하여 유권자들에게 '경제의 중요성'을 직접적으로 전달했다.

부시가 걸프전 압승으로 상승세에 있을 때 클린턴은 "바보야, 문제는 경제야" 한 방으로 대선 승리를 거머쥐었다. 바로 지금 유력 후보는 계엄 정부가 망쳐놓은 경제를 회복시키는 리더라는 점을 강조해야 한다.

이와 비슷하게 현재의 대선 판에서도 경제가 핵심이 되어야 한다는 점을 잊지 말아야 한다. 유력 후보는 바로 그 '경제를 회복시키는 리더'라는 점을 강조해야 한다.

(4) 유력 후보의 TV 토론 : 리더로서의 실천적 비전

따라서, 유력 후보는 TV 토론을 통해 창조적 파괴를 실현할 수 있는 구체적인 정책을 제시해야 한다. AI 경제, 디지털 혁신, 산업 구조 변화 등을 미래지향적으로 설명하고, 기존 경제적 사고방식을 넘어서야 한다는 점을 강력히 어필해야 한다. 커피 120원 논란에 대해서는, "커피 원가 120원이 중요한 것이 아니라, 어떻게 가치를 창출하고 혁신할 것인가가 핵심" 이라고 명확하게 설명해야 한다.

유력 후보의 리더십은 경제를 구호가 아니라 실질적으로 변화시키는 능력에서 나온다. 그가 제시하는 정책은 단순한 경제 이론이 아니라, 실제로 산업을 혁신하고 경제를 발전시키는 창의적이고 실용적인 방안이어야 한다. 이를 통해 한국 경제를 글로벌 시장에서의 경쟁력을 갖춘 AI 강국으로 이끌어갈 수 있다.

(5) 창의적 리더십이 미래를 만든다

결국, 유력 후보가 승리할 수 있는 핵심은 바로 창의적 리더십이다. 기존의 경제 틀을 넘어서고, 새로운 산업 모델을 창출하는 창조적 사고를 통해 미래를 여는 경제 리더로 자리매김할 수 있다. 커피 120원이라는 단편적인 논란에 갇히지 말고, '창조적 파괴'를 통해 경제를 혁신하는 비전을 제시해야 한다. 유력 후보가 그 길을 잘 이끌어간다면, 한국은 2030년, AI G3 강국으로 도약할 수 있을 것이다.

〈출처 : Naver Blog 2025. 5. 27〉

2. 세금은 그대로, 경제는 세 배, AI 예산혁명

대선후보 말하지 않는 국가부채
퍼주기 공약·부채 폭탄 STOP
건전 재정 없는 복지는 허상이다
표가 아닌 미래를 위한 경제 비전
성장 세 배 한국 경제 업그레이드
모래 경제에서 AI 기반 투명 경제로

이번 대선에서도 어김없이 '퍼주기 공약'이 난무하고 있다. 아동수당 확대, 농촌 기본소득, 소상공인 부채 탕감, 간병비 건강보험 적용 등 표를 겨냥한 각종 선심성 정책들이 쏟아진다. 그러나 정작 이 공약들을 실현할 재원 조달 방안에 대해선 대부분의 후보가 침묵하고 있다. 마치 빚을 더 내는 것이 당연한 듯, 재정은 끝없이 열릴 수 있는 마르지 않는 샘처럼 다뤄진다.

2022년 대선만 해도 '건전 재정'이라는 키워드가 캠페인의 중심에 있었다. 문재인 정부 시절 400조 원 가까이 증가한 국가채무에 대한 반성이 있었고, 여야 할 것 없이 '재정 준칙'을 도입하고 지키겠다고 외쳤다.

국민의힘은 재정 지속 가능성 확보를, 민주당은 재정의 효과적 사용을 공약했다. 그러나 이번 대선에서는 '건전 재정'이란 말 자체가 실종되었다. 정권을 잡기 위한 표 계산 속에서 경제의 최후 보루인 재정 건전성이 희생되고 있는 것이다.

현실은 이미 심각하다. 우리나라는 매년 100조 원 안팎의 재정적자를 기록하고 있고, 경제성장률은 1%대로 추락했다. GDP 대비 국가채무 비율은 54.5%에 달해 비기축통화국 평균을 넘을 가능성마저 제기된다. 국제통화기금(IMF)은 한국이 재정 위기에 노출될 수 있다고 공개 경고했다. 더욱이 고령화와 저출생으로 납세자는 줄어드는 반면, 복지 수요는 급격히 늘고 있다. 지금과 같은 퍼주기식 정책은 결국 미래 세대에게 감당 못 할 부채를 떠넘기는 셈이다.

이제는 기존의 고리타분한 경제 정책 패러다임을 과감히 벗어던져야 한다. 단기적 건설사업, 일회성 현금지원, 비효율적 복지지출 등은 지속가능한 해법이 될 수 없다. 우리는 이제 AI 기반 디지털 경제로의 전환을 선택해야 한다. 특히 주목해야 할 것이 바로 'K-EIP(Korea Economic Impact Program)' 방식이다.

이는 기존 예산 650조 원을 단순 지출하는 것이 아니라, AI 디지털 후불형 지역화폐와 블록체인 기술을 활용해 3회전에 걸쳐 경제 효과를 극대화하는 전략이다. 한 번 사용된 예산이 지역 내에서 세 차례 순환하며 소비-소득-재투자의 선순환 구조를 형성하게 된다. 즉, 동일한 예산으로 최대 1,950조 원 규모의 경제활동 유발 효과를 기대할 수 있으며, 복지·교육·의료 예산까지 AI 기반 시스템을 통해 투명하고 정교하게 관리할 수 있다. 이 방식은 단순한 퍼주기가 아닌, 재정 효율성과 경제 성장의 동시 달성, 즉 진정한 '건전한 확장 재정' 모델이라 할 수 있다.

또한, 디지털 기술을 기반으로 한 예산 집행은 어디서 중복 지출이 일어나는지 실시간으로 분석할 수 있으며, 복지 누수나 유사 중복 예산도 대폭 줄일 수 있다. AI와 블록체인 기반의 시스템은 예산의 흐름을 전 국민이 투명하게 확인할 수 있도록 하여, 재정 신뢰성 회복에도 기여할 수 있다.

결론적으로, 경제 성장은 필요하지만 그 토대가 무너져서는 안 된다. 지금처럼 국가채무를 외면한 채 퍼주기 공약만 쏟아내는 정치는 미래를 담보로 현재를 소비하는 위험한 선택이다. 차기 정부는 '국가부채 감축'과 '경제성장'이라는 투트랙 전략을 통해 지속 가능한 재정 시스템을 확립해야 한다.

K-EIP 방식과 AI 예산 집행 시스템은 그 중심축이 될 수 있다. 이번 대선 토론에서는 퍼주기 공약의 경쟁이 아니라, 어떻게 하면 국가의 재정을 지키면서도 국민 삶의 질을 향상시킬 수 있는지에 대한 책임 있는 논의가 이루어지기를 기대한다. 국가의 미래는 감성적 선심이 아닌, 이성적 재정 설계와 기술적 혁신 위에 세워져야 한다.

〈출처 : Naver Blog 2025. 5. 17〉

3. 지금은 일거리입니다.
AI 시대의 창의적 생업 정책

일자리를 넘어, 일거리로
창의로 생계를 설계하다
창의적 생업 혁신의 출발점

지금은 일자리의 시대가 아니라, 일거리(Workground)의 시대다. 일자리는 고용이 있고 없고의 문제였지만, 일거리는 '하고 싶은 것'과 '할 수 있는 것'을 연결하는 새로운 방식의 생업 개념이다. 더 이상 누가 채용해주는 것을 기다릴 필요는 없다. AI 시대, 필요한 것은 사람에게 적합한 '기회의 무대'이고, 그것을 설계하는 일이 바로 국가의 역할이다.

이재명 정부는 선언해야 한다. 지금은 일거리다. 정부는 일거리를 만들어내는 생태계를 설계하는 조력자다. 과거처럼 공공기관 채용 확대, 청년 고용 할당제, 고용장려금 같은 '진부한 처방'으로는 청년의 삶을 바꿀 수 없다. 이제는 '일자리를 만드는 정책'이 아니라, '일거리가 생기는 환경'을 설계하는 시대로 나아가야 한다.

첫째, AI 창의 테스트베드 기반의 일거리 실험장을 전국에 조성한다. '경기 AI생업랩', '호남 디지털유업지', '영남 스마트수공예촌'처럼 지역 특화형 AI 테스트 공간을 지정하고, 청년·은퇴자·창작자 누구나 새로운 일거리 아이템을 제안하고 실험할 수 있도록 한다. 이 공간에서는 데이터 라벨링이 아닌, AI 음악 큐레이션, AI 그림 훈련사, 디지털 장례 설계사, AI 인격 코치, 디지털 농부, 메타페어 가이드 같은 신직업을 실험하고 시장과 연계할 수 있다.

둘째, '디지털 일거리 도감 플랫폼'을 구축해 누구나 새로운 생업 정보를 검색하고, 직접 실행할 수 있도록 한다. 이 플랫폼은 매

주 100개 이상의 신직업, 신생업 정보를 공개하고, 이를 실제로 해볼 수 있는 온라인 튜토리얼, 수익 구조, 필요한 AI 도구까지 안내한다. 예를 들어 'AI 기반 온라인 정원사'는 원격 화분관리 서비스를 설계해 고독한 1인 가구와 연결되고, 'AI 반려동물 감정통역사'는 반려견의 짖는 소리를 해석해 주는 서비스를 제공할 수 있다. 정부는 이러한 일거리 정보를 오픈소스처럼 개방하고 확산시키는 데 집중한다.

셋째, '국가형 일거리 중개 허브'를 조성해 일거리 생산자와 수요자를 직접 연결한다. 과거는 기업이 일자리를 주고, 개인이 받아 가는 구조였다. 그러나 이제는 정부가 디지털 플랫폼을 통해 개인의 기술과 서비스, 재능을 자유롭게 연결해 주는 시장을 열어야 한다. 'AI 실버헬퍼 중개소', '디지털 손글씨 주문센터', 'AI 디자이너-소상공인 매칭 플랫폼' 등 지역 단위로 다양한 일거리 중개소를 개방하고, 수수료 없는 공공형 거래장을 통해 자립 기반을 확산시킨다.

넷째, 일거리 기반 소득 안전망을 함께 설계한다. 창의적 생업에는 리스크가 따른다. 따라서 정부는 '창의일거리 참여자'를 위한 베이직 인컴 + 성과 인센티브 모델을 도입한다. 일정 시간 이상 등록된 일거리 프로젝트에 참여한 사람은 기본 생계 보조와 함께, 일거리 성공률에 따른 AI 평가 성과금을 병행 지급받는다. 이 시스템은 단기 실적보다 장기 지속성과 사회 기여도에 비례하여 보상을 설계하며, 동시에 참여자의 학습 데이터를 국가 디지털자산으로 축적한다.

다섯째, 일거리를 통해 사회적 연결망을 복원한다. AI 시대, 청년과 노인, 은퇴자와 전업주부 모두 '외로운 생산자'로 흩어져 있다. 이재명 정부는 일거리 기반 커뮤니티형 생업 모델을 설계한다. 디지털공방형 마을센터, AI 공유부엌, 1인 콘텐츠 공동제작소 등을 통해, 창의적 일거리를 중심으로 연결된 사회를 만들고, 이를 통해 소외된 계층과 고립된 개인이 자존감과 생계 기반을 회복할 수 있도록 돕는다.

이제는 '누가 시키는 일'을 기다릴 것이 아니라, '무엇을 할 수 있는 환경'을 설계해야 한다. 일자리는 고용의 언어였고, 일거리는 자율과 도전의 언어다. 새로운 정부는 일자리를 주는 정부가 아니라, 일거리를 꽃피우는 정부로 거듭나야 한다. AI 시대의 진짜 혁신은 기술이 아니라 사람이고, 사람을 믿고 설계하는 시스템이다. 지금은 일거리다. 이재명은 실천해야 한다.

〈출처 : Naver Blog 2025. 6. 1〉

4. 잠재경제성장률 0%에서 5%로, AI가 바꾸는 한국경제

잠재성장률, 이제 AI가 끌어올린다
잠재성장률 5%, 허상이 아닌 현실
AI 시대, 잠재성장률을 재설계하라

한때 한국경제는 '한강의 기적'이라 불리며 두 자릿수 잠재성장률을 자랑했던 시기가 있었다. 그러나 지금의 수치는 냉정하다. 0%대의 잠재성장률은 단순한 경기 둔화가 아니라, 국가의 성장 엔진이 꺼진 상태를 의미한다.

산업화를 이끌었던 노년층은 광화문에서 분노의 목소리를 내고 있고, 청년층은 기회의 사다리가 사라진 현실에 절망하며 외국 이민을 선택하고 있다. 이대로라면 성장은 과거의 신기루에 불과해질 것이다.

반면 중국은 '중국제조 2025'를 선언하며 AI 기반 산업체제를 선도하고 있고, 미국은 AI, 양자컴퓨팅, 디지털 자산을 중심으로 새로운 기술 패권 경쟁을 주도하고 있다. 그러나 한국은 여전히 정치적 이념에 매몰된 채, 세계 흐름에서 한 발짝씩 밀려나고 있다. 지금 대한민국에 필요한 것은 진보도 보수도 아닌 실력, 그리고 AI 시대에 걸맞은 국정 대전환이다.

  잠재성장률은 결국 노동, 자본, 생산성이라는 세 요소의 함수다. 그러나 우리는 이미 저출산 고령화로 노동력이 위축되었고, 자본 효율성은 점차 낮아지고 있으며, 기술 내재화는 글로벌 선도국에 비해 뒤처지고 있다. 기존 방식으로는 1%조차도 어렵다. 그러므로 우리는 AI 기반의 창의적 시스템 전환을 통해 이 세 축을 다시 설계해야 한다.

  첫째, 전 국민을 대상으로 AI 기반 생산성 증강 체계를 구축해야 한다. 산업 및 개인 맞춤형 AI 파트너를 도입해, 중소기업은 재고 예측, 농민은 작황 분석, 디자이너는 생성형 협업 도구를 통해 일상 속에서 생산성을 높일 수 있어야 한다. 이 데이터를 국가가 집계하고 활용하면 노동력의 질적 전환이 가능해진다. 이 조치만으로도 전체 노동 생산성이 1%포인트 이상 상승하여 잠재성장률을 직접적으로 끌어올릴 수 있다.

  둘째, 기존의 GDP 중심 성장모델에서 벗어나 AI와 인간의 협업 수준을 측정하는 새로운 경제 지표인 'AI 협업 생산성 지수', 즉 AIP를 도입해야 한다. 이 지표를 기준으로 주요 국가 정책과 투자, 예산 배분이 이루어진다면 자본 투입 대비 효율이 획기적으로 개선될 수 있다. 실제로 AIP 기반 운영은 고정자산 투자 효율을 30~40% 이상 향상시킬 수 있으며, 이는 자본의 생산성을 질적으로 바꾸는 촉매 역할을 한다.

  셋째, 정부 정책 결정 구조를 'AI 시뮬레이션 기반'으로 전면 개편해야 한다. 예산과 정책은 AI 시뮬레이션 플랫폼에서 미리 실행되고, 결과 예측과 비용 효과 분석, 소득 재분배 영향까지 시뮬레이션 된 뒤 실제 정책에 반영된다. 이로써 '되는 건 하고, 안 되는 건 빨리 접는' 유연한 국정운영이 가능해진다. 정책 효율성만 10% 향상돼도 연간 60조 원의 재정 낭비를 줄일 수 있으며, 이는 곧 재정 여력 확대로 이어진다.

넷째, 국가 차원의 'AI·데이터 국부펀드'를 조성해야 한다. AI, 바이오, 반도체, 클라우드, 휴먼노이드 등 미래 산업에 대해 민관이 함께 대규모로 투자하고, 그 성과를 국민연금, 지역 디지털 배당 등과 연계하는 구조를 마련해야 한다. 이는 단지 기술 투자에 그치지 않고, 미래 성장과 분배라는 두 축을 동시에 해결할 수 있는 시스템형 대안이 된다. 이 같은 전략은 매년 1~1.5%포인트의 구조적 성장률을 추가로 유발할 수 있다.

이 네 가지 전략이 통합적으로 작동한다면 지금까지의 성장률 추계에서 배제되어 있던 'AI 기반 생산성'이라는 새로운 성장 요소가 국가 경제에 본격 반영된다. 특히 노동 생산성 향상은 1%포인트, 자본 효율성 개선은 1%포인트, 정책 효율화에 따른 투자 확대는 0.5%포인트, 그리고 미래산업 동력화로 1~1.5%포인트의 성장 기여가 가능해진다.

이처럼 실질적이고 정량적인 기여만으로도 잠재성장률 3%는 충분히 실현 가능하며, 조건이 맞는다면 5%까지도 현실적인 수치가 될 수 있다. 지금까지의 정부는 말뿐인 혁신, 형식적인 전략, 반복적인 구호에 머물렀다.

그러나 AI 시대는 성장률조차도 설계할 수 있는 시대다. 데이터로 결정하고, 기술로 실행하며, 사람과 AI가 함께 일하는 체제로 전환된다면 대한민국은 다시 한번 세계 경제의 중심에 설 수 있다. 이제 한국경제의 부활은 선택의 문제가 아니라, 실행의 문제다. 그리고 그것은 지금, 우리가 할 수 있다.

〈출처 : Naver Blog 2025. 6. 2〉

5. AI 시대 경제혁명, 민생 살리는 새로운 길

경제 혁신의 새로운 패러다임 시작
투자승수 이론과 민생 회복의 핵심
호텔경제론 경제 순환 새로운 모델

이재명 후보의 '호텔경제론'은 단순한 이론에 그치지 않고, 실제로 민생을 살리는 실질적인 정책으로 자리 잡을 수 있는 가능성을 가지고 있다. 이론적으로, 경제적 활성화는 단순히 재정 지출이나 소비 진작만으로 이루어지지 않는다. 그 이상으로, 이는 경제 전반의 선순환을 이끄는 구조적 변화가 필요하다. 이재명 후보가 제시한 '호텔경제론'은 그 자체로 거시경제 원리를 기반으로, 돈이 순환하며 경제가 활성화되는 구조를 제시하는 것이다. 그럼에도 불구하고 일부에서는 이론적 논란을 제기하며 비판하고 있지만, 그 비판이 오히려 호텔경제론의 중요성과 필연성을 더욱 부각시키고 있다.

(1) 호텔경제론의 핵심 : 소비가 순환하는 경제 시스템

'호텔경제론'의 핵심은 소비가 순환하는 구조로, 단순히 돈을 풀어 소비를 촉진하는 것에 그치지 않는다. 이론적으로, 정부가 재정 지출을 통해 경제를 활성화하려면 그 지출이 순환적으로 경제 시스템 내에서 돌아가야 한다. 이를 위해서는 '투자 승수 이론'을 이해할 필요가 있다. '투자 승수'란 정부의 지출이 경제 내에서 얼마나 확대될 수 있는지를 측정하는 이론이다.

   이재명 후보의 지역화폐 정책이나 25만 원 민생회복지원금은 단발적인 소비를 넘어서는 효과를 목표로 한다. 그 핵심은 재정이 '돌고 돌며' 다시 경제로 되돌아오는 방식으로 경제를 활성화하는 것이다. 따라서 호텔경제론은 단순히 소비를 늘리는 데 그치는 것이 아니라, 그 소비가 지역경제를 활성화하고, 소상공인과 자영업자에게 실질적인 혜택을 주는 선순환 구조를 만들어낸다. 이 구조는 지속적인 경제 성장을 위한 '기초 토대'를 마련하는 방식이다.

(2) '투자승수 이론'의 중요성과 그 한계

   이준석 후보가 주장한 투자승수 이론에서의 핵심은 '한계소비성향'을 고려한 재정 지출의 효율성이다. 즉, 재정이 단기적인 소비에만 그친다면, 그 지출은 지속적으로 경제 활성화를 끌어내기 어렵다는 주장을 펼쳤다.

   그러나 그가 간과한 점은 바로 '재정 투입이 어떻게 순환 구조로 작용하는가'의 문제였다. 이재명 후보의 지역화폐 시스템은 그 자체로 '순환 경제'를 이끄는 강력한 도구가 될 수 있다. 단발적인 소비가 아니라, 세 번의 소비 회전으로 경제에 미치는 영향을 세 배로 늘려주는 구조이기 때문이다.

   이처럼, K-EIP(3회전 경제 활성화 지원금)은 재정이 세 차례 순환하면서 경제의 다양한 분야에 긍정적인 영향을 미친다. 이재명 후보는 이를 통해, 민생경제를 회복시키는 정책의 실효성을 높이고 있다.

(3) 재정 투자의 실제적 효과와 민생 살리기

   '호텔경제론'의 가장 중요한 포인트는 바로 경제를 살리는 방식이다. 이재명 후보의 지역화폐나 민생지원금 정책은 단순한 현금 지원이 아니라, 실제로 소상공인과 자영업자들이 자금을 순환시키고, 그로 인해 지역 경제가 활성화되는 구조를 제시하고 있다. 즉, 25만 원이 단 한 번의 소비로 끝나는 것이 아니라, 이를 통해 경제는 더욱 활발하게 돌아간다.

그렇다면 호텔경제론의 논리는 단순히 소비자에게 돈을 주는 것으로 끝나지 않는다. 그것은 소비가 반복적으로 순환되도록 만들어 경제 전반에 긍정적인 영향을 미친다. 이재명 후보의 이론은 이러한 면에서 기존의 정부 재정 지출 방식과는 차별화된 점을 가지고 있다.

정부의 지출은 경제를 살리는 핵심적인 역할을 하며, 그에 따른 수십 배의 경제적 효과를 만들어낸다. 지역화폐와 같은 정책을 통해 정부는 경제적 파급효과를 높일 수 있으며, 이는 소상공인, 자영업자에게 직접적인 도움이 된다.

(4) 정책의 핵심 : 경제 구조의 근본적 변화

'호텔경제론'은 단순히 소비를 촉진하는 방법을 넘어, 경제 구조를 변화시키는 핵심적인 전략이다. 그 변화는 재정 지출을 통해 순환되는 경제 시스템을 통해 이루어진다. 이러한 방식은 기존의 재정 지원 방식을 넘어서는 경제 혁신을 끌어낼 수 있다. 특히, AI와 블록체인 기반의 디지털 후불 지역화폐 시스템은 효율적이고 투명한 경제 순환을 만들어낸다.

이재명 후보는 이러한 시스템을 통해 재정의 효과를 극대화하고, 소비가 경제에 실질적으로 돌아가도록 하는 선순환 경제 모델을 제시하고 있다. 이 모델은 단순히 정책이 소비를 촉진하는 데 그치지 않고, 경제 전반을 활성화시킬 수 있는 지속 가능한 시스템을 구축한다. 그 결과, 민생을 살리기 위한 최선의 방법으로 자리 잡을 수 있다.

(5) 결론 : 호텔경제론의 실효성과 경제 혁신

 이재명 후보의 '호텔경제론'은 경제 활성화를 위한 중요한 전환점이 될 수 있다. 기존의 방식으로는 경제 문제를 해결할 수 없다. 이를 해결하기 위해서는 정부의 재정 지출이 경제에 순환적으로 영향을 미치도록 하는 구조적 변화가 필요하다.

 이재명 후보는 호텔경제론을 통해 경제 전반에 긍정적인 영향을 미치고, 민생경제를 살리는 강력한 정책을 제시하고 있다. 이러한 경제 모델은 경제학적 원리와 실효성 모두를 고려한 혁신적인 접근이다.

 이재명 후보는 이론적 논란을 넘어, 실제로 경제 구조를 바꾸고, 민생을 살리는 혁신적인 정책을 실현할 수 있는 능력을 보여주고 있다.

〈출처 : Naver Blog 2025. 5. 29〉

제5장
청년·외교·안보·물가· 주거 전략

1. 지금은 청년입니다. 내일을 여는 도전국가

청년 ON, 내일을 실천하다
도전은 청년, 시스템은 정부
청년정책 2.0, 내일을 설계하다

지금은 청년이다. 청년이 살아야 나라가 산다. 그러나 지금 이 순간 청년은 미래의 자산이 아니라 현재의 생존자다. 학자금 대출로 시작해 월세 걱정, 취업난, 커지는 고립감까지 대한민국 청년의 하루는 도전보다 방어에 더 많은 에너지를 쓰고 있다.

이재명 정부는 묻는다. 왜 청년이 이토록 불안해야만 하는가?

이제는 청년을 위한 복지가 아니라 청년이 주체가 되는 도전 생태계를 만들어야 한다. 그 해답은 이재명 정부의 대표 청년 정책 브랜드 내일챌린지를 채택해야 한다. 청년의 내일을 책임지고 동시에 오늘의 생존을 구조적으로 바꾸는 AI 기반의 청년 도전자 플랫폼이 바로 이재명의 약속이어야 한다.

　첫째, 내일챌린지는 청년의 삶을 전방위로 설계한다. 첫 번째 축은 청년보장제다. 이는 생계, 주거, 의료, 심리안정까지 청년의 기본생활권을 제도적으로 보호하는 패키지형 정책이다. 청년기본소득 AI 자격 연동제는 소득, 자산, 지역 조건 등을 자동 분석하여 지급 대상자를 선별하고 생계 부담을 실시간으로 완화한다. AI 기반 심리케어 및 정신건강 플랫폼은 우울, 고립, 불안 등 청년 정신건강 위기에 대해 즉각적 상담과 연결 서비스를 제공한다. 청년 공공주택 챌린지형 분양제도는 사회 기여, 창업, 공공 활동 등 도전 경력을 조건으로 한 청년 맞춤형 주택 분양을 확대한다. 청년을 단순한 수혜자가 아니라 국가의 도전 파트너로 인식하는 새로운 복지 패러다임이다.

　둘째, 내일챌린지는 AI 기반 취업 생태계를 구축해 구조적 일자리 연결을 실현한다. 청년이 일을 못하는 것이 아니라 일자리 정보와 매칭 구조가 낡아버렸기 때문이다. 이재명 정부는 AI 기반 취업, 진로 자동매칭 플랫폼을 전국적으로 확대해 청년의 정보 격차를 해소한다. AI 직무매칭 진단 시스템은 고등학교, 대학교, 구직 단계별 진단을 통해 개인의 적성, 지역, 역량 기반 취업 정보를 추천한다. 청년 취업 성공 패스포트제는 교육, 훈련, 인턴, 취업 연계를 하나의 패키지로 묶어 개인의 도전 경로를 설계한다. 국가청년일자리 AI시장 플랫폼은 민간기업과 공공기관이 참여하는 온라인 취업 마켓을 개설하고, 청년 포트폴리오 기반 자동 추천 매칭을 제공한다. AI가 청년의 역량을 제대로 인식하고 시장과 연결하는 디지털 일자리 조력자가 되는 시스템이다.

　셋째, 이재명 정부는 청년의 실패를 지원하는 사회를 만들기 위해 내일도전권을 신설한다. 청년은 시도조차 하지 못하는 나라에서는 미래가 없다. 청년 실패 리셋 제도는 창업, 사회 혁신, 해외 진출 등 시도 후 실패한 이력이 있으면 국가 장학, 임대주택, 금융지원에서 가산점을 부여한다. 내일챌린지 지원금은 청년이 프로젝트, 해외연수, 소셜비즈니스 등 자유 주제의 도전을 할 수 있도록 자율예산을 신청하고 AI가 평가한다. 청년 창업 및 예술 레지던시 확대는 지역거점, 디지털, 협업 공간을 기반으로 청년 프로젝트가 살아 숨쉬는 창의 허브를 조성한다. 실패는 국가가 함께 감당하고 도전은 사회가 축하하는 시스템이 필요하다.

넷째, 청년정책의 진짜 혁신은 권한 이양이다. 이재명 정부는 청년을 정책 수혜자가 아니라 정책 공동 설계자로 인정해야 한다. AI 기반 청년 제안 플랫폼을 구축해 전국 청년이 정책 아이디어를 제안하고 투표와 피드백을 통해 실제 정책으로 실현할 수 있게 해야 한다. 청년 예산 국회를 신설해 청년 관련 예산은 청년 당사자와 전문가로 구성된 협의체가 우선 심의한다. 지역 청년챌린지 기금을 도입해 지자체와 청년 단체가 공동 운영하는 지역별 청년 도전펀드를 조성하고, 청년이 직접 배분 과정에 참여할 수 있도록 한다. 청년이 스스로 삶을 기획하고 미래를 설계할 수 있어야 한다. 그때 청년정책은 감동과 실천의 영역으로 진입한다.

지금은 청년이다. 이재명 정부의 청년정책은 복지를 넘어 일자리, 주거, 건강, 실패의 재도전까지 포괄하는 청년 도전국가 전략이 돼야 한다. 지금 청년에게 필요한 것은 단기성 혜택이 아니라 미래에 대한 시스템적 신뢰이다. 청년이 도전할 수 있는 사회, 청년의 실패를 품을 수 있는 나라, 그 나라는 청년이 떠나는 나라가 아니라 머무르고 싶은 미래의 플랫폼이다.

지금은 청년이다. 내일챌린지를 통해 이재명은 실천해야 한다.

〈출처 : Naver Blog 2025. 6. 1〉

2. 지금은 외교입니다.
   실용외교 ON, AI 시대 외교 혁신

   외교의 진화, 실용이 답이다
   기술이 외교다, 실용외교ON
   지금은 실용외교, 생존외교

지금은 외교다. AI 시대, 대한민국 외교의 무기는 실용과 기술이다. 오늘날 외교는 단순히 국가 간 의전과 선언의 무대가 아니다. 기술, 안보, 경제, 노동, 인구, 기후 변화까지 모든 이슈가 얽히고설킨 총체적 생존 전략의 장이다. 특히 AI 시대를 선도하려는 국가 간 경쟁이 치열해지는 지금, 대한민국의 외교 전략 역시 이념보다 실용, 구호보다 실행 중심으로 전환되어야 한다.

이재명 정부의 외교 브랜드 실용외교 ON은 이러한 변화에 대응하는 디지털 기반 실리외교 전략이어야 한다. 강대국의 눈치를 보는 외교가 아니라, 국민을 위한 생존형 전략 외교를 선택해야 한다.

첫째, 실용외교 ON은 기술주권, 공급망 안보, 시민 안보를 3대 전략 축으로 삼는다. 기술 주권 외교는 AI와 반도체 주권 확보를 핵심 국익으로 본다. 미국은 IRA와 CHIPS법으로 자국 산업을 보호하고 있고, 중국은 독자적 AI 생태계를 강화하고 있다. 그 사이에 낀 한국은 단순한 제조기지가 아닌, 기술을 전략 자산으로 활용하는 중견국으로 도약해야 한다.

이재명 정부는 기술 동맹 외교를 강화하고, 네덜란드·이스라엘과 AI·반도체 협력, 유럽과의 디지털 규범 공동 개발, 동남아와의 인재 교류 협약을 추진해야 한다. 특히 한국형 AI 윤리 기준을 다자 안보체제 내 디지털 공공재로 제안해 글로벌 기술 거버넌스를 선도해야 한다. 이는 외교이자 산업 전략이다. 대한민국은 기술 규칙의 소비자가 아니라 창조자가 되어야 한다.

공급망 안보 외교는 소재, 식량, 에너지 분야의 국제 협력 역량을 강화하는 데 중점을 둬야 한다. 러시아와 우크라이나의 전쟁, 미중 분쟁, 기후 위기 등은 글로벌 공급망을 불안하게 만든다. 이에 이재명 정부는 AI 기반 글로벌 리스크 분석 시스템을 도입하고, 이를 바탕으로 다자 공급망 회복 협정을 주도해야 한다. 예를 들어 중동·중남미와의 에너지 협정, 호주·캐나다와의 희소금속 협약, 베트남·우즈베키스탄과의 농업기술 협력 등을 추진해 국민의 식탁과 공장을 지키는 경제방어망을 구축해야 한다.

시민 안보 외교는 재외국민과 탈북민, 국제이주자 보호를 중심에 둔다. AI 시대의 외교는 사람 중심의 외교여야 한다. 이재명 정부는 재외국민 보호 AI 시스템을 도입해 위험 상황 발생 시 자동 경보, 피난 안내, 영사 조치가 즉각 실행되도록 해야 한다.

또한 기후난민, 이주노동자, 다문화 시민의 권익 보호를 국제 사회에 적극 제기하고, 북한 주민의 인권, 정보접근권, 식량 위기를 한반도 인도주의 외교 의제로 설정한다. 외교는 더 이상 국경 밖 문제만이 아니라 대한민국의 품격을 보여주는 실천의 장이어야 한다.

둘째, 실용외교 ON의 실행 방안은 디지털 전환을 기반으로 한다. 외교부가 보유한 조약, 경제협정, 이민, 영사 정보를 AI 기반 통합 데이터베이스로 재구성해 디지털 외교 플랫폼을 구축한다. 국민 외교 앱을 개발해 누구나 국익 침해 사안을 제보하고 외교 정책에 참여할 수 있도록 한다. 청년 외교 인재 AI 양성 프로그램도 도입해 외교부, 대학, 민간 싱크탱크가 협력하여 실시간 AI 통역, 국제법, 데이터 기반 외교 훈련을 실시한다. 이재명 정부는 기술, 규범, 윤리, 플랫폼을 모두 포괄하는 디지털 G7 국가로 도약할 것을 목표로 삼아야 한다.

셋째, 실용외교 ON은 거창한 외교 용어가 아니라 장바구니, 기술주권, 일자리, 안전을 지키는 국민 중심 외교 모델이다. 해외 유학생 보호, 이주민 인권 보장, 식량 수입선 다변화, 반도체 설계권 확보, 기후외교를 통한 수소 산업 유치까지 모두가 실용외교의 한 부분이다. 이재명 정부는 대한민국을 양국 사이에 낀 조율자가 아니라, 기술과 가치의 생산자이자 규칙 설계자로 만든다.

지금은 외교다. 실용외교 ON은 세계가 AI로 재편될 때 대한민국이 기술과 사람의 외교로 정면 돌파하는 전략이다. 그 길의 선두에는 이재명의 대한민국이 있다.

〈출처 : Naver Blog 2025. 6. 1〉

3. 지금은 안보입니다.
AI 안보 혁신, 국민을 지키는 힘

지금은 안보다, 기술이 지킨다
강한 안보 365, 평화를 설계하다
AI 안보 혁신, 국민을 지키는 힘
실전처럼, 실용처럼, 강한 안보 ON

지금은 안보다. 강한 안보가 민생을 지키고 기술 안보가 미래를 여는 시대다. 대한민국은 지금 안보의 패러다임 전환기를 맞이하고 있다. 북한의 미사일 도발, 미중 패권 경쟁, 글로벌 에너지·식량 위기, 사이버전·드론전의 확산은 더 이상 군사력 하나만으로 해결할 수 없는 복합 안보 환경을 만든다. 총 대신 알고리즘이 전장을 지배하는 시대, 우리가 마주한 현실은 군사력 중심 국가가 아닌 기술 중심 안보 국가로의 전략 대전환을 요구한다. 이재명 정부는 이 변화에 민감하게 반응하며 안보의 미래를 통합적이고 과학적으로 설계할 강한 안보 365 프로젝트를 제시해야 한다.

첫째, AI 기반 첨단 국방 시스템을 구축한다. 안보의 최전선은 이제 사이버 공간과 데이터다. 이재명 정부는 AI, 드론, 로봇, 우주기술을 중심으로 한 디지털 국방 체계로의 전환을 추진한다. AI 전투정보 체계는 레이더, 위성, 무인정찰기에서 수집된 데이터를 실시간으로 통합 분석해 상황 판단과 전술 추천을 AI가 수행한다. 드론과 로봇 전투부대는 휴전선과 서해 NLL 등 접경지역에 고정형 감시로봇과 순찰 드론을 배치해 병력 희생을 최소화한다. 사이버 국방사령부는 AI 전환을 통해 북한의 해킹과 정보전에 대한 자동 탐지 및 차단 체계를 마련하고, 사이버 도발은 전면전에 준하는 억제력을 갖도록 한다. 이는 단순히 무기를 바꾸는 것이 아니라 전쟁의 문법 자체를 재설계하는 안보 혁신이다.

둘째, 전 국민을 위한 실시간 안전 플랫폼 '안보365'를 구축한다. 이는 군을 위한 안보가 아니라 국민 모두를 위한 생활형 안보 시스템으로 확장된다. 전국 단위의 재난, 전쟁, 사이버 공격 시 AI가 맞춤형 대피와 행동 요령을 제시하는 실시간 위기대응 앱 '안보365'를 도입한다. 민방위도 4.0으로 전환한다. 기존 훈련을 넘어서 앱 기반 드론 피난 모의훈련과 사이버피해 대응 교육 등 실질적인 국민참여형 훈련으로 진화시킨다. 또한 AI 위기예측시스템은 기상, 재난, 테러, 질병 등 다양한 요소를 통합 분석해 지역과 직종별 위기 알림을 사전에 제공한다. 군만 움직이는 안보가 아니라 모두가 참여하는 안보로 나아가야 한다.

셋째, 기술 주권 안보를 강화한다. 국방이 기술이면 기술은 곧 안보다. 반도체, 배터리, 인공지능, 양자기술 등은 단지 산업의 문제가 아니라 국가 생존의 문제다. 이재명 정부는 국가 기술안보 전략을 수립해 안보 위협에 노출된 핵심 기술군을 선정하고 국방과학연구소와 공동으로 투자하고 보호한다. 지방에는 AI, 반도체, 배터리의 3대 기술 안보특구를 조성해 군, 산업, 학계가 연계된 첨단 산업 방어기지를 구축한다. 또한 대통령 직속으로 기술안보보좌관 직제를 신설해 기술 패권, 공급망, 외국인 투자 위협 등을 종합 분석하고 전략적으로 대응한다. 이는 대한민국이 기술 종속에서 벗어나 기술 주권 국가로 도약하기 위한 기반이 된다.

넷째, 국민 안보 의식의 대전환을 이끈다. 안보는 군인의 일이 아니라 국가 공동체의 과제다. 이재명 정부는 안보 교육의 혁신을 통해 국민 전체가 안보의 의미를 실용적이고 미래지향적으로 이해할 수 있도록 한다. AI 기반 안보교육 플랫폼은 연령별, 지역별 상황에 따라 맞춤형 디지털 콘텐츠를 제공하고 메타버스 기반 전투훈련 체험도 확대한다. 청년 안보 챌린지 프로그램을 통해 대학생과 청년들이 사이버, AI 국방 기술 프로젝트에 직접 참여할 수 있는 산학협력 구조를 마련한다. 또한 국가안보정책 시민배심제를 도입해 주요 안보 정책 결정 전에 일정 규모의 시민 검토단이 참여할 수 있도록 한다.

안보는 불안을 부추기는 것이 아니라 미래를 설계하는 신뢰의 기초가 되어야 한다. 지금은 안보다. 이재명 정부는 안보를 무기 중심으로 보지 않아야 한다. 평화를 지키는 가장 강력한 수단이 기술 기반의 통합적 안보라는 확고한 철학을 바탕으로 전쟁을 준비하는 것이 아니라 억제할 수 있는 능력을 갖춘 국가, 두려움에 휘둘리는 것이 아니라 기술로 평화를 설계하는 정부를 지향한다. 기술로 지키는 나라, 국민과 함께하는 나라. 강한안보 365를 통해 이재명은 실천해야 한다.

〈출처 : Naver Blog 2025. 6. 1〉

4. 지금은 물가입니다.
물가뚝 AI가 지키는 장바구니

물가 대응 - 물가뚝 (Price Drop)
물가뚝, 국민을 가볍게 한다
생활비 전쟁, 이제 AI가 참전한다
AI 물가 터치, 민생의 체온을 낮춘다

지금은 물가다. 먹고사는 문제는 정치의 본질이다. 그리고 지금 대한민국 국민이 가장 민감하게 체감하는 민생 고통의 뿌리는 생활물가다. 마트에서 장을 보며 한숨 쉬는 주부, 라면값을 걱정하는 대학생, 경로당에서 식자재를 줄여야 한다는 어르신의 말까지 모든 세대가 왜 이렇게 비싸졌냐고 묻는다.

이재명 정부는 현재의 물가 위기를 단순한 유가나 환율 문제로 보지 않는다. 구조적으로 반복되는 글로벌 공급망 불안, 고정비 상승, 유통 마진 과다, 정보 비대칭성 등 시장의 비효율 구조를 바로잡는 것이 근본 해결책이라고 본다. 그 해법은 단순한 물가 조정이 아니라 AI 기반의 생활물가 통제 시스템인 물가뚝에서 출발한다.

첫째, 물가뚝은 데이터, 유통, 소비자 보호의 AI 삼각 혁신을 통해 시장을 통제한다. 먼저, AI 물가감시 시스템을 도입한다. 정부의 물가 통계는 느리고 현실과 동떨어져 있다. 이재명 정부는 전국 300개 이상의 생필품, 외식비, 공공요금, 지역별 유통가격을 AI가 실시간 수집하고 분석하며 모니터링하는 시스템을 구축한다. 예를 들어 서울 중구에서 계란 한 판 가격이 20% 이상 상승하면 AI는 공급망 문제인지, 유통 마진 문제인지 원인을 추적하고 필요 시 정부 비축물자 투입이나 유통 투명화 조치를 시행한다. 이를 통해 시장 가격 조기 경보 시스템을 도입하고, 가격 폭등 조짐에 선제적으로 대응할 수 있다.

둘째, 공공 AI 장바구니 플랫폼을 구축한다. 국민이 직접 체감할 수 있는 AI 장바구니 추천 시스템을 선보인다. 지역과 예산, 식단을 입력하면 AI가 해당 지역의 저렴한 판매처, 대체 상품, 할인 정보를 제시한다. 이 서비스는 모바일 앱, 지자체 키오스크, 지역마트 스크린 등을 통해 누구나 사용할 수 있도록 한다. 예를 들어 이번 주 3인 가족 장보기를 5만 원 예산으로 해결하려면 어디가 저렴한지 AI가 농협 하나로마트, 쿠팡, 전통시장 데이터를 종합 비교하여 최적의 장바구니를 추천한다.

셋째, 유통비용을 혁신한다. 농축수산물의 유통비용은 전체 가격의 40%를 넘는다. 생산자는 제값을 못 받고 소비자는 비싸게 사는 구조다. 이를 해결하기 위해 AI 직거래 유통 플랫폼을 구축한다. AI가 지역 농산물 생산 현황, 수요 예측, 물류 비용을 계산해 생산자와 소비자 간 직거래 최적 경로를 설계한다. 지역 학교, 복지시설, 소비자협동조합과 연결된 지자체 공동 구매 시스템과도 연계된다. 생산자에게는 공공 마케팅, 포장, 배송 인프라를 지원하고 소비자에게는 신선하고 저렴한 상품을 보장한다.

이러한 물가뚝 정책은 단지 물가를 낮추는 데 그치지 않는다. 국민은 물가 걱정 없이 생활비를 계획할 수 있고, 정부는 투명한 데이터를 바탕으로 정책 조정을 할 수 있으며, 소상공인은 유통 마진에 휘둘리지 않고 공정하게 경쟁할 수 있다. 이는 시장 자율성과 소비자 보호가 균형을 이루는 AI 경제 질서의 실현이다.

물가뚝은 가격만을 잡는 것이 아니라 국민의 삶의 질을 지키는 민생 정책이다. 취약계층에게는 AI 장바구니 바우처를 지급해 필수 생필품 구입을 지원하고, 고령층에게는 음성 기반 구매 상담 서비스를 제공하여 정보 격차를 줄이며, 청년과 가계에는 생활물가 리포트를 정기적으로 제공하여 합리적인 소비를 유도한다.

이러한 서비스는 국민의 신뢰를 높이고 정치에 대한 체감도를 향상시키는 데 기여한다. 정책은 숫자가 아니라 사람의 마음을 움직일 수 있을 때 성공한다.
　물가뚝은 단순한 가격 조정이 아닌, AI로 생활을 설계하고 국민의 삶을 방어하는 정책 브랜드다. 장바구니가 가벼워지지 않더라도 국민의 마음은 가벼워져야 한다. 이재명 정부는 기술과 복지, 경제와 신뢰를 통합하는 생활 정책 혁신을 통해 민생을 직접적으로 살리는 정부로 거듭나고자 한다.

〈출처 : Naver Blog 2025. 6. 1〉

5. 지금은 집값입니다.
　집값 터치로 아파트값을 잡는다

　　AI로 집값 터치 작전 개시
　　집값 리셋, 무주택자 공급
　　집값, 정부가 먼저 움직인다
　　집값 터치, 주거 정의를 실현

지금은 집값이다. 한국 사회에서 가장 고통스러운 민생 문제 중 하나는 바로 집값 문제다. 수도권의 집값은 급등했고 지방의 주거 불안도 심각한 상황이다. 특히 청년층과 무주택 서민 가구는 내 집 마련의 희망조차 품기 어려운 현실에 직면해 있다.
　그간 정부가 제시한 공급 중심의 대책이나 세금 규제 완화 정책은 일시적인 효과에 그쳤으며 근본적인 주거 안정의 해법이 되지 못했다. 이재명 정부는 지금은 집값이라는 정책 프레임을 통해 국민이 체감할 수 있는 진짜 집값 대책을 제시해야 한다.

그 해법의 중심에는 AI 기반 실시간 시장 모니터링, 정밀 수요 맞춤형 주거 공급, 그리고 투기 방지 시스템이 자리한다. 이 전략의 이름은 집값 터치(Home Price Touch)다.

첫째, AI로 실시간 집값 감시 시스템을 구축한다. 전국의 부동산 거래, 입주 예정 물량, 미분양 정보, 지역 인프라 변화 등을 인공지능이 분석하여 집값 상승 조짐이 보이면 사전에 경고하고 정책적으로 투기를 억제하는 방식이다. 예컨대 서울 강남 3구에서 매수와 매도의 급증 현상이 나타나면 AI는 유동성 억제 조치나 공공재건축 공급을 자동으로 실행하도록 한다. 반대로 공급이 부족한 지역은 토지 활용 유도와 공공분양 확대를 통해 적절히 대응한다.

둘째, AI 기반 수요 맞춤형 공급 지도를 도입한다. 기존의 공급 정책은 대체로 일단 짓고 보자는 접근이었다. 그러나 지금은 데이터를 바탕으로 누가, 어디에, 어떤 유형의 주택을 필요로 하는지를 정밀하게 파악해야 한다. AI는 국민의 연령, 가족 구조, 직장 위치, 소득 수준, 통근 거리 등을 분석하여 지역별 수요 지도를 작성한다. 이를 바탕으로 신혼부부, 1인가구, 고령층 등 다양한 계층에 맞는 주택을 설계하고 공급한다. 예를 들어 경기도 안양에서 1인 청년가구 비중이 높다면 소형 임대주택을 집중 공급하고, 충청권에서는 은퇴 고령층을 위한 케어하우스를 확대하는 식이다.

셋째, AI 기반 주택 금융 혁신이다. 집값 터치는 주택담보대출, 전세자금 지원, 생애 최초 구매 혜택 등을 AI 상담사가 실시간으로 맞춤 안내하는 시스템을 운영한다. 사용자가 연소득과 지역, 주거 형태 등을 입력하면 AI는 신용도, 보증 여부, 해당 지역 정책까지 분석해 가장 적절한 대출 한도와 조건, 추천 부동산 정보를 제공한다. 이러한 AI 상담사는 앱, 웹, 키오스크 등 어디서든 접근 가능하며 디지털 약자를 위한 음성 상담 서비스도 함께 제공해 정보 접근의 사각지대를 해소한다.

  공급 전략도 전면적으로 개편한다. 공공, 민간, 지자체가 협력하는 주택 공급 모델을 설계하여 불필요한 대규모 개발은 지양하고 도시 균형 발전과 지역 맞춤형 공급을 실현한다.

  공공은 공공택지와 기반 시설을 제공하고 AI 기반 주택계획을 수립하며, 민간은 설계와 시공, 운영을 담당하고, 지자체는 지역 여건을 반영해 부지를 확보하고 주민 수요를 분석한다. 이 협력 모델은 정책 실행의 효율성과 현장 적합성을 동시에 높이는 구조다.

  또한 분양가 상한제에 AI 분석을 도입해 민간이 무리하게 높은 분양가를 책정하지 못하도록 한다. AI는 시장 평균 가격, 건축 자재비, 입지 가치 등을 종합 분석하여 합리적인 기준가격을 제시함으로써 가격 안정성과 투명성을 동시에 확보한다.

  이러한 집값터치 정책은 주거 정의를 실현하는 데 목적이 있다. 무주택 서민이 가장 먼저 집을 가질 수 있도록 하고, AI가 시장 변화를 예측하고 대응하는 정부를 만든다. 투기는 억제되고 실수요자는 보호받는 구조를 실현하는 것이다.

  이재명 정부의 집값 터치는 기술이 단지 보조 수단이 아니라 국민의 주거권을 보장하는 핵심 정책 도구로 기능하게 된다. 더 이상 정책이 뒤따라가는 것이 아니라, AI가 시장을 먼저 읽고 선제적으로 개입해 체계적인 집값 안정을 이루는 시스템이 구축된다. 집값 터치는 이재명 정부가 구현하고자 하는 민생 우선주의, 실용적 리더십, 그리고 AI 기반 정책 역량의 상징이라 할 수 있다.

〈출처 : Naver Blog 2025. 6. 1〉

제6장
대선전략·정치개혁 및 메시지 총론

1. 코인이 아니라 설계다

환율을 이기는 디지털 주권전략
코인을 넘어서, 통화를 설계하라
디지털 원화, 설계가 국력이 된다

최근 더불어민주당은 스테이블코인을 통해 한국경제의 구조적 문제 중 하나인 '환율 리스크'를 극복하겠다는 구상을 내놓았다. 급변하는 국제 금융환경, 고환율 압박, 내수 침체, 투자 부진이라는 복합 위기 속에서 스테이블코인을 하나의 디지털 해법으로 제시하고 있는 것이다. 하지만 그 가능성과 위험성, 정책으로서의 실효성과 정당성에 대해선 보다 정밀한 분석이 필요하다.

우선 현 상황을 냉정히 들여다볼 필요가 있다. 한국경제는 현재 '수출 대기업 중심 외화 확보 모델'에 지나치게 의존하고 있으며, 원화는 여전히 국제적 유통력이 미약한 국내 한정 통화다. 이러한 구조 아래서 한국은 미국의 금리 정책이나 글로벌 자본 흐름에 따라 환율이 쉽게 요동치고, 이는 스타트업의 해외 투자 유치나 무역 결제에 있어 치명적인 불확실성으로 작용한다. 실제로 벤처 투자 계약이 환율 리스크와 복잡한 외환 규제 때문에 무산되는 사례는 점점 늘어나고 있다. 결국 환율 리스크를 관리하지 못하면, 한국은 글로벌 자금 순환 구조에서 점차 고립되는 위험을 안게 된다.

이런 맥락에서 스테이블코인은 분명히 하나의 대안적 수단이 될 수 있다. 원화 기반 스테이블코인은 블록체인 기술을 바탕으로 원화 가치에 연동된 가상화폐이며, 디지털 자산으로서의 신뢰성과 통화기능을 모두 가질 가능성이 있다. 원화 스테이블코인이 제도권 안에서 활용된다면, 해외 투자자들이 한국 기업에 투자하거나 한국 플랫폼을 이용할 때 환율 변동에 대한 걱정 없이 안정적으로 거래할 수 있게 된다. 또 국내 기업이 신흥국 등 달러 결제가 어려운 시장에서 한국의 K-콘텐츠나 제품을 결제할 수 있도록 한다면, 새로운 '디지털 원화 경제권' 형성도 가능해진다.

하지만 문제는 단순한 가능성에 있는 것이 아니라, 그것을 누가 어떻게 설계하고 관리하느냐에 있다. 스테이블코인은 중앙은행 디지털화폐(CBDC)와 달리 민간이 주도할 경우, 통화량 통제 실패, 투기적 자본 유입, 금융시장 교란 등 심각한 부작용을 동반할 수 있다. 테더(USDT)와 같은 달러 기반 스테이블코인 사례에서도 보았듯이, 불완전한 담보 구조나 불투명한 운용은 시장 불신을 초래할 수 있으며, 이는 결국 실물 경제에도 악영향을 준다. 특히 한국처럼 원화가 기축통화가 아닌 국가에서는 스테이블코인을 설계하고 운영하는 기준이 더욱 엄격해야 한다.

이를 위해서는 정부 또는 한국은행 중심의 담보형 발행 구조가 필요하고, 발행 주체는 은행에만 국한하지 말고 핀테크 기업, 공공기관 등으로 확장하되 강력한 인가제를 도입해야 한다. 무엇보다 중요한 것은 스테이블코인이 실제 사용될 수 있는 생태계, 즉 플랫폼 연동 결제 시스템, K-콘텐츠 결제, 해외 소액 송금, 무역결제 통합 서비스 등 실질적 활용 모델이 동시에 구축되어야 한다는 점이다. 아무리 기술적으로 정교하게 만들어도, 쓸 수 없다면 무의미한 디지털 자산에 불과하다.

또한 스테이블코인을 국가 경제 전략의 일부로 포함시키기 위해서는 환율정책 및 외환통제 체계와도 긴밀히 연계되어야 한다. 이는 단지 금융기술의 문제가 아니라, 경제 주권과 통화 정책의 큰 틀에서 조정되고 설계되어야 하는 중대 과제다. 디지털 자산의 혁신 가능성을 부정해서는 안 되지만, 그렇다고 민간의 자율에만 맡기거나 정치적 상징으로만 활용해서도 안 된다.

요약하자면, 스테이블코인은 혁신이 될 수도, 혼란이 될 수도 있다. 그 열쇠는 기술이 아니라 설계에 있고, 도입이 아니라 제도에 있다. 단지 홍보용 정책으로 스테이블코인을 내세우다가는 통화 주권, 금융 질서, 시장 신뢰라는 세 축 모두를 위협할 수 있다. 그러나 정반대로, 제대로 된 거버넌스 구조와 생태계 전략을 갖춘다면 원화 스테이블코인은 한국이 글로벌 디지털 경제 질서에서 선도적 설계자로 도약할 수 있는 강력한 수단이 될 수 있다.

AI 시대, 중요한 것은 '무엇을 할 수 있느냐'가 아니라 '어떻게 설계하느냐'다. 스테이블코인은 그 설계의 첫 시험대이자, 차기 리더십이 기술을 통해 경제 패러다임을 바꾸는가를 가늠할 수 있는 기회이기도 하다.

이제는 물어야 한다. 우리는 여전히 금융 질서의 수동적 수용자로 머물 것인가, 아니면 디지털 자산 질서를 주도할 능동적 설계자가 될 것인가. 그 답을 써 내려갈 수 있는 새로운 대통령, 국민은 지금도 찾고 있다.

〈출처 : Naver Blog 2025. 5. 21〉

2. AI 시대, 정치개혁의 길

> 정치의 새로운 패러다임을 제시하다
> 공정한 정치 시스템을 위한 AI 활용
> 정치인의 자질 객관적으로 평가해야

최근 대선 마지막 토론에서 이준석 후보의 발언은 큰 파문을 일으켰다. "여성 성기에 젓가락을 꽂는다"라는 발언은 그 자체로 매우 부적절하고, 전혀 용납될 수 없는 언어 폭력이다. 이러한 발언은 대선 후보로서의 품격을 잃은 것은 물론, 대한민국 정치의 수준을 떨어뜨리는 심각한 문제를 안고 있다. 정치가 감정적으로 치닫고, 논리와 철학이 부족한 상태에서 벌어지는 이런 논란은 국가의 미래를 논의해야 할 중요한 대선 토론에서 전혀 생산적이지 않다.

AI 시대를 맞이한 대한민국은 단순히 기술적인 발전에만 집중할 수 없다. 이제 우리는 정치 체계에 있어서도 새로운 패러다임을 구축해야 한다. AI와 디지털 기술을 통해 미래 경제, 산업, 교육, 의료 등의 혁신적인 변화가 가능해졌지만, 그보다 더 중요한 것은 바로 정치개혁이다. AI 시대의 대한민국이 선도할 수 있는 분야는 경제와 기술뿐만 아니라 정치에서도 혁신적인 모델을 구축해야 한다는 사실을 잊어서는 안 된다.

첫 번째로, 정치개혁의 핵심은 공정하고 투명한 시스템을 구축하는 것이다. 최근의 대선 토론에서 보여졌던 것처럼, 후보들은 과거의 방식대로 감정적 논쟁을 벌이며 점수를 얻으려 한다. 이런 구시대적인 정치 스타일은 이제 더 이상 유효하지 않다. AI 시대의 대한민국은 정치에서도 투명성과 공정성이 보장되어야 한다.

AI와 빅데이터를 활용한 시스템을 구축해, 후보들의 공약, 정책 실행 능력, 과거의 실적 등을 실시간으로 비교할 수 있는 투명한 시스템이 필요하다. AI는 선거운동에서 허위 사실 유포나 불공정한 정보가 퍼지지 않도록 감시할 수 있으며, 국민들이 정치적 결정을 내리기 위한 정확한 정보를 제공할 수 있다.

예를 들어, 각 후보가 제시하는 정책을 AI가 분석하고, 그 정책이 실제로 실행될 수 있는 가능성에 대해 예측할 수 있는 시스템을 도입한다면, 유권자들은 보다 현명한 선택을 할 수 있게 된다. 이는 정치에 대한 신뢰를 회복하고, 왜곡된 정보로 인한 혼란을 최소화하는 데 큰 역할을 할 것이다.

두 번째로, 정치인의 자질을 객관적으로 평가하고 검증할 수 있는 시스템을 만들어야 한다. 많은 사람들이 이번 대선 토론에서 이준석 후보의 발언과 같은 부적절한 언행을 보며 그가 정치적 자격이 없는 인물이라고 느꼈을 것이다. 그러나, 자질을 평가하는 데 있어 중요한 점은 단순히 감정적 반응이 아닌, 후보가 실제로 어떤 능력과 자질을 가지고 있는지를 객관적으로 평가할 수 있는 기준을 마련하는 것이다.

AI를 활용한 정치인 자질 평가 시스템을 통해, 정치인의 리더십, 정책 이해도, 대중과의 소통 능력, 그리고 과거의 공적 기록 등을 종합적으로 평가할 수 있다. 예를 들어, AI는 후보자의 연설을 분석하고, 그 내용의 논리성이나 일관성 등을 점검할 수 있다. 또, 그들의 과거 행적과 공적 기록을 기반으로 얼마나 실질적인 성과를 낸 인물인지도 평가할 수 있을 것이다. 이를 통해 유권자들은 단순히 후보자의 이미지를 기준으로 선택하는 것이 아니라, 그들의 자질과 역량을 정확하게 이해하고 투표할 수 있게 된다.

세 번째로, 국민 참여형 정치 시스템을 구축해야 한다. AI와 디지털 기술의 발전으로 우리는 더 이상 단순히 선거 기간에만 유권자들의 의견을 듣는 수준에 머물러 있을 수 없다. 이제는 정치 전반에 걸쳐 지속적이고 실시간으로 국민들의 의견을 반영할 수 있는 시스템을 만들어야 한다.

예를 들어, 디지털 플랫폼을 통한 상시 국민 투표 시스템을 도입할 수 있다. 이 시스템을 통해 유권자들은 정치적 이슈나 중요한 정책에 대해 실시간으로 의견을 제시하고, 그 의견이 정책에 반영되는 구조를 만들 수 있다.

또한, 이러한 플랫폼은 정책 결정에 대한 피드백을 실시간으로 제공하며, 정치인들이 국민의 목소리를 직접 듣고 반영할 수 있는 통로가 된다. 이를 통해 정치의 민주성은 한층 강화되며, 국민의 의견을 무시한 채 진행되는 정치적 논의는 사라지게 될 것이다.

마지막으로, AI 기반을 활용한 정책 실현이 핵심이다. AI 시대에 접어든 대한민국은 이제 새로운 정책 모델을 제시해야 한다. 단순히 기존의 정치적 이념을 고수하는 것만으로는 AI와 디지털 기술을 제대로 활용할 수 없다. 기술을 활용한 정치 혁신이 필요하다. 정책을 AI가 실시간으로 분석하고, 정책의 실현 가능성에 대해 예측할 수 있는 시스템을 도입하는 것이다.

예를 들어, AI는 정책이 실제로 실행될 수 있는지를 예측하고, 그에 따라 정책을 수정하거나 보완할 수 있는 방안을 제시할 수 있다. 또한, AI는 경제 상황, 사회적 요구 사항, 기술 발전 등을 고려하여 정책의 방향성을 제시할 수 있는 능력을 갖추고 있다. 이를 통해 보다 실질적이고 실행 가능한 정책을 수립할 수 있게 된다.

결국 AI 시대의 정치 혁신을 해야만 한다. AI 시대의 대한민국은 이제 정치개혁을 통해 공정하고 투명한 정치 시스템을 구축하고, 정치인의 자질을 객관적으로 평가할 수 있는 시스템, 국민 참여형 정치 시스템, AI 기반의 정책 실현을 통해 더욱 발전해야 한다. 이러한 개혁이 이루어진다면, 대한민국은 진정한 AI G3 강국으로 도약할 수 있을 것이며, 정치의 신뢰도와 국민 삶의 질을 획기적으로 향상시킬 수 있을 것이다.

새로운 정부는 정치 개혁을 통해 대한민국을 더욱 투명하고 공정한 사회로 이끌어야 하며, 이를 통해 국민의 신뢰를 얻고, 지속 가능한 발전을 끌어내야 한다. AI 시대의 대한민국은 기술 혁신뿐만 아니라 정치적 혁신을 통한 미래 비전을 제시하는 나라가 되어야 한다.

〈출처 : Naver Blog 2025. 5. 28〉

3. 2030의 손에 달린 대한민국의 미래

　　AI 산업 성장 위한 창의적 정책
　　AI 대회를 통한 산업 혁신의 길
　　AI 기술을 상용하는 창의적 발상

　AI 기술이 급격히 발전하면서 이제는 전통적인 산업의 경계를 넘어 다양한 분야에 혁신을 불러일으키고 있다. 특히 중국은 AI 기술을 활용한 혁신적인 로봇 대회를 통해 그 기술적 역량을 확실히 보여주고 있으며, AI 로봇을 사용한 마라톤과 격투기 대회는 그 자체로 미래 기술을 향한 도전장을 내밀고 있다. 이러한 사례는 단순히 기술이 어떻게 발전하는지를 보여주는 것이 아니라, 기술 발전을 산업화하고 대중화하는 중요한 발판이 된다는 점에서 시사하는 바가 크다.

　중국은 이미 휴머노이드 로봇 대회를 통해 AI 기술의 발전뿐만 아니라 실시간 상호작용과 반응을 요하는 고차원의 기술을 실현했다. 로봇들이 직접 주먹을 휘두르고 발차기를 하는 경기를 통해 산업 로봇의 장애물 회피 능력이나 구조 로봇의 돌발 상황 대응 능력까지도 테스트할 수 있었다. 이는 AI 기술의 발전이 단순한 연구에서 벗어나 실제 산업에 적용될 수 있는 가능성을 시사한다. 중국은 이러한 기술 혁신을 통해 AI 로봇 분야에서 세계적으로 두각을 나타내고 있으며, 더욱 창의적인 대회와 경기를 통해 기술력을 강화하고 있다.

그러나 대한민국은 아직 이와 같은 혁신적인 AI 산업의 육성 정책을 실현하지 못하고 있다. 현재의 정책들은 구호에 그치거나 예산 투입만을 강조하는 수준에 머물러 있다.

실제로 산업을 일으키고, 벤처 기업들이 활발히 창출되는 환경을 만들어내는 것이 중요하다. 중국처럼 AI 대회를 통해 기술의 발전을 끌어내고, 다양한 분야에서 AI를 실험하고 발전시킬 수 있는 새로운 방식의 대회가 필요하다.

AI 산업을 활성화시키기 위한 가장 창의적이고 실용적인 방법 하나는 바로 AI를 활용한 스포츠 대회를 개최하는 것이다. AI 태권도 대회', 'AI 마라톤', 'AI 복싱', 'AI 씨름 대회'와 같은 다양한 대회를 통해 AI 기술을 실제로 시험하고 경쟁의 장을 마련할 수 있다. 이러한 대회는 AI 산업의 기술을 대중에게 더 친숙하게 다가가게 하고, 그 기술을 상용화하는 데 중요한 기회를 제공할 수 있다. 특히, AI 산업을 발전시키는 데 있어 중요한 점은 단지 기술을 연구하고 개발하는 데 그치지 않고, 이를 상업화하고 실용화할 수 있는 산업적 기반을 마련하는 것이다.

대한민국은 'AI 고속도로'와 같은 새로운 산업 모델을 제시하여, 각 시도별로 AI 기술에 최적화된 시스템을 구축하고, AI 올림픽처럼 전국 규모의 AI 대회를 개최하는 주도국이 될 수 있다. 이를 통해 AI 산업의 발전을 지속적으로 끌어내고, 2030년에는 AI G3 강국으로 도약할 수 있을 것이다.

'AI 올림픽'은 단순한 스포츠 경기 이상의 의미를 지닌다. 이는

AI 기술이 문화와 경제 전반에 걸쳐 깊숙이 스며들 기회를 제공하며, 국가 전체가 AI 기술 발전의 중심지로 자리 잡을 수 있게 한다. AI 기술을 활용한 다양한 대회는 대한민국이 AI 산업을 선도하는 국가로 자리매김하게 할 것이다.

예를 들어, 'AI 마라톤'은 AI의 효율성, 'AI 복싱'은 AI의 실시간 반응 능력, 'AI 씨름'은 AI의 전략적 사고와 힘을 겨루는 대회로, 모든 대회가 AI 기술의 다양한 측면을 발전시키고 산업화를 이끌어 갈 수 있다.

따라서 새로운 정부는 이러한 창의적인 AI 대회를 주도하고, 이를 통해 대한민국 AI 산업을 활성화해야 한다. 더 이상 구호나 예산 투입만으로는 AI 산업을 선도할 수 없다. 기술 개발뿐만 아니라 실질적인 산업화를 위한 혁신적 정책과 대회가 필요하다.

AI 산업을 발전시키기 위한 창의적인 대회와 실용적인 정책을 추진하는 것이 바로 대한민국을 AI G3 강국으로 도약시킬 수 있는 길이다. AI 기술은 단순히 산업을 혁신하는 기술을 넘어서, 국가 경제를 선도하고, 전 세계적으로 경쟁력을 갖춘 강국을 만드는 핵심적인 요소가 될 것이다. 대한민국은 이를 통해 AI 기술을 활용한 글로벌 리더십을 발휘하고, 지속 가능한 경제 발전을 이루어낼 수 있다.

AI 산업의 진정한 발전을 위해서는 기술만으로는 부족하다. 실용적인 대회와 산업 혁신을 위한 창의적인 접근이 반드시 필요하며, 그 실현은 2030 세대의 손끝에 달려있고, 이 변화는 새로운 리더의 결단에 의해 이루어질 것이다.

〈출처 : Naver Blog 2025. 5. 27〉

4. 당선은 출발선, 성공은 정책에서 완성

실력은 정책으로 증명된다
정부성공 정책이 좌우한다
정치는 시작, 성공은 설계

2025년 6월 3일, 대통령 선거가 끝나면 대한민국은 새로운 정부와 함께 새로운 길 위에 서게 된다. 국정 운영의 키를 새로 잡는 이 시기야말로 한 나라의 미래를 바꾸는 결정적 순간이다. 역대 정부의 성공과 실패가 갈린 지점도 바로 이 시기였다. 늘 그렇듯 당선 직후의 열기와 지지는 순식간에 '현실'이라는 냉정한 무대 위에서 시험받는다. 바로 그 첫 시험지가 국정의 설계다. 5년이라는 시간은 생각보다 짧다. 할 수 있는 일과 해야 할 일을 구분하지 못하면, 처음의 비전은 사라지고 결국 백화점식 선언만이 남게 된다. 그렇기에 지금 이 시점에서 가장 중요한 질문은 다음과 같다.

"무엇으로 국정을 시작할 것인가?"

정치는 유연함과 타협의 예술이지만, 국정 운영은 설계와 조정의 과학이다. 특히 오늘날처럼 AI가 모든 산업과 사회를 재편하고 있는 시기에는 더욱 그러하다. 변화의 속도는 압도적이고, 문제의 구조는 복잡하다. 이럴 때일수록 정책이 중심이 되어야 한다. 정치적 대립이나 여론을 단기적으로 누그러뜨리는 기술이 아니라, 구조를 읽고 미래를 설계하는 정책이 해법이다.

우리는 이미 많은 정부가 '비전'이 없어서가 아니라, 구조 없이 모든 것을 하려다 실패하는 모습을 보아왔다. 국민의 신뢰는 정책으로 얻고, 신뢰는 다시 추진력을 낳는다. 말이 아니라 실력으로 움직이는 정부만이 다음 단계를 밟을 수 있다.

그렇다면 국정을 어디서부터 설계해야 할까.

시대가 달라졌다면, 국정 설계 방식도 바뀌어야 한다. 이제는 '분야별 전문가'를 많이 앉혀놓는다고 되는 시대가 아니다. 정보가 넘치고 이해관계가 얽힌 지금의 대한민국에서는 오히려 서로 다른 분야를 하나로 묶어낼 줄 아는 통합적 사고력, 즉 통섭 능력이야말로 핵심 역량이다.

특히 AI, 양극화, 초저출생, 기후 위기, 산업전환, 인구절벽 등 지금 우리가 마주한 문제들은 부처별 분절된 대응으로는 절대 해결할 수 없다. 거시경제와 복지, 교육과 산업, 외교와 기술이 모두 연결되어 있으며, 이 연결의 흐름을 볼 줄 아는 사람이 국정의 항로를 정해야 한다.

무엇보다 중요한 것은, 국민이 체감하는 성과다. 국민은 이제 구호나 의지에 더는 반응하지 않는다. 가계의 지출이 줄어드는가, 청년이 일자리를 찾는가, 학교가 변하는가, 지역에 숨결이 도는가, 그것으로 정부를 판단한다.

그래서 새 정부는 단기적 현안과 시간이 필요한 구조개혁 과제를 구분하여 우선순위를 설정하고, 이를 통해 빠르게 성과를 보여줄 수 있는 시스템을 갖추어야 한다. 그래야 국민은 "이번 정부는 뭔가 다르다"는 신뢰를 갖기 시작한다.

한 가지 제언을 하자면, 지금 이 시기에는 한 분야만의 능력 있는 개인보다, 전체를 보는 '설계자'의 시야를 가진 통섭 능력이 절실하다. 실무를 알고, 현장을 알고, 숫자를 읽고, 사람 사이의 온도도 헤아릴 수 있는 그런 역량 말이다. AI 시대에 정책은 기술이 아니라 사람을 위한 해답이어야 하며, 그런 정책을 설계하는 구조가 이제는 정부의 심장부가 되어야 한다.

새로운 대통령은 실무형 리더십으로 국민의 선택을 받았다. 그래서 더욱 '일하는 정부', '보여주는 정부', '실적 있는 정부'가 되어야 한다. 말이 아니라 실천으로, 선포가 아니라 정책으로 증명하는 정부 말이다.

 정치는 출발선에 불과하다. 국정의 완성은 오직 정책으로 쓰여야 한다. 지금 대한민국이 마주한 위기를 넘어설 수 있는 유일한 해법은, 정교하게 설계된 정책과 그것을 실행에 옮길 실력 있는 구조에 있다. 정책이 설계되고, 성과로 증명되는 정부, 그 위대한 전환이 새 정부에서 시작되기를 진심으로 기대한다.

〈출처 : Naver Blog 2025. 5. 31〉

5. 정치가 아니라 AI 시대가 요구한 취임사

  국민통합의 언어, AI 시대의 첫 문장
  대한민국형 미래국가, 세계에 선언하라
  AI 전환기, 민생을 책임지는 대통령의 약속

 오늘 대한민국은 새로운 시대의 문을 연다. 제21대 대통령의 취임은 단지 한 사람의 권력 승계가 아닌, 격동의 정치 불안과 국론 분열, 민생의 위기를 넘어 진정한 국민통합과 미래 비전을 회복하는 첫걸음이다.

 이번 대통령의 취임사는 그 상징성과 역사적 무게에 있어 어느 때보다도 중요하다. 국민의 기대와 시대정신을 담아내야 하며, 동시에 세계가 주목하는 AI 전환의 초입에서 대한민국의 진로를 정확히 밝혀야 하기 때문이다.

 역대 대통령의 취임사는 각기 시대의 요구를 반영해 왔다. 김대중 전 대통령은 민주주의와 시장경제라는 두 바퀴를 강조했고, 노무현 대통령은 낡은 질서와 지역주의를 넘겠다고 다짐했으며, 문재인 대통령은 국민과 함께 정의롭고 평등한 대한민국을 약속했다.

이재명 당선인의 취임사는 여기에 'AI 대전환 시대'라는 특수성을 추가로 반영해야 할 것이다. AI와 데이터, 기후 변화, 양극화와 초저출생, 초고령사회 등 복합 위기의 시대에 걸맞은 실천적 비전이 담겨야 한다. 특히 필자는 새로운 대통령의 취임사에 다음과 같은 관점을 담을 것을 제안한다.

첫째, 국론통합과 민주주의 복원의 선언이다. 이번 대선은 계엄 정국이라는 전례 없는 위기 속에서 치러졌다. 그러므로 대통령의 첫 언어는 정치보복이 아닌, 치유와 회복이어야 한다. 선거에서의 승리가 곧 국정의 정당성을 보장받는 것이 아님을 인정하며, 야당과도 소통하고 반대 세력과도 협치하는 통합의 지도자로서 자신을 규정해야 한다. ""정치보복 없는 철저한 내란 종식, 그것이 우리가 지향할 원칙이다"라는 문장은 진심과 단호함을 동시에 전할 수 있다.

둘째, 민생 회복과 AI 경제 전환의 구체적 약속이다. 이번 선거에서 가장 절박한 화두는 단연 '먹고사는 문제'였다. 이재명 정부가 추구하는 경제정책의 핵심은 고물가, 고금리, 고환율의 복합위기에서 벗어나기 위한 AI 기반 AI 경제 전환이며, 이 점은 취임사에서 선명히 드러나야 한다. AI 튜터 쿠폰을 통한 사교육비 절감, 청년 AI 맞춤형 고용 연계 시스템, 지역 균형 AI 스타트업 육성 등은 단순한 선거공약이 아닌 국가의 구조 전환을 향한 신호탄으로 명확히 제시되어야 한다.

셋째, 세계가 주목할 대한민국형 미래국가 모델의 비전 제시다. 취임사는 국내를 향한 메시지인 동시에 세계를 향한 선언이다. 우리는 AI, 기술, 복지, 민주주의가 조화를 이루는 새로운 국가 모델을 창출해 낼 역량이 있는 나라이다. 이재명 정부는 AI 행정, AI 교육, AI 복지를 통해 세계에서 가장 똑똑한 정부, 가장 공정한 시장,

가장 따뜻한 공동체를 실현하겠다는 청사진을 제시해야 한다. 이러한 선언은 대한민국이 세계 리더로 도약하기 위한 의지를 대내외에 천명하는 상징이 될 것이다.

넷째, 일거리 혁신을 통한 청년 중심 경제 재구성이다. 취임사는 청년들이 미래를 준비할 수 있는 현실적인 기반을 약속해야 한다. AI 기반 직무 분석과 연계된 청년 고용 매칭 시스템, AI 직업훈련 지원, 해외 창업 및 연구 교류 지원 등, 청년이 도전할 기회를 적극 보장해야 한다. 청년이 내일을 기다리는 존재가 아니라 창조하는 주체로 자리매김할 수 있도록 하는 것이 국가의 책무임을 분명히 해야 한다.

다섯째, 외교와 안보의 균형 회복이다. 미국과의 동맹을 강화하면서도, 중국, 러시아 등 주변국과의 전략적 협력과 외교 균형을 추구하는 실용외교의 비전을 담아야 한다. 튼튼한 국방과 평화공존의 원칙 아래, 외교는 이념이 아닌 국민의 삶과 국가의 이익에 기반해야 한다는 메시지를 분명히 해야 한다. 또한, 북한과의 대화 재개를 통해 긴장을 완화하고 한반도 평화 체제를 구축하겠다는 구체적 로드맵도 제시되어야 한다.

여섯째, 주거 안정과 물가 대응을 중심으로 한 민생 개혁이다. '집값 터치' 정책을 통해 실수요자를 보호하고, 청년·신혼·무주택 서민에게 공공임대 및 분양 기회를 확대하겠다는 의지를 담아야 한다. 또한 AI를 활용한 유통망 개편, 공공 비축 물량 조절 등을 통해 국민의 장바구니 물가를 안정시키는 정책 방향을 구체적으로 제시해야 한다. 특히 AI 플랫폼을 통해 물가 변동 상황을 실시간 공유하고, 공공기관이 가격 조정의 가이드 역할을 할 수 있는 체계를 마련하는 것도 중요하다.

일곱째, 공정과 윤리의 회복이다. 대통령과 그 가족의 사적 이익과 특권을 철저히 배제하겠다는 약속, 고위공직자에 대한 투명한 검증 시스템, 부정부패 무관용 원칙 등 윤석열 정부 시절 무너진 공정 질서를 바로 세우는 다짐이 필요하다. 대통령 스스로 모범이 되겠다는 강한 의지를 담아야만 국민의 신뢰를 얻을 수 있다. 청와대 윤리 준칙을 강화하고, 대통령실 운영의 모든 정보를 정기적으로 국민 앞에 공개하는 제도적 장치도 포함되어야 한다.

여덟째, 교육 대개혁과 평생학습 체계의 구축이다. 'AI 맞춤형 교육 국가책임제'와 같은 교육 혁신 전략을 취임사에 구체적으로 포함시켜야 한다. 학생 한 명 한 명의 학습 데이터를 기반으로 개인화된 교육을 제공하고, 창의성과 협업 능력을 키우는 '상상나무 스쿨'을 통해 공교육 정상화와 사교육비 절감을 실현하겠다는 비전을 제시해야 한다. 중장년 재교육 프로그램과 지방대 혁신 지원, 평생직업 능력 시스템까지 확장된 교육 생태계를 그려내는 언급이 필요하다. 또한 AI 시대 공정한 평가를 위한 'AI 공정평가공사'를 설립해 향후 수출까지 한다는 원대한 교육개혁의 포부를 밝혀야 한다.

아홉째, 대한민국의 AI·과학기술 강국 도약이다. AI 정부, 스마트 공공서비스, AI 국정 시뮬레이션, 전 국민 AI 파트너 정책 등을 통해 AI 강국의 기반을 다지겠다는 구체적 선언이 필요하다. 이는 단지 기술을 넘어 행정 혁신, 삶의 질 향상, 산업 구조 전환을 포괄하는 국가 전략으로 이해되어야 한다. AI 윤리헌장 제정, AI 국립연구원 설립 등 제도적 장치도 함께 제시되어야 설득력이 커진다.

열째, 기후 위기 대응과 녹색 전환의 약속이다. 탄소중립 이행과 에너지 체계 전환은 더 이상 선택이 아닌 생존의 과제이다. AI 기반의 탄소배출 모니터링, 그린수소 산업 육성, 스마트 농업과 재생에너지 지원 확대 등 실현 가능한 녹색정책이 명확히 드러나야 한다. 녹색 일자리 창출과 지역 에너지 자립 프로젝트는 지역 균형발전과도 맞닿아 있기에, 민생과 기후를 동시에 고려하는 정책 설계가 요구된다.

열한째, 국민 참여 기반의 AI 민주주의 실현이다. 플랫폼 정부로서의 비전은 단순한 AI화가 아닌, 참여와 투명성의 확장이다. 국민 제안제도 강화, AI 민원 분석 시스템, 온라인 공청회와 정책 투표 플랫폼 등 실질적으로 국민의 의견이 국정 운영에 반영되는 구조를 설계해야 한다. AI를 통해 국민주권을 실현하는 나라, 그것이 AI 시대의 진정한 민주공화국이다.

열두째, 실용 외교와 평화 안보의 확립이다. 대한민국은 복잡한 국제 질서 속에서 실용적이고 균형 잡힌 외교 전략을 기반으로 안보를 강화해야 한다. 미국과의 전략적 동맹은 흔들림 없이 공고히 하되, 중국·러시아와는 경제 협력과 기술 교류를 확대하여 상호 이익의 외교관계를 복원해야 한다. 특히 무역과 공급망 안정을 위한 산업 협정 체결, 기후·보건·AI 등 글로벌 공동 이슈에서의 협력은 중장기 국가경쟁력을 높이는 길이다.

한반도 평화 구축 역시 중대한 과제로, 북한과는 정치적 긴장을 넘어선 인도적 지원, 보건·기후 협력, 청년·스포츠 교류 등 실질적 접점을 늘림으로써 비핵화와 안정화를 위한 환경을 조성해야 한다. 이와 동시에 튼튼한 국방과 첨단 안보 기술 개발, 사이버 안보 및 국방 AI 고도화 전략은 국가 생존을 위한 핵심 축으로 추진되어야 한다. 외교와 안보는 분리된 영역이 아니라 함께 작동하는 국가 생존의 기둥임을 인식하고, 실용 외교와 지속 가능한 평화 전략을 병행할 필요가 있다.

열셋째, 국민 참여 기반의 AI 민주주의 실현이다. 플랫폼 정부로서의 비전은 단순한 AI화가 아닌, 참여와 투명성의 확장이다. 국민 제안제도 강화, AI 민원 분석 시스템, 온라인 공청회와 정책 투표 플랫폼 등 실질적으로 국민의 의견이 국정 운영에 반영되는 구조를 설계해야 한다. AI를 통해 국민주권을 실현하는 나라, 그것이 AI 시대의 진정한 민주공화국이다.

열넷째, 문화강국 대한민국 실현을 위한 AI 기반 문화전략이다. K-콘텐츠, 게임, 웹툰, 음악 등은 이미 세계적 위상을 확보하고 있다. 이를 기반으로 AI 창작 도구의 보급, 창작자 권익 보호, 메타버스 기반 한류 확산 플랫폼 구축 등을 통해 대한민국 문화의 영향력을 확대해야 한다. 문화는 경제이자 외교이며, 우리의 정체성과 미래를 담는 중요한 산업이다. 정부는 창의적 문화 생태계를 보호하고, AI 기술이 문화예술에 기여할 수 있는 정책 기반을 마련해야 한다.

열다섯째, 국민 건강을 책임지는 AI 기반 보건의료 혁신이다. 초고령사회를 맞이한 지금, AI를 기반으로 한 정밀의료, 예방의학, 디지털 병원 시스템이 필요하다. 전 국민 대상 AI 건강 진단 체계를 도입하고, 노인 돌봄 로봇, 공공의료 AI 상담 시스템 등을 확충함으로써 건강 불평등을 해소하고 의료복지의 질을 높여야 한다. 또한 바이오헬스 산업을 차세대 국가 성장 동력으로 육성하여 일자리 창출과 경제 활성화를 도모해야 한다.

열여섯째, 지역이 중심이 되는 균형 국가 실현이다. 수도권 집중을 완화하고 지방 소멸을 막기 위해, 지방정부에 AI 기반 자치행정 역량을 부여하고 지역별 AI 특화 산업지구를 육성해야 한다. 지방대학 혁신, 청년 지역 정착 프로젝트, 지역형 에너지 자립 기반 확대 등 실질적이고 지속 가능한 분권 정책이 취임사의 주요 축으로 포함되어야 한다.

물론 이와 같은 제안은 대통령 당선인의 뜻을 넘보는 것이 아니라, 시대정신을 담아내는 데 있어 혹여 참모단이 놓칠 수 있는 점을 보완하고자 함이다. 대통령 취임사는 한 시대의 정수를 압축해 전하는 언어이다. 단지 감동을 넘어서, 실천의 나침반이 되어야 한다. 국민이 듣고 싶은 말이 아닌, 국민이 꼭 들어야 할 말을 담아야 한다. 지금 그 첫 문장이 써지고 있다. 제21대 대통령의 첫 언어가 이

나라의 새로운 방향이 되기를 진심으로 바란다.

〈출처 : Naver Blog 2025. 6. 3〉

제7장

AI 시대의 대변혁

1. AI 시대 새 인물 출마 선언문

AI 시대, 국민이 주인인 나라를 향해 사람 중심·포용국가, 박정일이 열겠습니다. 밤낮없이 일해도 내일이 불안한 청년의 절규 아이의 미래를 걱정하며 눈물 흘리는 부모의 한숨 노년의 삶을 버티는 어르신들의 고독 그 모든 눈물과 상처를 저는 한순간도 잊은 적이 없습니다. 서민들의 삶이 제 가슴속에 살아 숨 쉬고 있습니다. 이대로는 안 되겠다는 마음 반드시 바꿔야 한다는 절박함이 저를 이 자리에 세웠습니다. 대한민국의 내일을 여는 위대한 도전에 국민과 함께 서겠습니다.

　사랑하는 국민 여러분!

　저는 오늘, 대한민국의 내일을 위해 국민의 희망을 지키기 위해 AI 시대를 이끄는 미래형 대통령이 되겠다는 다짐으로 제21대 대통령 선거에 출마하고자 합니다. AI 시대의 거대한 물결 앞에서 우리는 새로운 선택을 마주하고 있습니다. 과거의 방식으로는 다가올 변화를 감당할 수 없습니다. 지금 이 순간 누군가는 과감히 미래의 방향을 제시하고, 기술의 홍수 속에서 인간의 존엄과 가치를 지키는 길을 열어야 합니다. 저는 그 길의 선두에 서겠습니다.

대한민국은 세계가 주목하는 IT 강국입니다. 하지만 동시에 청년은 절망하고, 부모는 사교육비로 눈물을 흘리며, 자영업자와 노동자는 생존을 걱정합니다. 기술은 진보했지만, 국민의 삶은 여전히 고단합니다. 변화는 있었지만, 혁신은 없었습니다. 저는 이 부조리를 바로잡고, '사람 중심의 포용국가'를 향해 나아가고자 합니다.

AI 시대를 선도하는 미래형 대통령이 되겠습니다. AI와 정책을 누구보다 잘 아는 실천 전문가로서 저는 기술을 국민의 희망으로 바꾸는 대통령이 되겠습니다. AI는 교육을 혁신하고, 복지를 정밀하게 설계하며 행정을 효율화하고 국방과 외교를 스마트하게 진화시킬 수 있는 열쇠입니다.

하지만 기술이 인간을 통제해서는 안 됩니다. 기술은 인간의 존엄과 가치를 위한 수단이어야 하며, 그 중심에는 늘 '사람'이 있어야 합니다. AI시대, 새로운 리더십이 필요합니다. 우리는 지금 거대한 전환의 시기를 살고 있습니다. AI 기술은 산업과 경제, 교육과 의료, 외교와 안보까지 모든 영역을 흔들고 있습니다.

미국은 트럼프 정부의 '스타게이트 프로젝트'를 통해 750조에 달하는 천문학적 자금을 AI 산업에 투자하며, 미래 기술패권의 주도권을 움켜쥐려 하고 있습니다. 중국은 'DeepSeek'를 필두로 미국이 선도하는 AI 질서에 도전장을 내밀었고, 유럽 역시 자체적인 윤리 기반 AI 체제를 구축해 기술 주권을 수호하려 하고 있습니다.

이 거대한 격랑 속에서 한국은 미국으로부터 '민감국가'로 지정되며, 한미 기술동맹의 균열이라는 초유의 외교 안보 위기를 맞이하고 있습니다. 동맹은 흔들리고, 외교는 시험대에 오르고 있습니다.

그러나 우리는 선택받은 나라입니다. 그 기로에서 우리는 물러서거나 눈을 감을 수 없습니다. 대한민국의 미래는 지금 우리의 선택에 달려있습니다. AI 기술 주권을 지키지 못하면 미래의 생존을 담보할 수 없습니다.

그러나 지금 대한민국은 과연 준비되어 있습니까? 정치는 낡고, 행정은 느리고, 국민의 삶은 고단하기만 합니다. AI 시대를 선도해야 할 나라가 AI를 두려워하고 외면하고 있습니다. 저는 AI 대개벽의 시기에 맞는 새로운 리더십을 제안합니다. AI 기술을 수단으로 삼아 사람을 위한 혁신을 이뤄내는 따뜻한 리더십 기술과 인간 공동체의 가치를 통합하는 포용의 리더십입니다.

국민이 진짜 주인인 나라를 만들겠습니다. 국가는 국민을 위해 존재해야 합니다. 그러나 지금 국민은 고립되고, 국정은 불통입니다. 민주주의는 형식만 남고 실질적 참여는 사라졌습니다.

저는 묻겠습니다.

왜 국정은 국민과 멀어져야 합니까?

왜 정치는 국민을 내려다봅니까?

AI 기술로 완전히 새로운 참여 민주주의 '국민 직접 정치 플랫폼'을 실현하겠습니다. 국정의 모든 의사결정 과정에 국민이 함께할 수 있는 'AI 거버넌스 시대'를 열겠습니다. AI를 두려워하지 않습니다. AI는 위협이 아니라 기회입니다. 저는 사람 중심의 포용국가·혁신 국가로 나아가기를 선언합니다. 기술은 사람을 대체하는 것이 아니라, 사람을 돕고, 사람의 삶을 넓히는 방향으로 설계되어야 합니다. 저는 AI 기술을 교육, 복지, 행정에 도입하여 모든 국민이 인간다운 삶을 누릴 수 있는 국가 혁신모델을 구현하겠습니다. 국민 한 분 한 분이 자신의 가능성을 실현하고, 걱정 없이 살아갈 수 있는 나라를 만들겠습니다.

저는 말뿐인 정치를 하지 않겠습니다. 국민이 진짜 주인인 나라 국민의 삶을 중심에 둔 정치를 하겠습니다. 국민의 삶을 근본부터 바꾸는 21대 약속, AI 시대의 '사람 중심 대한민국'을 향한 저의 실천 계획입니다.

(1) 교육 혁신 :
사교육 걱정 없는 나라 교육이 희망이 되는 나라를 만들겠습니다.
(2) 주거 안정 :
집 걱정 없는 사회를 만들겠습니다. '내 집 마련'이 꿈이 아닌 현실이 되도록 하여 주거 안정 사회'를 만들겠습니다.
(3) 물가 안정 :
민생의 숨통을 틔우겠습니다. AI 기반 물가 예측과 관리 시스템을 통해 주요 생필품 가격을 안정적으로 관리하고, 유통구조의 혁신을 통해 소비자 부담을 줄이겠습니다. 경제는 수치가 아닌 국민의 삶입니다.
(4) 복지·의료 혁신 :
생애 돌봄 국가를 실현하겠습니다. 생애 맞춤형 건강관리 체계를 통해 아플 때 두렵지 않은 나라, 늙어도 외롭지 않은 복지국가를 만들겠습니다. 복지는 선택이 아닌 국민의 기본 권리입니다.
(5) 일거리·일자리 혁신 :
누구나 미래를 설계하는 사회를 만들겠습니다. AI가 일자리를 빼앗는 것이 아니라, 새로운 일거리를 창출하는 기반이 되도록 하겠습니다. 청년, 중장년, 시니어 모두가 존엄하게 일할 수 있는 사회를 만들겠습니다.
(6) 정치 혁신 :
국민 참여형 국정 운영을 하겠습니다. 국민이 주인인 정치, 참여와 투명성의 정치를 실현하겠습니다. 정치도 기술처럼 투명하고 참여적으로 바뀌어야 합니다. 이제는 기술과 민주주의, 투명성과 참여가 결합된 'AI 뉴노멀 사회계약'을 써야 할 때입니다. 저는 국민과 함께 이 계약을 써서 지키는 대통령이 되겠습니다.

(7) AI 포용경제 :

모두가 함께 잘사는 나라를 만들겠습니다. '1인 1 AI' 역량 강화로 누구나 새로운 일자리에 도전할 수 있는 AI 공정 경제를 실현하겠습니다.

(8) AI 행정부 실현 :

효율적이고 따뜻한 정부를 만들겠습니다. 기존 전자정부를 넘어선 AI 정부로 진환하겠습니다. 행정은 민첩하게, 서비스는 따뜻하게 변화시키겠습니다. 국민 위에 군림하는 정치가 아니라, 국민 아래서 섬기는 정치 AI로 똑똑하고 투명한 AI 행정부 새로운 민주행정의 문을 열겠습니다.

(9) 지방 균형 발전 :

지역 소멸을 넘어 지역 부활을 실현하겠습니다. AI 기반의 지방행정 혁신으로 '지역 소멸'이 아닌 '지역 부활'을 이루겠습니다. AI는 수도권이 아닌 전국 곳곳에서 살아 숨 쉬게 하겠습니다.

(10) 기후·에너지 전환 :

지속 가능한 생태 국가를 만들겠습니다. AI 기반 스마트에너지 정책, 재생에너지 확대, 탄소 배출권 시장 활성화 등 기후 위기에 실질적으로 대응하며, 지속 가능한 생태와 경제의 공존을 이뤄내겠습니다.

(11) 실용외교와 국가안보 :

국익을 중심으로 국가안보를 실현하겠습니다. 북핵 위협, 미·중 경쟁, 국제 무역전쟁 속에서 감정적 외교가 아닌 실용 외교, 국익 중심의 실용 전략을 펴겠습니다. 한미동맹은 공고히, 중국과는 실용적 협력, 일본과는 역사·미래 병행, 러시아와는 신북방 협력을 통해 균형 외교를 실현하겠습니다. 대한민국의 국익을 굳건히 지키겠습니다.

(12) 상머슴 대통령 :
　국민을 위한 지도자가 되겠습니다. 국민이 대통령을 걱정하는 시대는 끝나야 합니다. 대통령은 권위자가 아닌, 국민 삶을 살피는 국가의 상머슴입니다. 제가 가장 먼저 챙길 것은 국민의 현장, 골목 소상공인의 눈물입니다. 권력보다 국민, 이미지보다 진심으로 다가가는 지도자가 되겠습니다.

(13) 공정한 노동시장과 플랫폼 노동자 보호 :
　약한 고리를 위한 노동 개혁을 하겠습니다. 일한 만큼 정당하게, 쉬어야 할 땐 쉴 수 있는 사람 중심의 노동 질서를 만들겠습니다. 기술이 강할수록, 사람은 더 존엄해야 합니다.

　(14) 금융개혁과 서민 채무 구제 : 빚에서 자유로운 사회를 만들겠습니다. 지금 서민들이 가장 고통받는 건 빚입니다. 전세사기 피해, 고금리 대출, 카드 돌려막기 등 금융 사각지대에 몰린 이들의 숨통을 틔워야 합니다. 서민 금융의 근본 혁신을 약속드립니다. AI 기반 채무조정 자동화 시스템을 구축하여, 서민이 번거로운 절차 없이 신속한 채무조정을 받을 수 있도록 하겠습니다. 전세사기 피해자에게는 공공 긴급 보증, 무이자 생계자금을 제공하여 실질적 회복을 지원하겠습니다. 대출자의 부담을 낮추기 위해, 정책금융 플랫폼을 통한 1~2%대 장기 저리 대환 프로그램을 확대하겠습니다. 돈이 아니라 사람을 위한 금융으로 바꾸겠습니다.

(15) 문화·체육·휴식권 보장 :
　쉼과 여유가 있는 일상을 실현하겠습니다. 서민에게 '삶의 질'이란 말은 너무 멀게 느껴집니다. 일에 치이고, 가계 걱정에 치여 문화도, 여행도, 여가도 사치처럼 느껴지는 현실. 정말 이게 선진국의 삶인가요? '쉼도 권리'라는 패러다임을 정착시키겠습니다. 1인 1문화 프로그램 바우처 제도를 통해, 누구나 예술·체육·독서·관람을 쉽게 접할 수 있는 기회를 보장하겠습니다. 쉼은 사치가 아닌 권리입니다. 문화는 소수의 전유물이 아닌, 모두의 일상이 되어야 합니다.

(16) 청년 희망 회복 :

청년을 위한 '인생 리셋 정책'을 추진하겠습니다. 청년은 미래이자 현재입니다. 하지만 오늘의 청년은 학자금 대출, 취업난, 주거 불안, 고립, 심리적 고통 속에 '인생의 첫걸음'조차 버겁습니다. 청년 기본소득, 청년 주택 바우처, 심리상담 지원 등으로 청년들에게 '인생 리셋 기회'를 제공하겠습니다. 또한 창업·도전·실패가 두렵지 않도록 AI 창업 실험실, 사회 진입 후속 관리 시스템 AI 기반 청년 커뮤니티를 전국적으로 구축해 '청년 삶의 토대'를 복원하겠습니다. 청년이 다시 도전할 수 있어야 나라의 미래가 있습니다.

(17) 국민 안전과 재난 대응 강화 :

AI 기반 '안심국가'를 만들겠습니다. 기후 재난, 지진, 화재, 붕괴 사고 등 재난이 반복되고 있습니다. 하지만 매번 늦은 대응, 반복된 참사, 구조의 한계가 국민을 분노하게 합니다. AI 예측 기반 재난 조기경보 시스템, 국민 체감형 안전 앱, 지역 자율방재 네트워크 강화를 통해 '한발 앞선 예방', '즉각 구조'를 실현하여 일상 속 불안을 제거하겠습니다. 국민의 생명과 안전은 국가의 첫 책임입니다.

(18) 국정 투명성과 반부패 :

권력이 아닌 국민을 위한 검찰로 개혁하겠습니다. 정권에 충성하는 검찰 권력을 수호하는 공직사회에 국민은 깊이 실망해 왔습니다. AI 기반 공직 부패 모니터링 시스템, 권력기관의 정치 중립화, 민간 참여형 감사시스템을 통해 '권력의 사유화'를 원천 봉쇄하겠습니다. 권력에 책임을 묻는 국가를 만들겠습니다. 정의로운 정부만이 국민의 신뢰 위에 설 수 있습니다.

(19) 가정과 돌봄의 재설계 :

아이 키우기 좋은 나라를 만들겠습니다. AI 기반 돌봄 스케줄링 플랫폼 육아휴직 전면 확대와 지원 강화 아빠의 육아 참여 장려 정책 국공립 보육시설의 혁신적 확대로 '가족의 삶'을 국가가 함께 돌보겠습니다. 1인 가구, 독거노인, 한 부모 가정, 다문화 가정 등 다양한 가족의 삶을 세심히 살피겠습니다. 한 아이를 키우는 데 온 나라가 필요합니다. 국가는 '함께 키우는' 파트너가 되어야 합니다.

(20) 디지털 격차 해소와 인권 보호 :

기술의 그늘까지 살피는 정부가 되겠습니다. AI 전환은 필연이지만, 모든 국민이 AI 세계에 자연스럽게 참여하는 것은 아닙니다. 디지털 문맹 퇴치 국가 전략, 노인·장애인 대상 'AI 동행 교육 프로그램', 디지털 접근권 보장법 제정을 통해 모두를 위한 디지털 포용국가를 실현하겠습니다. 기술은 모두를 위한 것이어야 하며, 인간의 존엄을 침해해서는 안 됩니다.

(21) 사회적 신뢰 회복 :

연대와 공동체 정신을 복원하겠습니다. 대한민국은 지금 '불신의 사회'로 치닫고 있습니다. 이념, 세대, 지역, 성별 갈등이 국론을 분열시키고, 타인을 믿지 못하는 사회가 되어가고 있습니다. 국민 간 협력형 문제 해결 플랫폼을 열고, 분열의 정치를 넘어 상생과 연대의 사회로 나아가겠습니다. 강한 나라는 무기가 아니라 신뢰에서 비롯됩니다.

사랑하는 국민 여러분!

우리는 다시 선택의 갈림길에 서 있습니다. 과거로 돌아갈 것인가, 미래로 나아갈 것인가. 저는 말이 아닌 실천으로, 기득권이 아닌 국민으로, 권력이 아닌 희망으로 나아가겠습니다. AI는 수단이고, 국민은 목적입니다. 기술은 도구이고, 정치는 사람을 향해야 합니다. 저는 그 길의 맨 앞에서, 국민의 손을 잡고 담대하게 미래로 나아가겠습니다.

개천에서 용이 나오는 나라, 희망 격차 없는 사회, 사람이 희망이 되는 대한민국 그 새로운 미래를 국민과 함께 만들고 싶습니다. 사람이 희망입니다. 국민이 주인입니다. 미래는 함께 만드는 것입니다. AI 시대를 여는 대통령, 국민의 삶을 따뜻하게 지키는 정치의 새 시대를 여는 대통령이 되겠습니다.

저는 국민 여러분의 눈을 마주 보고 서 있는 대통령이 되고 싶습니다. 제가 가는 길은 혼자가 아닙니다. 우리 함께 갑시다. 바꿔야 할 것은 너무 많지만, 함께라면 반드시 바꿀 수 있습니다.

저는 믿습니다. 국민이 나서면 역사가 바뀐다는 것을 대한민국의 다음 100년 AI와 사람이 함께 어우러지는 희망의 길을 열겠습니다. 이념과 진영, 세대와 지역을 넘어 하나 된 대한민국을 만들겠습니다. 갈라진 마음을 잇고 상처받은 국민의 마음을 어루만지겠습니다.

저는 국민과 함께 절망을 딛고 일어설 것입니다. 눈물의 강을 건너, 희망의 언덕에 함께 오를 것입니다. 우리의 미래는 우리가 함께 만드는 것입니다. 그 위대한 여정에 함께해 주십시오. 고맙습니다.

〈출처 : Naver Blog 2025. 4. 14〉

2. AI 독립전쟁, 미래를 지키는 AI 주권

AI 주권 수호, AI 시대 3.1운동
AI 의병에서 글로벌 AI 연합까지
시간과의 사투, AI 강국 도약 결정

삼일운동 106주년을 맞은 오늘, 대한민국은 새로운 독립전쟁의 전장에 서 있다. 우리는 AI 시대의 새로운 독립을 향한 외침을 시작해야 한다. 미국의 ChatGPT 제국과 중국의 AI 황제국 사이에서 우리의 디지털 주권을 지켜내기 위한 전투가 시작되었다. 1919년 선열들이 외친 '대한독립만세'의 함성은 이제 'AI 주권 수호'로 진화해야 한다. 반도체 강국이라는 허울 뒤에 숨은 AI 종속의 현실을 직시해야 한다. 전 국민의 스마트폰에서 작동하는 AI 모델의 대부분이 외국산임은 현대판 을사늑약과 다르지 않다.

첫째 전선은 문화 유전자를 담은 AI 혁명이다. 세종대왕의 혜안으로 창제한 한글이 ChatGPT의 영어 중심 알고리즘에 갇혀 있는 현실을 타파하고, 오랜 문화 DNA를 학습한 한국형 AI 표준을 수립할 때이다. 우리만의 'AI 기술 패키징'을 통해 삼성전자가 메모리 시장을 장악했던 것처럼, AI 반도체 설계부터 클라우드 인프라 구축까지 수직적 생태계를 완성해야 한다. TSMC의 파운드리 독점을 넘어설 'K-반도체-AI 콤플렉스' 구축은 국가적 과제이다.

둘째 전선은 AI 의병 조직이다. AI 인재 양성에 전쟁 같은 투자가 필요하다. AI 박사급 인력의 실리콘밸리 유출을 막기 위해 전국 주요 대학의 AI 융합학부에 'AI 인재 의무 복무제도'를 도입하는 방안을 검토해야 한다. 스타트업 지원은 현대판 의열단 투쟁과 같으며, 2030세대가 주도하는 AI 벤처 창업이 전국 각 지역에서 이루어져야 한다.

셋째 전선은 글로벌 AI 연합 전술이다. 글로벌 AI 표준화 전쟁에서 선제적 공격을 위해 'K-AI 윤리헌장'을 제정하고, 동남아 여러 나라에 한국형 AI 교육 허브를 설립해야 한다. 특히 의료 AI 분야에서 이미 두각을 나타낸 우리 강점을 바탕으로, 디지털 트윈 기술과 바이오 AI 플랫폼에 한글 LLM을 융합하여 '바이오-IT-문화 콘텐츠' 복합 생태계를 조성할 필요가 있다.

넷째 전선은 정치 지형의 재편이다. 탄핵 정국에 머무르는 낡은 정치인들이 AI 독립전쟁의 최대 장애물이 된다. 법조계 출신 올드

보이들이 입법 과정에서 AI 규제 장벽만 강화하는 상황을 타파하고, 대통령 직속 AI 전쟁 수행본부를 설치하며 MZ 세대의 디지털 네이티브 인재를 국가 주요 보직에 배치해야 한다. 국방부에 AI 사령부를, 과학기술부에 AI 전략국을 신설하는 동시에, 기존 부처의 사일로(Silo)화 된 조직구조를 과감히 해체할 강단이 필요하다.

다섯째 전선은 시간과의 사투에서 승리하는 것이다. 중국이 AI 슈퍼파워 도약을 선언한 시점에 우리에게 남은 시간은 극히 제한적이다. 반도체 패키징 기술 우위를 AI 칩 설계까지 연결하지 못하면 삼성전자도 TSMC의 하청 업체로 전락할 위기에 처한다. 현대차가 전기차 시장에서 보여준 과감한 전략 전환처럼, AI 산업 전체에 동일한 결단이 요구된다.

여섯째 전선은 '디아스포라(Diaspora) 네트워크'를 전략무기로 활용하는 것이다. 실리콘밸리에서 한국계 과학자들이, UAE에서 AI 도시 프로젝트를 이끌고 있는 엔지니어들이, 해외 동포들이 AI 특공대로 조직되어야 한다. 이들을 위한 디지털 영사관 설립, 가상 국적 제도 도입, 해외 AI 인력 풀 구축 등 과감한 제도 혁신이 필요하다. 만약 이 전쟁에서 패배한다면 2030년 대한민국은 미국의 데이터 콜로니(colony)나 중국의 알고리즘 속국이라는 두 가지 길만 남게 될 것이다. 그러나 우리에겐 제3의 선택지가 있다. 글로벌 AI 생태계의 새로운 헤게모니 국가로 도약하는 길이다. 이를 위해서는 기술과 제도, 인력과 정신의 총체적 혁명이 필요하다.

지금이 결정적 순간이다. 역사는 우리에게 AI 독립전쟁의 불꽃을 지피라고 명령한다. 이 선언문이 현실로 다가오면 한반도 전역은 AI 특구로 변모하며, AI 삼일절의 함성이 세계에 울려 퍼질 것이다.

다가오는 위기의 시대, 우리 세대의 사명은 AI 시대에 걸맞은 강력한 리더십으로 미래세대를 위한 희망을 되찾는 것이다. 정치, 경제, 사회 전반의 근본적 변혁이 필요하며, 이러한 변화가 이루어질 때 대한민국은 글로벌 AI 강국으로 도약할 것이다.

〈출처 : Naver Blog 2025. 3. 1〉

3. 트럼프 2.0 시대, 대한민국의 생존전략

트럼프·젤렌스키 회담결렬 국제정세 변화
강대국 경쟁 속 한국의 자주적 발전 방안

최근 도널드 트럼프 미국 대통령과 볼로디미르 젤렌스키 우크라이나 대통령 간의 회담이 결렬되며, 우크라이나 전쟁 속에서 미국의 지원이 '정치적 거래'로 변질될 가능성을 시사했다. 이는 국제 사회에 큰 파장을 일으키며 한반도에도 중대한 영향을 미칠 수 있다.

현재 국제 사회는 힘의 논리가 지배하는 무자비한 경쟁의 장이다. 트럼프는 자국 이익을 위해 우크라이나를 희생시키는 데 주저하지 않으며, 민주주의와 인권보다 실리적 계산을 우선시한다. 이러한 상황은 한국에도 직접적인 영향을 줄 수 있다.

만약 트럼프와 김정은이 한국을 배제하고 나진·선봉 경제특구 개발을 추진한다면, 한국은 즉각적인 위기 대응 체계를 가동해야 한다. 조기 대선이 치러질 경우, 차기 대통령은 강대국 지도자들과 협상하며 AI 시대에 맞는 한국경제의 발전을 어떻게 이끌어야 할까.

첫째, 자주국방 역량을 강화해야 한다. 군사력 5위라는 순위만으로는 국가안보를 보장할 수 없다. AI와 양자컴퓨팅 등 미래 전쟁의 핵심 기술 생태계를 독자적으로 구축해야 하며, 6G 통신, 로봇공학, 사이버 방어 시스템 등 차세대 전략무기 개발에 집중 투자해야 한다. 특히 북한의 비대칭 위협에 대응하기 위해 AI 기반 감시 체계와 자율형 무기 시스템 개발이 시급하다. 또한, 핵무기 보유 가능성도 전략적으로 검토해야 한다.

둘째, 다극화 시대의 맞춤형 외교 전략으로 재정립해야 한다. 미국, 중국, 러시아의 패권 경쟁 속에서 한국은 특정 국가에 편중되지 않는 유연한 외교 전략이 필요하다. 신남방정책(인도·ASEAN)과 신북방정책(러시아·유라시아)을 연계해 경제적 다변화를 꾀하고, EU와 AI 경제 협약 체결 및 아프리카 신시장 개척으로 미국 의존도를 낮춰야 한다. 트럼프가 북한과 협력할 경우, 남한은 대북 제재 완화와 경협 연결을 위한 국제적 지지 기반을 미리 확보해야 한다.

셋째, AI 경제로 산업 구조를 전면 혁신해야 한다. AI 시대에 발맞춰 산업 구조를 재편하고, 글로벌 AI 시장에서 경쟁력을 확보해야 한다. 2030년까지 글로벌 AI 시장 규모가 약 1조 3,452억 달러(약 1,800조 원)에 이를 것으로 예상되는 만큼, AI를 반도체 이후의 차세대 먹거리로 삼아야 한다. 이를 위해 대규모 AI 연구단지 조성, 스타트업 육성 자금 지원, 글로벌 인재 유치를 위한 특별법 제정 등 구체적인 정책이 필요하다.

넷째. '강대국 리더십'에 휘둘리지 않는 실용적 리더십이 필요하다. 트럼프·푸틴·시진핑·김정은 등 강압적 리더들과의 협상에서는 냉철한 국익 계산이 필요하다. 북한의 나진·선봉 경제특구 개발 참여 시 우리의 지위를 보장받기 위해 러시아·중국과 에너지 협력 및 유럽 연계 물류망 구축 등 실질적 카드를 활용해야 한다. 미국의 압박에 단순히 반응하기보다 한반도 평화 프로세스를 주도하며 국제 사회에서 협상력을 높여야 한다.

마지막으로, AI 시대 국민 통합을 이뤄내야 한다. AI 격차가 계층 간 갈등으로 이어지지 않도록 교육 시스템을 전면 개편해야 한다. 초등학교부터 알고리즘과 데이터 분석 과목을 의무화하고, 중장년층 대상 재교육 프로그램을 국가 차원에서 운영해야 한다. 동시에 가짜 뉴스와 사이버 공격에 대비해 AI 시민의식 교육을 강화하고 언론은 정확한 정보를 제공하며 건전한 토론 문화를 조성해야 한다.

　대한민국은 AI 시대와 변화하는 국제정세 속에서 역사적 전환점에 있다. 이 시대에 적응하지 못하면 도태될 것이므로, 국가 운영 시스템의 혁명적 전환이 필요하다. 이러한 도전에 대응하기 위해 국민의 지혜와 노력을 모아 AI 시대에 맞는 새로운 국가 체제를 구축하고 글로벌 리더십을 확보해야 한다. 우리의 역량을 결집하여 AI 시대의 선도 국가로 도약하고, 밝은 미래를 향해 나아가야 할 때다.

〈출처 : Naver Blog 2025. 3. 3〉

제8장

AI 경제가 대한민국의 미래를 열다

1. 딥시크의 성공, AI 시대의 새로운 딜레마

최근 중국 AI 스타트업 딥시크(deepseek)의 성공이 전 세계를 놀라게 했다. 딥시크의 성공 요인은 위기를 기회로 삼은 열정, 창의력, 도전 정신, 문제 해결 능력, 혁신, 효율성 등이다. 이는 한국의 산업화 시대를 떠올리게 한다. 당시 우리는 서구 열강과 일본에 산업화는 100년 뒤졌지만 '한강의 기적'으로 IT 산업 강국으로 도약했다. 그 시절엔 주 52시간 규제가 없었고, 국민 모두 쉴 새 없이 일했다. 하지만 지금은 다르다. 52시간 규제로 세계 빅테크 기업과 경쟁해야 하는 첨단 산업의 소프트웨어 개발이 지체되고 있는 게 현실이다. 과연 딥시크의 엔지니어들이 52시간을 지키며 막대한 자본과 기술, 우수한 인재로 무장한 미국 글로벌 기업을 따라잡을 수 있었을까.

이재명 더불어민주당 대표가 최근 반도체 산업 R&D 인력에 대한 주 52시간 예외를 검토하겠다고 밝혔다. 이는 기존의 반대 당론에서 벗어나 반도체 업계와 중도층의 여론을 수용한 것으로 보인다. K반도체의 경쟁력 확보를 위해 필요한 조치지만, '왜 이제야'라는 아쉬움도 든다. AI와 반도체 산업은 전쟁터와 같다. 중국의 국가 주도 반도체 육성에 맞서 미국, 일본도 반도체 산업 부흥에 사활을 걸고 있다.

제조 분야에선 대만, AI 분야에선 미·중에 밀려 K 반도체의 입지는 갈수록 좁아지고 있다. 특히 '주 52시간'은 경쟁국에선 찾아볼 수 없는 규제다. R&D 분야는 노동 유연성이 중요한데 주 52시간을 강요하는 것은 인재들의 창의성을 저해할 수 있다.

그러나 무조건적인 규제 완화는 위험하다. 노동계에서는 장시간 노동이 오히려 우수 인재 유출을 초래할 수 있다고 경고한다. 또한, 특정 시기에 노동을 집중하는 방식은 윤석열 정부의 '주 69시간제' 논란을 떠올리게 한다. 다른 나라의 반도체 산업은 주 52시간 예외에 대해 더 유연한 접근을 하고 있다. 미국의 경우, 주 40시간의 법정 근로시간을 운영하지만 연장 근로시간에 별도의 제한을 두지 않고 있다. 대만의 TSMC는 개발자들이 자유롭게 초과근무를 할 수 있도록 하고 있다. 일본은 2019년부터 '고도(高度) 전문직 제도'를 시행하여 R&D 등에 종사하는 고소득 근로자에 대해 근로 시간 규제를 적용하지 않고 있다.

주 52시간 근무제가 AI 시대 K-반도체 산업의 경쟁력을 저해한다는 우려가 커지고 있다. AI 시대에 걸맞은 새로운 접근이 필요한 시점에서, 다음과 같은 방안을 고려해 볼 수 있다.

첫째, AI 기반 근무 관리 시스템을 도입해야 한다. 근로자의 업무 패턴과 생산성을 분석해 개인별 최적 근무 스케줄을 제안하는 시스템을 구축함으로써 불필요한 초과근무를 줄이고 효율적인 시간 관리가 가능해질 것이다.

둘째, 성과 중심의 평가 체계를 구축해야 한다. 근무 시간이 아닌 성과와 창의성 중심으로 평가하는 체계를 운영하여 근로자의 자율성과 책임감을 높이고, 성과에 따른 보상으로 동기를 부여해야 한다.

셋째, 고소득 전문가에 대한 예외 인정이 필요하다. AI 반도체 산업의 신상품·신기술 연구개발 인력 중 일정 소득 기준 이상인 직원에게 주 52시간 적용 예외를 둬야 한다. 이는 미·일 등에서 시행 중인 'White Collar Exemption'과 유사한 개념이다.

넷째, 건강권과 휴식권 보장 장치를 마련해야 한다. 장시간 근로로 인한 건강 악화와 Burnout 방지를 위해 연속 근무 시간 제한, 의무 휴식 시간 설정, 정기 건강검진 등을 도입하고, 연간 총 근로 시간 상한선을 설정해 장기적 과로를 막아야 한다.

이러한 대안들은 산업 경쟁력 강화와 근로자 권리 보호 사이의 균형을 추구한다. AI 시대에는 단순히 노동시간을 늘리는 것이 아니라, 효율적이고 창의적인 근무 환경을 조성하는 데 초점을 맞춰야 한다. 더불어 정부와 기업은 R&D 투자를 대폭 확대하고, 우수 인재 유치를 위한 환경을 조성해야 한다. 노동자의 권리를 보호하면서도 산업 경쟁력을 높일 수 있는 지혜로운 해법을 찾는 것이 중요하며, 이는 정부, 기업, 노동계가 함께 고민해야 할 과제다.

대한민국은 지금 AI 산업의 미래를 좌우할 중대한 갈림길에 서 있다. 조기 대선이 실시된다면 우리는 미래를 위한 선택을 해야 한다. 우리에게는 'AI 시대 제2의 한강'의 기적을 이끌어갈 진정한 AI 리더가 필요하다.

〈출처 : Naver Blog 2025. 2. 4〉

2. AI 스푸투니크 쇼크, 대한민국의 선택적 대응

최근 중국의 벤처기업 DeepSeek가 미국보다 1/10 비용으로 동등한 성능의 AI를 선보이면서, 미국은 말 그대로 'AI 스푸트니크 쇼크'를 겪고 있다. 나스닥과 비트코인이 폭락하고, 미국의 빅테크 기업들도 큰 타격을 받고 있는 상황이다. 이 사건은 단순한 기술 경쟁을 넘어, 산업과 경제 전반의 질서를 흔드는 신호탄이 되고 있다.

역사적으로 이런 일은 한 번 있었다. 19세기 말, 산업혁명 이후 세계 경제를 주도하던 영국은 독일이 급부상하자 경제 제재와 기술 봉쇄를 시도했다. 영국은 독일 제품을 저(低)품질로 낙인찍고 "Made in Germany"라는 라벨을 의무화해 독일 제품의 판매를 방해했다. 하지만 독일은 이를 오히려 기회로 삼아 기술력을 끌어올리고 품질을 혁신하며 "Made in Germany"를 고품질의 상징으로 바꾸는 데 성공했다. 결국 독일은 오늘날 세계적 산업 대국으로 자리 잡았다.

(1) 중국의 DeepSeek와 새로운 패권 다툼

현재 미국과 중국의 상황도 비슷하다. 미국이 고성능 반도체 칩 수출을 중국에 제한하자, 중국은 하드웨어에 의존하지 않고 소프트웨어 최적화로 반격했다. 그 결과 DeepSeek은 저비용 고효율의 AI 기술을 내놓았고, 이는 곧 ChatGPT와 동등한 성능을 자랑하게 되었다. 미국이 기술 제재로 중국을 압박하려 했지만, 중국은 이를 기회 삼아 혁신을 만들어낸 것이다.

이 사건은 앞으로 AI 글로벌 생태계에서 미국과 중국 간 패권 다툼의 시작을 알리는 서막이라 볼 수 있다. AI는 이미 미래 경제와 안보의 핵심이다. 따라서 기술 패권을 잡기 위한 경쟁은 더욱 치열해질 것이고, 여기에서 누가 주도권을 쥐느냐에 따라 세계 경제의

판도가 달라질 것이다

(2) AI 시대 대한민국을 위기에서 기회로

　그렇다면 대한민국은 어떤 길을 걸어야 할까? 현재 우리는 정치적 혼란 속에서 조기 대선이라는 중대한 전환점에 서 있을 것으로 예상된다. 이 혼란 속에서도 우리에게도 중요한 기회가 왔다. 우리가 어떻게 대응하느냐에 따라, 이 혼란이 새로운 도약의 발판이 될 수도 있고, 아니면 더 큰 위기로 이어질 수도 있다.

　가장 중요한 것은 시대에 맞는 지도자의 등장이다. AI 시대에 맞는 지도자는 단순히 정치 경험만으로는 부족하다. 도덕성과 참신성은 기본이고, 글로벌 관점과 기술적 통찰력을 갖춘 전문가가 필요하다.

　지금 세계는 AI를 중심으로 급격히 재편되고 있다. 이런 변화의 물결 속에서 우리나라가 살아남으려면, AI에 대한 깊은 이해와 전략적 사고를 가진 지도자가 앞장서야 한다.

　뿐만 아니라, 정부와 기업, 학계가 협력하여 AI 기술 개발과 생태계 구축에 나서야 한다. 독일이 "Made in Germany"로 혁신을 이뤘듯이, 우리는 "Made in Korea"를 글로벌 AI 시장에서 품질의 상징으로 만들어야 한다. 기술 개발만이 아니라, AI를 활용한 사회문제 해결, 특히 초저출생과 양극화 같은 문제에도 AI를 적극 활용해야 한다.

(3) 국민의 요구는 새로운 리더십

　대한민국 국민은 지금 변화와 희망을 원한다. 그동안 불통, 무능력, 비도덕성에 실망했던 국민은 새로운 리더십을 갈망하고 있다. AI 시대에 걸맞은 비전을 제시하고, 정치적 갈등을 뛰어넘어 국민을 하나로 모을 수 있는 지도자만이 이 위기를 기회로 바꿀 수 있다.

지금은 우리나라가 세계 기술 경쟁에서 도태되지 않고, AI 강국으로 나아가기 위해 모두가 힘을 모아야 할 때다. 혼란 속에서도 미래를 준비하는 국가, 새로운 길을 제시하는 지도자가 나타난다면, 대한민국은 또 한 번 세계 속에서 빛날 수 있을 것이다. 우리 다 함께 뉴 대한민국 AI G3 도약을 위해 동참하자.

〈출처 : Naver Blog 2025. 1. 28〉

3. AI 시대 '헥토콘' 육성, 한국경제의 새 도전

민주당이 발표한 '삼성전자급 헥토콘 육성' 계획은 야심 찬 경제 성장 전략으로 주목받고 있다. '삼성전자급 헥토콘 6개 육성' 계획은 'ABCDEF' 분야(AI, 바이오, 문화, 방산, 에너지, 식량)에서 세계적인 대기업을 육성하여 국가 경제 성장률을 높이겠다는 야심 찬 목표를 담고 있다.

헥토콘(Hectocorn)은 기업 가치가 1,000억 달러 이상인 기업을 뜻하며, 이는 유니콘(10억 달러 이상)이나 데카콘(100억 달러 이상)보다 훨씬 큰 규모다. 민주당은 이러한 헥토콘 6개와 유니콘 100개를 육성해 경제 성장을 견인하겠다는 구상을 발표했다.

하지만 이 계획의 실현 가능성에 대한 의문도 제기되고 있다. 대기업의 성장은 단순히 정부의 선언이나 자본 투입만으로 이루어지지 않으며, 삼성전자가 글로벌 기업으로 성장하기까지 반세기 이상의 시간과 혁신, 글로벌 전략, 인재 확보 등의 복합적인 요소가 작용했다.

헥토급 기업을 단기간에 육성하겠다는 목표는 현실성이 부족해 보인다. AI 산업에서 세계적 기업을 육성하려면 기술 개발, 인재 양성, 규제개혁, 산업 생태계 구축 등 구체적인 실행 계획이 필요하다. 그러나 현재 발표된 내용은 비전에 머물러 있어 계획의 신뢰성이 떨어진다.

한국의 스타트업 생태계는 여전히 규제와 자금 조달의 한계로 어려움을 겪고 있으며, 글로벌 시장 확장에도 제약이 많다. 혁신적인 아이디어를 가진 스타트업이 성장할 수 있는 환경이 부족한 상황에서 단기간에 글로벌 대기업을 육성하겠다는 목표는 설득력이 떨어진다.

그렇다면 이러한 한계를 극복하고 계획을 실현하기 위해서는 무엇이 필요할까.

첫째, 규제 혁신과 신산업 촉진이 우선되어야 한다. 차량 공유, 숙박 공유, 원격 의료 등 글로벌 기준에 맞지 않는 규제를 개선해 혁신 기업의 성장과 새로운 산업 생태계 조성을 지원해야 한다. AI 산업에서는 개인정보 보호와 데이터 활용의 균형을 맞춘 법 제도가 필요하다.

둘째, 지역 특성에 맞는 산업 클러스터와 혁신 허브를 구축해야 한다. 대기업, 중소기업, 스타트업이 함께 성장할 수 있는 환경을 조성하고, 지역 균형 발전을 도모할 수 있다. 대학, 연구기관, 기업 간 협력으로 기술 혁신을 가속화하고 경쟁력을 갖춘 기업을 육성해야 한다.

셋째, 스타트업과 중소기업 생태계 강화가 필요하다. 초기 투자 활성화와 글로벌 진출 지원을 통해 스타트업의 성장 환경을 조성해야 한다. 해외 네트워크, 마케팅, 현지화 전략 지원으로 벤처기업이 대기업으로 성장할 수 있는 기반을 마련해야 한다.

넷째, 인재 육성이 핵심이다. AI, 바이오, 에너지 등 첨단 분야의 인재 양성을 위해 교육 시스템을 전면 개편해야 한다. 대학, 직업 교육, 평생 교육을 통해 전문 인력을 양성하고 산업 현장에 투입해야 한다. 또한 유연한 노동시장 조성을 위해 관련 규제를 완화해야 한다.

다섯째, 정부는 산업 주도자가 아닌 기업 혁신의 조력자 역할을 해야 한다. 과도한 규제 대신 공정한 경쟁 환경과 기업 친화적 정책으로 기업의 자율성과 창의성을 보장해야 한다. 산업 정책의 성과를 지속적으로 분석하고 개선하는 체계적인 관리 시스템도 필요하다.

마지막으로, 헥토콘 기업을 실현하기 위해서는 장기적이고 체계적인 전략이 필수적이다. 단순한 선언이 아닌 구체적인 실행 계획과 지속적인 지원, 그리고 기업이 자생적으로 성장할 수 있는 환경 조성이 뒷받침될 때 한국경제는 지속 가능한 성장을 이룰 수 있을 것이다.

AI 시대의 한국경제는 정치권과 정부 주도의 단기적 성과보다는 민간 주도의 혁신과 글로벌 시장 경쟁력 확보를 통해 더욱 견고하게 발전할 수 있다. AI 시대의 경제 성장은 정부의 선언이나 계획이 아닌, 기업과 개인의 창의성과 도전 정신에서 비롯될 것이다.

우리는 지금, 미래를 향한 대담한 도전과 혁신의 AI 시대에 서 있다. 이 시대를 이끌어갈 AI 리더의 역할이 그 어느 때보다 중요하다. 지금이야말로 대한민국의 미래를 여는 AI 리더와 함께 정부와 기업, 그리고 국민 모두가 힘을 모아 AI 시대 도전에 함께 나서야 할 때다.

〈출처 : Naver Blog 2025. 2. 7〉

4. 패권 경쟁 속 한국의 지속적 도약

중국 딥시크(DeepSeek)의 출현은 단순한 기술 발전을 넘어 글로벌 AI 경쟁의 판도를 흔들어 놓았다. 기존 모델과 유사한 성능을 훨씬 저렴한 비용으로 제공하며, 고성능·저비용 AI의 시대를 열었다. 이는 자본력 없이도 혁신적 AI 개발이 가능함을 입증하며 기술 접근성을 높이는 데 기여했다.

이러한 변화는 AI 산업 전반에 충격을 주었고, 오픈소스 협력 모델의 중요성이 더욱 부각되었다. 주요 AI 기업들은 폐쇄적 개발 전략에서 개방형 협력으로 전환해야 한다는 압력을 받고 있다. 미국은 반도체 수출 통제와 데이터 규제 등을 통해 중국의 AI 굴기를 견제하고 있다.

딥시크의 저비용·고효율 AI 모델은 AI 인프라 비용을 크게 낮추었지만, '제본스의 역설'을 상기시킨다. 이 역설에 따르면, 기술의 효율성 향상은 사용량을 증가시킨다. AI에 적용하면, 효율적인 모델로 인해 AI의 '상품화' 및 광범위한 사용 전망과 일치한다.

중국은 AI 발전을 국가 전략으로 삼아 대규모 재정·행정 지원을 쏟아붓고 있으며, 주요 도시들은 AI 산업 육성을 위한 전략적 투자를 강화하고 있다. 딥시크는 이러한 정부 지원과 민간 투자가 결합된 결과물이며, 혁신적 기술 개발과 오픈소스 전략을 통해 빠르게 성장했다.

딥시크는 다양한 AI 모델을 공개하며 기술력을 입증했고, 모회사로부터 막대한 컴퓨팅 인프라를 지원받아 글로벌 AI 연구소들의 주목을 받고 있다. 동시에 AI 산업이 단순 기술 개발을 넘어 산업 전반의 융합과 비용 구조 혁신으로 발전하고 있다는 점을 보여준다.

미국 부통령 JD 밴스는 프랑스 AI 서밋 연설에서 21세기 기술 패권 재편에 대한 논의를 본격화했다. 미국은 개방형 혁신 생태계를,

EU는 규제 기반 공공성을, 중국은 국가 자본주의 모델을 앞세우며 AI 전략을 전개하는 가운데, 몇 가지 핵심 과제가 부각된다.

글로벌 AI 윤리 표준화가 필요하다. AI 기술이 급격히 발전하면서 자율적 행동 강령의 국제적 합의가 요구된다. AI 인프라 협력을 위해 반도체 공급망 다변화와 데이터·에너지 복합단지 구축이 필요하다. AI로 인한 일자리 상실 문제를 해결하기 위해 보상 체계를 마련해야 한다.

딥시크의 등장은 중국 기업들이 공격적 투자와 정책 지원을 통해 글로벌 AI 시장에서 입지를 넓혀가는 사례를 보여준다. 이에 대응해 미국 기업들도 기술 보호와 비용 절감 전략을 강화하고 있다. AI 시장은 장기적으로 확장될 것이며, 경쟁 구도도 변화할 전망이다.

한국은 미국과 중국의 AI 패권 다툼 속에서 전략적 대응이 필수적이다. 단순 생존을 넘어 AI 강국으로 도약하기 위해 몇 가지 핵심 전략이 필요하다.

첫째, AI 연구개발 투자 확대다. 정부와 민간이 협력하여 장기적인 생태계를 조성해야 한다. AI 핵심 기술인 미래 성장 동력에 집중 투자하고, AI 칩 관련 신기술 개발을 지원해야 한다. 또한 글로벌 연구소와의 협력 강화와 인재 양성을 위한 교육 혁신이 필요하다.

둘째, 제조업 기반 활용이다. 한국은 강력한 제조업 기반을 바탕으로 피지컬 AI 분야에서 경쟁력을 키워야 한다. 스마트 팩토리, 디지털 트윈, 엣지 컴퓨팅, 로봇 기술을 활용해 AI 산업의 하드웨어 부문을 선도하고, 글로벌 시장에서 차별화된 제품과 서비스를 개발해야 한다.

셋째, 규제 혁신과 정책 지원이다. 보수적인 규제를 타파하고 AI 스타트업과 신기술 개발이 활성화될 수 있도록 제도를 정비해야 한다. 동시에 데이터 보안과 윤리 기준을 확립해 국제 협력을 강화하고, AI 기술 표준을 선도할 기반을 마련해야 한다. 노동 관련 규제도 완화하여 주 52시간 근로 등에 제한받지 않고 기업들이 AI 기술 개발에 혼신의 힘을 쏟을 수 있도록 도와야 한다.

넷째, 소비자 중심 AI 시장 개척이다. 소비자 AI 시장에서는 단순히 기술 성능을 높이는 것을 넘어 실질적으로 국민 생활에 기여하는 서비스가 필요하다. 다양한 산업에 특화된 버티컬 AI 모델을 개발해 국민의 편의와 경제적 이익을 동시에 증대시켜야 한다.

다섯째, 글로벌 협력 네트워크 강화다. 미국, 중국, 유럽 등 주요국과 기술 교류 및 공동 연구를 확대해야 한다. 한국은 강한 기술력을 바탕으로 틈새시장을 공략해 세계 AI 시장에서 입지를 넓히는 전략을 취하는 노력이 요구된다.

딥시크의 등장은 글로벌 AI 산업에 새로운 경쟁 구도를 형성했고, 각국은 이에 맞춰 대응 전략을 강화하고 있다. 한국은 미중 AI 패권 경쟁 속에서 전략적 대책을 마련하고, AI 강국으로 도약하기 위한 장기적 비전을 세워야 한다. 이를 위해선 정부와 기업은 물론 여야 정치권이 협력의 리더십을 발휘해야 한다.

기술 혁신과 글로벌 협력을 기반으로 차별화된 AI 생태계를 구축한다면, 한국은 AI G3 강국으로 얼마든지 자리매김할 수 있다. 기술 투자·제조 역량·규제 개혁의 삼각 균형을 통해 한국은 미중 경쟁의 틈새에서 생존을 넘어 글로벌 AI 리더십을 발휘하길 기대해 본다.

〈출처 : Naver Blog 2025. 2. 16〉

제9장

한양검결(漢陽劍決)

1. 조선 제일검 대결 1

옛 조선, 바람이 거칠게 한양 골목골목을 휘돌았다. 백성의 눈동자에는 기대와 두려움이 교차했다. 천하를 구할 제일검을 가리는 운명의 한판이, 바로 이 한양 한복판에서 열리려 하고 있었기 때문이다.

　조선의 검문(劍門)에는 세 개의 길이 있었다. 민주파, 국힘파, 그리고 관료파. 각 파벌의 검객들은 저마다의 신념과 야망을 품고 칼을 쥐었지만, 저잣거리의 백성들은 이미 꿰뚫어 보았다.

　"낡은 칼 놀음으론, 이 거센 시대의 강을 건널 수 없을 터…"

민주파 - 재명 검객 : '진취의 검'
　먼저 등장한 것은 민주파의 재명 검객이었다. 그의 검은 오래도록 피바람을 헤쳐온 '진취의 검'이었다. 거친 풍파 속에서도 살아남은 그 검은 빠르고 집요했다. 거칠게 휘두르는 그의 검술은 부패한 권력의 껍데기를 벗기고, 곳곳에 상처 입은 백성의 마음에 약간의 희망을 심어주었다. 그러나 세월은 그 검에도 흔적을 남겼다. 지나온 수많은 싸움은 그의 칼끝에 때론 무거운 의심과 피로를 얹었다.

"강한 검은 필요하지만, 상처만 남긴다면 무슨 소용인가."

백성들은 그렇게 속삭였다.

국힘파 - 동훈 검객 : '법도검'

국힘파의 대표 동훈 검객. 그는 냉정한 법도를 바탕으로 정교한 검술을 펼쳤다. 칼끝은 깔끔했으나, 그의 검에는 온기가 부족했다. 칼은 법을 지켰지만, 사람을 살피지는 못했다.

"법을 위해 검을 들지, 백성을 위해 들지는 않는구나."

저잣거리에서는 그런 말들이 오갔다.

관료파 - 덕수 검객 : '조정검'

어둠 속에서 은밀히 준비해 온 덕수 검객 또한 무대에 올랐다. 그는 조정(朝廷)의 뜻을 받들어 무공을 닦아왔고, 검술은 탄탄했다. 덕수 검객은 단단히 마음을 먹었다. 이 판에서 재명 검객을 넘지 못하면, 관료파의 존재 자체가 사라질 것이라는 위기 의식 속에, 국힘의 동훈 검객과 손을 맞잡았다.

한양을 뒤흔드는 합종연횡

5월 10일, 결투의 문이 열리자, 검객들은 이름을 걸었다. 5월 25일, 검객 명단이 나붙을 무렵 합종연횡의 소문은 한양 거리를 요동치게 했다.

"누가 누구와 손잡을 것인가?"

"어느 검객이 누구를 꺾을 것인가?"

그러나, 아무리 국힘과 관료가 합쳐도, 재명 검객을 넘어서긴 어렵다는 게 무림계의 중론이었다. 백성들은 다 알고 있었다. 이번 승부는 단순한 힘 겨루기가 아니다.

"이제는 검술이 아니라, 세상을 꿰뚫을 새 검법이 필요하다."

뉴 검객 - '통섭검'의 창시자

그때, 저잣거리 먼 끝에서 바람을 거슬러 오는 한 사내가 있었다. 그는 누구보다 새로웠고, 누구보다 묵직했다. 뉴 검객. 그는 기존의 낡은 무공, 틀에 갇힌 검법을 모두 벗어던지고, 시대의 바람, 과학의 흐름, 백성의 숨결까지를 아우르는 '통섭검(統攝劍)'을 창조해 냈다.

통섭검은 세 가지 흐름을 품고 있었다.
- AI 검술 : 빠른 학습과 최적 전략으로, 상대의 빈틈을 꿰뚫는 분석검
- 민심검(民心劍) : 칼끝에 백성의 고통과 희망을 얹어, 적이 아니라 민심을 꿰뚫는 공감검
- 시대검(時代劍) : 급변하는 세상의 물결을 읽고 먼저 준비하는 미래검.

그의 검은 단순히 싸우기 위한 것이 아니었다. 백성을 살리고, 조선을 일으키고, 외세의 강풍을 막아낼 방패이자 도약의 칼날이었다. 백성들은 숨죽이며 외쳤다.

"이제는, 뉴 검객이 나서야 한다!"

운명의 결투

6월 3일, 한양의 중심 대로에 붉은 해가 떠오른다. 민주파의 재명 검객, 국힘-관료 연합의 동훈 검객과 덕수 고객, 그리고 마지막으로 조용히 칼을 뽑아 드는 뉴 검객. 누구와 손잡고, 누구를 꺾을 것인가. 어떤 검객이 시대를 꿰뚫을 것인가. 어떤 검객이 외세의 칼바람을 막고, 굶주린 저잣거리 백성의 장터를 다시 북적이게 만들 것인가.

백성은 알고 있었다. 강한 칼날이 세상을 바꾸지 않는다. 세상을 꿰뚫고 품을 수 있는 검법이 세상을 바꾼다. 결국, 조선 제일검의 이름은 새로운 길을 연 검객의 것일 터였다.

〈출처 : Naver Blog 2025. 4. 26〉

2. 조선 제일검 대결 2

1장. 저잣거리의 바람

5월 초순, 한양 저잣거리에는 거대한 소문이 돌았다.

"한양 한복판에서 제일검을 가른단다."

백성들은 밀린 세금을 고민하면서도, 구멍 난 신발을 끌면서도, 한양검결(漢陽劍決)을 이야기했다. 가난한 주막집 사내도, 뒷골목 갓끈 장수도, 시전 거리의 장사치들도 한결같이 말했다.

"이제는 달라야 해. 이제는, 새 검술이 필요해."

조용히, 그러나 거침없이 민심은 새로움을 향해 흐르고 있었다.

2장. 뉴 검객의 수련

성곽 너머, 수백 년 동안 아무도 찾지 않았던 폐허. 바로 그곳에서 뉴 검객은 통섭검을 수련하고 있었다. 그의 훈련은 전통 검법과 달랐다. 칼을 휘두르는 대신 먼저 백성들의 고통을 들었다. 허기진 아이의 울음, 쪼그라든 농부의 한숨, 부질없는 상인의 탄식. 그 소리를 검의 움직임으로 바꾸었다.

그는 매일 밤 달빛 아래서 별을 보며 미래의 변화를 읽었다. 날이 바뀌고 세상이 바뀌는 리듬을, 수백수천 가지 패턴으로 쪼개어 분석했다. 그리고 AI처럼, 수많은 경우의 수를 머릿속에 그려 어떤 바람이 불어와도 무너지지 않는 가장 빠르고 부드러운 검술을 완성했다.

그것이 바로 통섭검(統攝劍)이었다. 힘으로 찍지 않고, 흐름으로 이긴다. 빠르게 베지 않고, 흐름을 만들어 상대를 삼킨다. 검 끝에 민심을 얹고, 시대를 읽는다. 이 검은 강자만을 쓰러뜨리는 검이 아니라, 세상을 지키는 검이었다.

3장. 첫 맞대결

6월 3일. 붉은 해가 솟았다. 한양 대로에는 수만 인파가 몰려들었다. 먼저 등장한 것은 재명 검객. 그는 칼을 빼 들고, 혼자서 국힘-관료 연합군을 맞섰다. 그의 칼은 거칠고도 빠르다. 한 번 휘두를 때마다 관료파 검객들이 쓰러졌다. 그러나, 국힘의 동훈 검객이 '법도검'을 휘둘러 질서를 틀어막았다. '법'이라는 이름의 그물로 재명 검객의 움직임을 옥죄어갔다. 덕수 고객은 뒤에서 조정 검술로 길을 막았다. 재명 검객도 버거워했다. 그의 검은 예전처럼 자유롭지 못했다. 칼끝이 흔들렸다. 백성들은 숨을 죽였다.

"아무리 강해도 혼자서는 막을 수 없는 법이야."

절망의 기운이 흐를 때, 누군가 고요히, 아주 천천히 무대 위로 올라섰다.

뉴 검객. 그는 검을 뽑지도 않았다. 단지 한 걸음 한 걸음, 바람을 타고 앞으로 나아갔다. 그가 걸을 때마다, 동훈 검객의 법도검이 갈라졌다. 덕수 고객의 조정검이 흩어졌다.

"이건… 싸움이 아니다. 흐름을 바꾸는 것이다."

백성들 사이에서 숨죽인 탄성이 터져 나왔다.

4장. 최후의 결투

재명 검객은 비틀거리며 뉴 검객을 바라보았다.

"너는… 누구냐?"

뉴 검객은 미소 지으며 대답했다.

"나는 백성이 품은 검이다."

그는 천천히 통섭검을 펼쳤다. 첫 동작은 가난한 농부의 땀방울처럼 무겁고, 두 번째 동작은 아이의 웃음처럼 가볍고, 세 번째 동작은 노인의 지혜처럼 깊었다. 동훈 검객과 덕수 고객이 힘을 합쳤으나, 통섭검은 그들의 허를 찔러 흐름을 삼켰다. 재명 검객은 마지막 힘을 다해 돌진했지만, 뉴 검객은 검을 겨누지 않고 그의 칼을 살짝 비껴냈다.

결국, 모든 검객이 무너지고, 뉴 검객만이 대로 한가운데 고요히 서 있었다.

5장. 백성의 눈물

결투가 끝난 후, 한양 저잣거리 곳곳에서 백성들의 울음이 터져나왔다.

"살 수 있다… 이제는 다시 시작할 수 있다…"

늙은 장터 노인은 말없이 뉴 검객 앞에 무릎을 꿇었다. 시골 아이들은 그의 뒤를 따라 검술을 흉내 내며 뛰어다녔다. 백성들은 느꼈다. 그 어떤 칼날보다 그 마음, 그 품, 그 통섭의 길이 세상을 구할 것임을.

6장. 결말

뉴 검객은 단순히 강한 사람이 아니라 백성을 이해하고, 시대를 읽고, 미래를 준비하는 사람이다. 백성은 더 이상 과거의 낡은 싸움에 희망을 걸지 않는다. 새로운 검법, 새로운 길만을 원한다. 한양 검결은 끝났지만, 새로운 조선의 시대가 이제 막 시작되었다.

〈출처 : Naver Blog 2025. 4. 27〉

3. 조선 제일검 대결 3

【 통섭검의 비밀 】

7장. 운명의 만남

　수년 전, 한낮의 땡볕 속에서. 허기진 백성들이 산과 들을 떠돌며 먹을 것을 찾을 때, 한 젊은이가 부서진 검 한 자루를 들고 길을 나섰다. 그가 바로 훗날의 뉴 검객이다. 길을 가던 중, 그는 깊은 산 속에서 폐허가 된 검문(劍門)을 발견했다. 거기에는 고목이 엉켜 있었고, 흙 속에는 한 장의 오래된 비급(秘笈)이 묻혀 있었다. 비급의 이름은 단 한 단어, '통섭(統攝)'. 비급에는 이렇게 적혀 있었다.
　"모든 검법을 버려라. 힘을 따르지 말고 흐름을 읽어라. 세상을 하나로 꿰뚫는 검이 되라."
　그날 밤, 뉴 검객은 달빛과 별 아래에서 맹세했다.
　"나는 나 하나의 승리가 아닌, 모두의 삶을 살리는 검을 추구하겠다."
　이것이 뉴 검객이 '통섭검'의 길을 걷게 된 운명의 시작이었다.

8장. 통섭검의 7대 비기(秘技)

　뉴 검객은 비급 속 7대 비기를 수련했다. 이 비기들은 기존의 검술과는 전혀 달랐다.
　첫째, 흐름을 읽는 눈(觀流眼) : 상대의 기운과 흐름을 읽어, 싸우기 전에 이긴다.
　둘째, 민심을 담는 손(懷民手) : 백성의 바람과 고통을 손끝에 담아 검을 움직인다.
　셋째, 미래를 베는 칼(斬未來劍) : 지금이 아닌 미래를 향해 칼을 휘두른다.

넷째, 진영을 무너뜨리는 걸음(破陣步) : 적들의 진형을 무너뜨리는 걸음걸이. 한 걸음마다 판을 바꾼다.

다섯째, 혼란을 꿰뚫는 귀(穿亂耳) : 수백 갈래의 혼란 속에서도 본질만 듣는 청명한 귀.

여섯째, 하늘을 품는 심장(懷天心) : 개인의 분노가 아니라, 하늘처럼 크고 넓은 뜻으로 움직인다.

일곱째, 모든 것을 이은 일섬(一纖劍) : 모든 차이를 꿰뚫어 하나로 엮는 최후의 일격.

뉴 검객은 이 7대 비기를 완성하면서 다른 검객들과는 완전히 다른 차원의 경지에 올랐다.

9장. 검객들의 퇴장

재명 검객

패배한 재명 검객은 붉게 물든 하늘을 보며 중얼거렸다.

"나는… 싸우기 위해 싸웠구나. 백성의 삶을 품지 못한 검은 결국 부서질 운명이었어."

그는 조용히 검을 거두고, 한양을 떠나 깊은 산 속으로 들어갔다. 언젠가 스스로 다시 닦아 백성 곁으로 돌아오기를 다짐하며.

동훈 검객

동훈 검객은 법도검을 땅에 내던졌다. "틀린 법을 지키느니, 차라리 새로운 질서를 따르겠다." 그는 권력의 탑을 떠나 초야에 묻히기로 결심했다. 진정한 법을 찾는 긴 여행을 시작했다.

덕수 고객

덕수 고객은 끝까지 인정하지 않았다. "결국… 민심이란 것도 흔들리는 갈대일 뿐이다." 그는 조정으로 돌아가려 했지만, 이미 백성들은 그를 거들떠보지도 않았다. 그는 한양 외곽 어딘가, 권세의 그

림자만을 붙들고 홀로 사라졌다.

10장. 새로운 시대의 여명

뉴 검객은 결투 후 검을 내려놓았다. 이제 그의 검은 싸움을 위한 것이 아니라 세상을 잇는 다리가 되었다. 저잣거리의 백성들은 그를 중심으로 모였다. 장터 상인은 희망을 노래했고, 아이들은 웃으며 뛰었고, 농부들은 다시 씨앗을 뿌렸다.

조선은 다시 시작되고 있었다. 칼이 아닌 마음으로, 싸움이 아닌 통섭으로, 분열이 아닌 연대로. 뉴 검객은 미소 지었다.

"이제, 검을 넘은 세상을 만들 때다."

그는 검을 품속에 넣고 백성들과 함께 걷기 시작했다. 햇살이 따뜻했다. 바람은 부드러웠다. 민심은 흐름이 되어 조선을 덮어가고 있었다.

〈출처 : Naver Blog 2025. 4. 27〉

4. 조선 제일검 대결 4

【 통섭의 길, 조선을 넘다 】

11장. 조선검맹 창설

결투 후 한양 곳곳에서는 소문이 돌았다.

"그 검객, 단지 싸워 이긴 게 아니야. 저잣거리에 희망을 심었다지 않나?"

백성들은, 상인들은, 선비들은, 심지어 무사들마저 자발적으로 뉴 검객 곁에 모였다. 그들은 묻지 않았다. '어느 파냐?' '어디에 충성하느냐?' 대신 한 가지를 물었다.

"우리가 함께할 수 있습니까?"

이에 뉴 검객은 작은 현판을 세웠다. 붓끝으로 꾹꾹 눌러쓴 글자는 '朝鮮劍盟(조선검맹)'이다. 무(武)를 힘으로 삼지 않고, 백성의 삶을 칼날에 품으며, 다름을 엮어 하나로 이어가는 모임, 검맹은 무림뿐 아니라, 학자, 상인, 농부, 기술자까지 품었다. 조선 역사상 처음 있는 일이었다.

조선검맹은 비밀 결의문에 서약했다.

"우리는 백성의 삶을 지키기 위해 검을 들고, 백성의 웃음을 위해 칼을 거두노라."

12장. 외세의 도전

그 무렵, 한양의 바깥에서는 검은 바람이 몰려오고 있었다. 청국은 "조선이 힘을 기른다? 미리 꺾어야 한다." 왜국은 "조선이 하나가 된다? 틈을 비집어 들어야 한다." 청국은 자객단 '흑풍혈'을 조선으로 보내고, 왜국은 비밀리에 '붉은 칼 무리'를 파견했다. 그들의 목적은 하나. 뉴 검객을 쓰러뜨리고, 조선을 다시 약탈할 수 있는 분열의 땅으로 돌리는 것.

5월 어느 날, 한양 성문에 붉은 피로 적힌 편지가 붙었다.

"검맹의 수장 뉴 검객에게 고함. 그대의 검이 꺾이면, 조선은 꺾인다."

백성들은 두려워했지만, 뉴 검객은 조용히 말했다.

"통섭검은 다름을 꿰뚫고, 흐름을 이끌어가는 법. 우리 백성의 뜻이 흐르고 있는 한, 꺾이지 않는다."

13장. 통섭검의 빛
첫 번째 결투 : 흑풍혈의 습격

한밤중, 한양 장터에 흑풍혈이 나타났다. 이들은 살기를 뿜어내며 검맹을 무너뜨리려 했다. 그러나 뉴 검객은 '관류안(觀流眼)'으로 그들의 움직임을 읽어냈다. 칼을 맞대기도 전에, 흐름을 끊어버렸다.

"흑풍혈이여, 너희의 검은 죽음을 부르고, 나의 검은 생명을 부른다."

두 번째 결투 : 붉은 칼 무리의 도전

왜국의 붉은 칼 무리는 기습을 노렸다. 상인, 농민을 인질로 삼으려 했다. 뉴 검객은 '懷民手(민심을 담는 손)'으로 움직였다. 인질을 지키면서, 적을 제압했다. 단 한 명의 피도 흘리지 않고.

이 싸움들은 백성들에게 하나의 믿음을 심었다.

"뉴 검객은 싸우는 것이 아니라, 지키는 것이다."

14장. 선언 - 새 시대의 시작

결국, 청국과 왜국은 물러갔다. 그들은 깨달았다. 더 이상 조선을 분열시킬 수 없다는 것을.

6월 3일, 한양 광장. 뉴 검객은 백성들과 함께 큰 깃발을 세웠다. 흰 깃발 중앙에는 붓으로 휘갈긴 글귀 하나.

"하나된 조선, 함께 가는 검맹"

그는 외쳤다.

"검은 이제 사람을 베지 않는다. 검은 이제 사람을 잇는다!"

싸움의 시대는 끝났다. 협력과 통섭의 시대가 시작됐다. 하늘은 청명했고, 바람은 부드럽게 깃발을 흔들었다. 《조선 제일검 대결》은 끝났지만, 이제부터 진짜 조선의 여명이 시작된 것이었다.

정리 ☞

뉴 검객은 무림뿐 아니라, 온 나라를 하나로 묶는 인물이 된다.

외세의 도전 속에서도 '통섭검' 철학으로 싸움 없이 승리한다.

조선은 "백성과 함께 가는 새로운 시대"를 선언한다.

〈출처 : Naver Blog 2025. 4. 27〉

5. 조선 제일검 대결 5

【 검맹 정치편 】

15장. 검맹 내각의 탄생

한양 결투가 끝나고, 조선은 깊은 고민에 빠졌다.

"어찌할 것인가? 새 시대를 어떻게 열 것인가?"

왕실은 혼란했고, 관료파는 이미 힘을 잃었고, 국힘파는 지도력을 상실했다. 그때 백성들이 먼저 외쳤다.

"검맹이 나라를 이끌게 하라!"

"뉴 검객이 조선을 살리게 하라!"

이리하여 전대미문의 일이 벌어졌다. 무사, 학자, 농민 대표, 상인 대표, 심지어 기술 장인까지 모여 조선 최초의 '검맹 내각'이 탄생한 것이다. 뉴 검객은 수락하며 말했다.

"나는 백성의 뜻을 받들어 칼을 거두겠다. 이제 칼은 펜이 되고, 검법은 국정이 된다."

검술처럼 유려하고, 강철처럼 단단한, 그리고 물처럼 부드러운 정치. 이것이 통섭 정치(統攝政治)의 시작이었다.

16장. 통섭 정치의 원칙

뉴 검객은 조선검맹의 기틀을 세웠다. 세 가지 대원칙이었다.

첫째, 흐름을 읽는다(觀流政). 민심을 읽는다. 백성의 삶이 어디로 흐르는지 읽어야 나라가 산다.

둘째, 힘을 나눈다(分權政). 권력은 움켜쥐는 것이 아니라 나누는 것이다. 농민도, 상인도, 기술자도 정사에 참여한다.

셋째, 다름을 꿰뚫는다(統異政). 다른 이념, 다른 지역, 다른 신분을 꿰뚫어 하나로 엮어내야 강한 나라가 된다.

뉴 검객은 말했다.

"칼을 휘두르는 자는 그날을 닦아야 한다. 정치를 하는 자는 그 뜻을 닦아야 한다."

무림 검법을 정치에 녹여낸 전무후무한 통섭 정치였다.

17장. 검맹 내각의 인물들

검맹 내각은 흥미로웠다. 총괄 : 뉴 검객(통섭검의 달인), 민심장관 : 시장통에서 나고 자란 상인 장사꾼, 농정장관 : 초야의 농부 출신이지만 땅의 흐름을 아는 자, 교육장관 : 아이들을 가르치던 시골 서당 훈장, 무림장관 : 한때 떠돌이였던 무사지만 백성을 지키려는 이, AI 기술장관 : 쇠를 다루던 대장장이 장인. 그들은 서열도 없었다. 검맹 회의에서는 모두가 같은 자리에 앉았다. 서로의 흐름을 읽고, 서로의 뜻을 꿰뚫고, 조용하지만 뜨거운 논쟁 끝에 하나의 결론을 만들어냈다. 백성들은 놀라워했다.

"이것이 과연 조선이냐? 서로 베던 자들이 이제 함께 나라를 세우고 있구나."

18장. 숨겨진 흑막

하지만 세상은 그렇게 순탄치 않았다. 깊은 어둠 속에서는 옛 조선의 부패한 권력자들이 꿈틀거리고 있었다. 그들은 스스로를 '구조파(舊朝派)'라 불렀다. "뉴 검객은 위험하다." "통섭 정치란 허울 좋은 말장난이다." "검맹은 나라를 망칠 것이다." 구조파는 외세의 힘을 다시 끌어들이려 했다. 비밀리에 청국과 왜국, 심지어 서양 상단과도 내통했다. 그들은 외쳤다. "조선을 지키려면, 검맹을 끌어내려야 한다!" 그리고 최후의 음모를 꾸미기 시작했다.

19장. 최후의 대결 예고

뉴 검객은 이 모든 음모를 읽어냈다. 그러나 그는 섣불리 움직이지 않았다. 아직 백성들의 뜻이 모이기 전이었다. 아직 조선검맹의 뿌리가 깊어지지 않은 시기였다. 뉴 검객은 검을 쥔 채, 조용히 속삭였다.

"칼을 먼저 꺼내지 않는다. 그러나 검은 언제든 꺼낼 준비를 한다."

그리고 백성들에게 약속했다.

"검맹은 싸우기 위해 존재하지 않는다. 검맹은 지키기 위해 존재한다."

그러나 모두가 알고 있었다. 머지않아, 구조파와의 최후의 대결이 온다는 것을. 피할 수 없는 마지막 결전이 다가오고 있음을.

《검맹 정치편》은 여기서 막을 내린다. 하지만 대서사의 절정, '최후 결전' 편이 곧 시작된다.

요약 정리 ☞

조선검맹이 나라를 이끄는 새로운 정치를 시작한다.
통섭 정치 : 민심을 읽고, 권력을 나누고, 다름을 꿰뚫는다.
검맹 내각은 백성을 기반으로 혁신 정치를 펼친다.
그러나 구조파라는 옛 권력이 부활을 꾀하며 암약하기 시작한다.
마지막 대결의 서막이 열린다.

〈출처 : Naver Blog 2025. 4. 27〉

6. 조선 제일검 대결 6

【 최후 결전 】

20장. 흑막의 발동

　조선은 봄꽃이 만발했지만, 그 향기 속에는 음험한 냄새가 감돌았다. 구조파는 움직이기 시작했다. 청국의 사신과 밀약을 맺고, 왜국의 무사단과 협약을 맺고, 서양 상단과 무기 거래를 시작했다. 그리고 조선 곳곳에 불을 질렀다. 저잣거리에는 "검맹은 백성을 배신했다"는 소문이 퍼졌다. 각 고을의 관리들은 매수되어 검맹의 명을 거부했다. 심지어 몇몇 검객들마저 구조파에 넘어갔다.
　조선은 다시 혼란에 빠졌다. 왕은 침묵했다. 관료들은 뒷걸음질했다. 이때 뉴 검객은 검맹 회의에서 말했다.
　"우리는 검을 꺼내야 한다. 그러나 그것은 백성을 위해서여야 한다."
　"검맹은 무릎 꿇지 않는다. 우리는 정의를 위해 마지막까지 싸운다."

21장. 검맹의 결전 선언

　5월 30일, 한양 남대문 광장. 뉴 검객은 조선 전역에 선포했다.
　"조선을 팔아먹으려는 자들과 맞서 싸우겠다."
　"민심을 등에 업고, 백성을 칼날보다 귀히 여기며, 마지막 결전에 임하겠다."
　그리고 검맹 내각의 모든 이들도 칼을 쥐었다. 민심장관 장사꾼은 상인 군대를 이끌고, 농정장관 농부는 괭이와 삽을 들고, AI 기술장관 장인은 화포를 제작했다. 조선은 백성 전체가 하나의 무림이 되어, 구조파와 맞서기 위한 준비를 마쳤다.

22장. 대결의 서막

6월 3일 새벽 한양성 외곽, 새벽안개 속에서 검맹군과 구조파군이 마주 섰다. 구조파는 조롱했다.

"백성이 칼을 쥔다고 이길 수 있겠는가?"

뉴 검객은 조용히 검을 뽑으며 대답했다.

"검은 손에 쥐는 것이 아니라, 뜻에 담는 것이다."

검맹군의 검술은 통섭검이었다. 각각 달랐지만 하나로 움직이는 살아있는 검법. 첫 충돌은 마치 천둥과 같았다. 구조파 무사단이 파도처럼 밀려들었다. 그러나 검맹은 거센 바람처럼, 유연하고 단단하게 맞섰다. 한양성 주변에서는 백성들이 몰려들었다. 그들은 외쳤다. "검맹을 지켜라!" "뉴 검객을 믿는다!" "조선을 팔아넘길 순 없다!" 백성들은 삽과 도끼를 들고, 구조파의 무장들을 향해 돌진했다. 조선의 민심이 움직인 순간이었다.

23장. 뉴 검객 vs 구조파 대검객

결전의 핵은 구조파의 최강 대검객, '흑검(黑劍)'과 뉴 검객의 일대일 결투였다. 흑검은 검을 내리치며 웃었다.

"너 따위가 조선을 이끌 수 있을 것 같은가?"

뉴 검객은 조용히 자세를 잡았다. 칼날은 보이지 않았다. 검은 바람과 같이 움직였다. 흑검은 공격했다. 강렬하고 빠른 칼날이었다. 그러나 뉴 검객은 모든 방향에서 흐름을 읽었다. 좌측 공격은 물처럼 피하고, 우측 찌르기는 바위처럼 막고, 중앙 돌진은 구름처럼 흘려버렸다. 통섭 검술이 진정한 빛을 발한 순간이었다. 검과 검이 부딪히며 세상이 울렸다. 그러나 단 한 번, 찰나의 틈. 뉴 검객의 검이 흑검의 심장을 향해 번개처럼 꽂혔다. 흑검은 무너졌다.

"이럴 수가… 민심이… 검보다 강하다니…"

그렇게 구조파의 최강자도 무너졌다.

24장. 조선, 다시 일어나다

구조파는 궤멸했다. 구조파를 따르던 자들도 무릎을 꿇었다. 뉴 검객은 외쳤다.

"우리는 승리한 것이 아니다. 지켜낸 것이다."

백성의 삶을, 조선의 자존을, 그리고 미래를 지켜낸 것이었다.

검맹 내각은 해산했다. 뉴 검객은 다시 칼을 봉인했다. 새로운 조선은 상하 없이, 귀천 없이, 누구나 목소리를 내는 나라가 되었다. 백성들은 노래를 불렀다.

"검이여, 칼날을 거두고 펜이 되어라. 펜이여, 사람을 위해 흐르라."

조선은 진정한 봄을 맞이했다.

〈출처 : Naver Blog 2025. 4. 27〉

7. 조선 제일검 대결 7

【 검 없는 나라 】

25장. 칼을 내려놓은 나라

뉴 검객은 왕의 부름을 받았다. 그러나 그는 고개를 저었다.

"저는 왕이 되지 않겠습니다. 백성이 왕입니다."

뉴 검객은 칼을 국고(國庫)에 봉인시켰다.

"나라의 검은, 나라가 필요할 때만 꺼낸다."

그리고 세 가지 새 제도를 발표했다.

첫째, 백성평의회 : 모든 고을마다 백성 대표가 모여 나라의 법과 정책을 결정한다.

둘째, 무림문관제 : 검객들은 더 이상 권력을 잡지 않고, 무예와 학문을 함께 익혀 백성을 보호하는 사범이 된다.
셋째, 민심검증법 : 고위 관리와 검객은 백성의 재신임을 받아야 직위를 유지할 수 있다.

조선은 천천히, 그러나 분명히 달라졌다. 권문세가들은 물러났고, 장삼이사(평범한 사람)들이 나라를 꾸렸다. 배움이 힘이 되었고, 사람을 이기는 칼이 아닌, 사람을 품는 뜻이 힘이 되었다.

26장. 다시 떠나는 뉴 검객

어느 봄날, 뉴 검객은 조용히 한양을 떠났다. 이름도 남기지 않고, 권좌에도 오르지 않고. 그저 검 한 자루만을 짚고, 저 멀리 푸른 산을 향해 걸어갔다. 백성들은 울며 배웅했다.

"우리의 검객, 우리의 지도자여…"

그러나 뉴 검객은 돌아보지 않았다. 왜냐하면, 그는 알았다. 진정한 승리는 나의 이름이 아니라, 백성의 이름으로 기록되어야 한다는 것을.

조선은 그렇게, 검이 아닌 뜻으로 다스려지는 나라가 되었다. 그리고 백성은 매년 봄마다 남대문 광장에 모여 노래했다.

"검이여, 물러나라. 뜻이여, 세상을 밝혀라."

〈출처 : Naver Blog 2025. 4. 27〉

8. 조선 제일검 대결 8

새로운 시대를 여는 검객의 승부
새로운 시대의 검객, 백성의 미래를 향해

조선의 정치적 혼란 속에서 재명 검객과 동훈 검객이 맞붙게 된다. 재명 검객은 민주파의 고수로 국민의 뜻을 따르며 정의롭고 공정한 세상을 추구한다. 반면, 국힘파의 동훈 검객은 전통적인 권력과 자리를 수호하며, 권력을 통한 질서를 강조한다. 이 두 검객의 대결은 단순히 검술의 싸움이 아닌 각기 다른 정치적 이념과 미래에 대한 비전을 대변하는 상징적인 충돌이다.

그러나 이 대결에 뜻밖의 인물이 등장한다. 관료파의 덕수 검객이 그 주인공이다. 덕수 검객은 오랜 세월 동안 권력의 중심에서 그늘에 숨어서 일해온 전략가로, 세상의 흐름을 꿰뚫는 능력을 가지고 있다. 그는 국힘파 동훈 검객과 손을 잡고, 재명 검객을 물리치려 한다. 덕수 검객의 등장으로 이 싸움은 더욱 복잡해진다. 민주파와 국힘파의 대립이 아닌, 관료파의 권모술수까지 가세하면서, 정치적 음모와 협상이 얽히는 상황이 된다.

하지만 저잣거리의 백성들은 이 대결을 단순히 권력의 싸움으로 보지 않는다. 그들은 재명 검객의 뛰어난 검술과 정의감을 지지하며, 한편으로는 AI 기반의 통섭 검술을 연마한 뉴 검객의 출현을 기다린다.

백성들은 오랜 세월 쌓인 고통과 혼란 속에서, 새로운 시대의 검객이 나타나기를 염원한다. 뉴 검객은 단순히 검술의 고수가 아니라, 정치적 혁신을 끌어낼 수 있는 인물로, 새로운 시대의 리더로 떠오를 가능성이 크다고 믿는다. 이 예언은 한양 전역에서 떠도는 속설처럼 퍼져 나갔다.

결국 6월 3일, 한양의 한복판에서 펼쳐질 결투는 백성들의 운명을 좌우할 중요한 순간이 된다. 각파의 고수들은 5월 10일에 검객 등록을 마친 후, 5월 25일에 명단이 저잣거리에 공개된다. 이 명단에 따라 각 파의 진영은 새로운 전략을 세우고, 합종연횡이 이루어진다. 승패의 결정은 누가 누구와 손을 잡느냐에 달려있었다. 단일

화가 이루어지지 않으면 승리할 수 없다는 중론이 형성되며, 각파는 내심 긴장과 기대를 품고 대결의 날을 기다린다. 그렇지만 외세의 압력은 더욱 커져만 갔다. 조선 왕조는 점차 붕괴의 위기에 처해 있으며, 외세와의 관계는 한층 복잡해졌다.

뉴 검객은 검술의 비법을 넘어, 정치적 혁신과 기술 혁명을 기반으로 외세와의 협상에서 우위를 점하려 한다. 그는 과거의 전통을 따르지 않고, AI 기반의 기술 혁명을 통해 국가의 자주성과 백성의 권리를 지킬 수 있는 방법을 모색한다. 그는 고유한 검술의 기술과 AI 통섭 검술을 결합하여, 기존의 틀을 깨고 미래를 개척해 나가려 한다. 조선의 미래를 위해 뉴 검객은 참여형 민주주의와 AI 기술 혁명을 이루려 한다. 그는 백성들의 목소리가 정책에 반영되고, 자유롭고 자율적인 사회로 나아가도록 한다. 이 사회에서는 AI의 발전이 사람들의 삶을 변화시키고, 누구나 평등한 기회를 갖게 된다. 뉴 검객은 권력자들이 아닌, 백성들이 주인인 나라를 세우기 위해 싸우고 있다.

결국, 이 대결의 승패는 정치적 참여와 AI 기술 혁명이 어떻게 융합되는지에 달려있다. 뉴 검객이 이끄는 AI 혁명적 변화는 백성들의 삶의 질을 향상시키고, 국가를 발전시키는 핵심적인 전환점을 마련한다.

백성들은 뉴 검객의 리더십 아래, 민주적이고 포용적인 사회를 향한 길을 걷기 시작한다. 조선의 미래는 이제 그들의 손에 달려있으며, 검객들의 대결은 단순한 싸움을 넘어, 나라의 운명과 백성의 권리 회복을 위한 결전이 된다.

한양검전은 단순한 검술 대결이 아니다. 이는 새로운 시대의 탄생을 위한 싸움, 백성의 목소리와 정치적 혁명을 위한 전투이며, AI와 기술 혁명을 통한 미래형 국가로의 변화를 상징한다.

이 결투는 단순한 승패를 넘어, 시대의 물줄기를 바꿀 운명의 순간이다. 누가 칼을 들어 조선의 미래를 열어젖힐 것인가. 그리고 그 선택이 백성들의 삶에 어떤 변화를 가져올 것인가. 이제 모두의 눈과 마음은, 어둠을 뚫고 나타날 진정한 시대의 검객, 뉴 검객을 향하고 있다. 저잣거리의 백성들은 조용히 숨을 죽이며, 진짜 변화의 칼날이 달빛 아래 빛나기를 기다리고 있다.

〈출처 : Naver Blog 2025. 4. 26〉

에필로그

AI 기술과 함께 그려가는 새로운 미래의 지도

우리는 이제 AI 시대에 살고 있다. 인공지능은 더 이상 미래의 기술이 아니다. 그것은 현재 우리의 일상과 산업을 변화시키고 있으며, 사회적 구조를 재편하는 핵심적인 힘으로 자리 잡았다. 그러나 AI가 가져올 변화는 단순히 기술적인 발전에 그치지 않는다. AI는 사회적 가치와 경제적 번영, 그리고 글로벌 리더십을 동시에 이끌어낼 수 있는 창의적인 도전을 의미한다. 대한민국은 이 도전의 중심에서, AI G3 강국으로 자리 잡기 위한 미래 전략을 그려야 한다.

AI G3 강국으로 나아가는 길은 기술적 혁신만으로는 부족하다. AI는 그 자체로 사회적 책임을 다하고, 인류의 복지와 지속 가능한 발전을 위한 도구로 활용되어야 한다. AI 기술을 통해 사회적 문제를 해결하고, 경제적 양극화와 환경 문제를 극복하는 과정에서, 대한민국은 AI 기술의 글로벌 리더로서 새로운 미래를 창조할 수 있을 것이다.

AI가 산업 혁신과 경제 성장의 동력으로 자리 잡는 것은 물론, 그것이 어떻게 사회적 공정성과 지속 가능한 발전을 촉진할 수 있는

지를 잘 보여주는 사례들이 전 세계적으로 등장하고 있다. AI가 만들어가는 미래는 이제 글로벌 협력을 통해 인류 공동의 문제 해결을 이끌어내는 중요한 시대적 과제가 되었다. 우리는 이제 AI 기술을 인간 중심으로 활용하는 방향으로 나아가야 한다. 기술 혁신이 사회적 가치 창출과 일치할 때, 그것은 지속 가능한 글로벌 성장의 기반이 될 것이다.

AI가 만들어 가는 미래에서 창의적이고 혁신적인 사고는 반드시 필수적인 요소다. AI 기술을 통한 산업 모델의 혁신과 새로운 비즈니스 기회의 창출은 국가의 경쟁력을 강화하는 중요한 역할을 한다. 하지만 그 과정에서 사회적 책임을 지고, 공정성과 투명성을 보장할 수 있는 방법론을 제시해야 한다. AI의 투명성, 윤리성, 책임성이 함께 발전할 때, 그 기술은 진정으로 인류의 미래를 이끌어가는 도전의 열쇠가 될 것이다.

AI와 사회적 가치가 결합할 때, 우리는 AI 기술을 단순히 산업 경쟁력 향상의 도구로 활용하는 것에서 나아가, 공동의 복지와 지속 가능한 성장을 이룰 수 있는 기회를 맞이하게 된다. 대한민국은 AI G3 강국으로 나아가기 위한 도전에 직면해 있으며, 그 도전을 성공적으로 이끌기 위한 정책적 리더십과 산업 간 협력이 필요하다.

이 책에서 제시한 전략들은 AI 기술의 잠재력을 최대화하는 방안에 대한 깊은 고민과 탐구를 바탕으로 하였고, 미래지향적 사고를 통해 대한민국을 세계적인 AI 리더로 자리 잡게 하는 비전을 담고 있다. AI G3 강국을 목표로 하는 이 도전은 단순한 목표 설정이 아니라, 그 목표를 달성하기 위한 구체적인 전략과 실천 가능한 로드맵을 요구한다. 그리고 그 로드맵을 이루기 위한 첫걸음은 지속 가능한 발전과 사회적 책임을 다하는 AI 혁신에서 시작된다.

AI를 통한 미래 혁신은 창의적인 사고와 실천적 노력이 결합할 때 이루어질 수 있다. 그 길을 걸어가는 데 있어 가장 중요한 것은 AI 기술을 인간과 환경을 위한 기술로 재구성하는 것이다. AI 기술이 단순히 효율성을 넘어서 사회적 가치를 창출하고, 지속 가능한 성장을 이끌어내는 도전적 도구로 자리 잡을 때, 우리는 AI 기술의 미래를 인류 공통의 성장 동력으로 실현할 수 있을 것이다.

AI G3 강국을 향한 길은 이제 시작이다. 대한민국은 AI 기술을 통해 글로벌 리더십을 발휘할 수 있는 독창적이고 혁신적인 기회를 손에 쥐고 있다. 이 책을 통해 제시한 전략적 접근법과 구체적인 실행 계획이 대한민국을 AI 기술의 선도국으로 이끌고, 지속 가능한 글로벌 미래를 실현하는 데 중요한 밑거름이 되기를 바란다. AI의 미래는 우리가 만들어가는 미래이며, 그 미래를 지속 가능한 성장과 사회적 책임을 바탕으로 정의해 나가야 한다. AI 시대의 도전과 기회, 그리고 AI 기술이 만들어 갈 미래는 이제 우리 손에 있다.

【 21대 대통령 예비후보의 AI 시대, 새로운 리더의 꿈 】

2021년 4월 14일, 중앙선거관리위원회에 6천만 원을 기탁하며 정식으로 21대 대통령 예비후보로 등록했다. 그때는 단지 한 명의 정치 신인으로서 AI 시대의 새로운 리더십을 제시하고, 대한민국을 변화시킬 혁신적인 정책을 내놓겠다는 마음으로 시작했다.

"AI 시대 새 인물, 미래를 여는 대통령"이라는 모토 아래, 나는 국민의 삶을 실질적으로 변화시킬 수 있는 정책을 통해, 이 사회의 혁신을 이끌겠다는 큰 포부를 품고 선거운동을 시작했다.

하지만 현실은 그리 녹록하지 않았다. 정치 신인으로서 언론과 대중의 관심을 끌기는 어려웠고, 기존의 양당 중심의 정치 구조 속에서 나의 목소리는 제대로 전달되지 못했다. AI와 경제, 교육, 복지 분야에서의 창의적인 정책들은 매우 중요한 가치를 가지고 있었지만, 결국 그 정책들을 국민에게 알릴 수 있는 길은 한정적이었고, 소외감을 느끼는 순간들이 많았다. 끊임없는 노력과 열정에도 불구하고, 정치의 현실이라는 벽을 넘지 못한 채, 정식 후보 등록을 마치지 못하게 되었다.

이 과정에서 나는 정치의 본질과 함께 민심의 본질에 대해 깊이 고민할 수 있었다. 그리고 하나의 중요한 사실을 깨달았다. 바로, 국민이 진정으로 원하는 것은 '새로운 시대, 새로운 인물'이라는 것이다.

AI 기술이 대세인 시대에, 우리는 과거의 틀에 갇힌 정치적 구조를 넘어서야 한다. 더 이상 기존의 정치 체제에서는 국민의 요구에 부합하는 변화를 끌어낼 수 없다는 것이다. 민심은 계속해서 새로운 리더, 혁신적인 인물을 기다리고 있었고, 그들의 목소리를 제대로 반영할 수 있는 기회는 아직 멀었음을 실감했다.

나는 그동안 여러 가지 정책 아이디어와 미래 비전을 준비하면서, 실제로 현실에 부딪히는 어려움들을 경험했다. "AI 기반 경제 혁신", "사교육비 절반 혁명", "부모의 지갑이 아닌, 국가가 책임지는 교육" 등의 정책을 통해 대한민국을 새롭게 바꿀 수 있다는 믿음은 강했다. 그러나 현실의 벽은 매우 높았고, 결국 이를 넘는 방법을 찾을 수 없었다.

이번 대선 정식 후보 등록을 하지 않은 것은 큰 아쉬움을 남겼지만, 한편으로는 또 다른 의미를 가지게 되었다.

나는 AI 시대에 필요한 정책과 혁신적인 아이디어들을 많은 사람들과 공유하고자 했지만, 이 과정을 통해 나의 생각과 노력이 그저 한순간의 외침으로 그치지 않기를 바란다. 대한민국의 정치와 경제 시스템은 반드시 변화해야 하며, 그 변화는 단지 선거를 통해서만 이뤄질 수 있는 것이 아님을 깨달았다. 이제는 정치 신인으로서 새로운 길을 시작하기 위해, 민심의 변화와 시대의 흐름을 지켜보며 다시 한번 깊이 고민할 것이다. 내가 제시한 정책들이 반드시 실현될 수 있도록, 더 많은 사람들과 협력하고, 정책에 대한 비전을 공유하며, 국민의 삶을 실질적으로 개선할 방법을 모색할 것이다.

마지막으로, 내가 정치라는 길을 선택한 이유가 바로 '국민을 위한 정책'을 실현하고자 했기 때문이다. 비록 지금은 그 목표를 이루지 못했지만, 향후 어떤 정치적 입장을 취하든 항상 국민을 위한 변화와 혁신을 지향할 것이다. 그리고 새로운 리더가 될 수 있는 날까지, 계속해서 국민이 원하는 정책을 준비하고, 그 길을 따라갈 것이다.

그동안 많은 분의 격려와 응원에 진심으로 감사드리며, 앞으로도 대한민국이 더욱 나은 미래를 향해 나아갈 수 있도록 헌신할 것이다. 어느 누가 대통령이 되든, 그들이 국민의 목소리에 귀 기울이고, 정말 필요한 변화가 무엇인지를 깨닫기를 바란다. AI 시대, 새로운 리더가 필요하며, 그 변화는 반드시 이루어져야 한다.

P.S.

사랑하는 雅悧! 어느 날 갑자기 찾아온 이별의 그날을 잊을 수가 없다. 아내 대신 犧生하며 무지개다리를 건넌 지 어느덧 7년이 흘렀구나. 雅悧는 항상 우리 가슴 속에 살아있다. 사랑하는 雅悧와 인생의 동반자 아내 金延貞 님께 이 책을 바친다.

나에게

벼는 익을수록 고개를 숙인다. 인생 어느덧 63년을 살아오면서

느낀 것은 살아온 날보다 살아가야 날들이 적기에 자연의 섭리에 따라 순응하며 세상에 봉사하며 겸손과 배려의 삶을 살아야겠다고 다짐한다. 비록 보이지는 않더라도 엄연히 존재하는 것은 인연(因緣)이다.

 졸저를 통해 귀중한 분과의 맺은 인연을 소중히 여기며 살아갈 것이다. 지금까지 11권의 책 을 집필했다. 인생은 '9988'이라고 한다. 앞으로 몇 권을 출판할지 알 수 없으나 마지막 저서는 회고록이 될 것이다.

고마운 분들
 상업성이 부족한 이 책을 저자와의 인연으로 흔쾌히 허락해 주시고 떠맡아준 휴먼필드 출판사와 책을 구매해 주신 모든 분께 깊은 사의를 표한다.

2025. 5. 11.
21대 대통령 선거 예비후보
박 정 일

AI 코리아의 미래 전략
The Future Strategy of AI Korea

초판발행 2025. 7. 3.

지 은 이 박정일
펴 낸 곳 휴먼필드
출판등록 제406-2014-000089
주　　소 경기도 파주시 탄현면 장릉로 124-15
전화번호 031-943-3920   **팩스번호** 0505-115-3920
전자우편 minbook2000@hanmail.net

※ 이 책은 저작권법에 의해 보호를 받는 저작물이므로 저자와 출판사의 동의 없이 무단 전재와 복제를 금합니다.
※ 잘못된 책은 구매하신 곳에서 바꿔드립니다.
※ 값은 표지에 있습니다.

ISBN 979-11-92852-06-5 03300

ⓒ 박정일, 2025